DIALOGUES AVEC L'ANGE

ÉDITION INTÉGRALE

DIALOGUES
AVEC L'ANGE

ÉDITION INTÉGRALE

UN DOCUMENT RECUEILLI PAR GITTA MALLASZ

Traduit du hongrois
par Gitta MALLASZ
Nouvelle version revue
par Dominique RAOUL-DUVAL

AUBIER

DÉJÀ PARUS

Dialogues avec l'Ange, 1976.
Les Dialogues tels que je les ai vécus, 1984.
Les Dialogues ou l'Enfant né sans parents, 1986.
Les Dialogues ou le Saut dans l'inconnu, 1988.

© Éditions Aubier 1990
ISBN : 2-7007-2833-5
Imprimé en France

Ce livre est le compte rendu d'une série d'événements qui ont eu lieu en Hongrie entre 1943 et 1944. Ce n'est ni fiction, ni journalisme, ni littérature. Le lecteur doit le prendre tel quel. Ou le laisser.

Je ne suis pas l'*auteur* des Dialogues.
Je suis le *scribe* des Dialogues.

Et je mets en garde les lecteurs :
toute conférence, toute interprétation écrite ou orale des *Dialogues avec l'Ange* proposées par d'autres que moi le sont sans mon consentement.

AVANT-PROPOS

Relu pour la centième, pour la millième fois, le début des *Dialogues avec l'ange* reste proprement sidérant. En apparence, rien que de très banal : un jour d'été comme les autres, deux jeunes femmes sont en présence. Graphistes et décoratrices, elles travaillent ensemble, et se sont connues pendant leurs années d'études. Hanna n'est « ni belle, ni laide »; aucune photo, dans le livre, ne vient nous montrer à quoi ressemblait Gitta. Une profonde amitié les unit, une même inquiétude les anime : comment trouver un sens à tout cela? Tout cela : l'Europe mise à feu et à sang par la guerre – nous sommes en 1943 –, la Hongrie ravagée par l'antisémitisme, et tant de malheur, de brutalité, de mensonge dans le monde...

Hanna, Joseph son mari, Lili, l'amie de Hanna et de Gitta, sont juifs, mais aucun d'entre eux n'a jamais pratiqué sa religion. Quant à Gitta, sa rencontre avec le catholicisme avait été aussi mémorable que sans lendemain. Lorsqu'elle avait huit ans, sa grand-mère, la seule de toute la famille à avoir gardé la foi – les autres la regardaient avec un sourire indulgent – voulut que ses quatre petits-enfants fassent leur première communion. L'instruction religieuse qui leur fut dispensée par le prêtre du village se borna à une phrase : « Ne rien boire, ne rien manger! » Et la cérémonie, à laquelle la petite fille n'avait rien compris, s'était terminée par un repas au presbytère où le curé, voulant faire honneur aux « enfants du château », avait mis à la place de chacun une bouteille de vin; si bien que la première communiante, en toute innocence, était revenue chez elle ivre morte...

C'est en Hanna que brûle l'exigence la plus pure. Gitta, elle, renâcle parfois; les cinq ans où elle a été championne nationale de natation et où elle a connu la folle popularité que réserve la Hongrie aux vedettes du sport ne lui ont guère appris le travail sur soi; et c'est cette paresse, justement, ce reste de complaisance vis-à-vis d'elle-même qui susciteront la première apparition de la force divine qui va se manifester pendant dix-sept mois. Rappelons-nous la scène : l'irritation de Hanna qui, tout à coup, parfaitement consciente, les yeux grands ouverts – nous sommes à mille lieues de toute transe, de toute possession médiumnique –, a juste le temps de prévenir son amie : « Attention! ce n'est plus moi qui parle! », avant de lui tenir des propos si sévères que jamais l'amitié n'aurait pu les dicter.

« J'étais bête », me dit Gitta, commentant ses premières réponses à l'Ange, en insistant sur le mot « bête » avec ce léger accent autrichien et cette façon de ne pas se prendre au sérieux qui me sont si chers; « j'étais vraiment bête! ». Voire... Et si vous, si moi, devions répondre à une voix venue d'ailleurs qui vous demande à brûle-pourpoint : « Pourrais-tu supporter la sphère de Lumière? », ferions-nous meilleure figure? Il me semble, au contraire, qu'elle s'est montrée tout de suite parfaitement intelligente, en comprenant immédiatement qui lui parlait, et d'où on lui parlait. Il lui faudra un mois pour *nommer,* non sans hésitation, son Maître intérieur – serait-il ce que nous, les humains, appelons un Ange? mais dès la première seconde, elle avait su, à l'évidence, qu'il s'agissait de l'essentiel, et l'avait accepté avec simplicité.

Pourtant, elle aura du mal – plus, peut-être, que les autres. Hanna est complètement poreuse à la parole de l'Ange – elle EST la parole de l'Ange; Lili brûle d'un tel amour que son Maître fond de tendresse devant elle; quant à Joseph, c'est lui qui, selon les propres termes du Messager divin, « pressent le mieux ce dont il s'agit ». Mais Gitta est une sauvageonne qui, en dehors de ses années sportives, n'a jamais connu la moindre contrainte : pendant toute son enfance, passée à la campagne dans une grande propriété familiale, elle s'éclipsait chaque fois, ou presque, qu'apparaissait l'instituteur chargé de faire la classe aux enfants de la maison. Et la voici tout à coup revenue à l'école, face à un Maître exigeant, ô combien. Elle essaiera, les premiers temps, les dérobades, les coquetteries, la mauvaise foi, mais comprendra bien vite que, face à cet Être de Lumière, ce sont de pauvres ruses – « avec un sourire ironique, il me regarde comme un enfant de quatre ans », reconnaît-elle avec une belle lucidité dans le vingtième entretien – et s'ouvrira à cet enseignement avec une humilité vraie, celle qui n'abaisse pas, mais qui élève.

Mais de Qui parlent ces Messagers du Divin auxquels Hanna prête sa voix? Ici la traduction française – toute traduction, en fait, dans nos langues indo-européennes – ne peut qu'être infidèle, et se montre incapable de restituer la force et la plénitude de l'original. Les Anges, en effet, n'aiment pas parler de « Dieu » – ce mot que des générations d'êtres humains ont usé, galvaudé, sali; mais emploient, pour Le désigner, le pronom Ö – ici traduit par LUI – qui, dans cette langue archaïque qu'est le hongrois, n'est ni masculin, ni féminin, mais *les deux à la fois* (il serait donc plus exact de traduire LUI/ELLE); transcendant ainsi cette masculinité du Divin qui pèse si lourdement dans nos religions révélées. Ö est le masculin *et* le féminin, le Père *et* la Mère, force et sagesse, toute-puissance et tendresse; et point n'est besoin de Le compléter par des figures féminines, puisque la féminité fait partie de Son essence même, et nous Le rend tellement plus proche...

« Nous étions des gens complètement ordinaires, répète Gitta; c'est pour cela que nous avons été choisis : pour montrer comment l'enseignement divin peut transformer la vie de personnes tout à fait banales. » Je comprends bien ce qu'elle entend par là : aucun génie, effectivement, parmi les quatre amis; et, pour se manifester, l'Ange n'a pas non plus choisi un ashram, une communauté religieuse d'hommes et de femmes ayant renoncé au monde pour chercher la Vérité. Non : ces jeunes gens étaient complètement dans le siècle; et je dirai même que ce qui me frappe, c'est à quel point

ils étaient tous de leur temps. Ils n'exerçaient pas de ces
métiers quasi intemporels, que l'on trouve déjà dans la Bible
et qui nous survivront; au contraire, on peut voir en eux
l'image même d'une certaine modernité : deux graphistes
travaillant également pour la publicité, un « designer » de
meubles, une jeune femme pratiquant la thérapie corporelle
– comme si l'Ange avait voulu nous dire que c'est dans ce
que nous avons de plus éphémère, de plus lié à notre époque
que nous pouvons le rencontrer, pourvu qu'il y ait en nous
recherche, demande...

Hanna, Lili, Joseph, emportés par la tourmente, sont
morts en déportation; depuis près d'un demi-siècle, Gitta
la survivante témoigne. Elle n'a pu le faire, tout d'abord,
que silencieusement, par sa seule présence : dans la Hongrie
d'après-guerre, quel autre choix lui était laissé? Dépositaire
d'un message qu'elle aurait voulu crier au monde entier,
elle ne pouvait ni parler, ni partir : à l'arrivée des commu-
nistes, son père, officier supérieur, s'était retrouvé mis à pied
sans solde; son frère, directeur commercial de la Radio, qui
avait femme et enfants, allait subir le même sort. Pendant
quinze ans, sept personnes seront entièrement à la charge
de Gitta. De l'horreur de cette époque, du rouleau compres-
seur du totalitarisme, de la peur omniprésente qui gangrenait
l'existence entière, elle n'aime pas à parler; tout au plus
évoque-t-elle parfois les voyages qui l'emmenèrent un peu
partout – et jusqu'en Chine – avec le Ballet national hongrois, dont elle faisait les décors et les costumes. En 1960
enfin, ses parents étant morts, ses neveux et nièces ayant
grandi, elle put venir s'installer en France, emportant, cachés
dans sa valise, les précieux petits cahiers d'écolier dans
lesquels les entretiens avaient été notés au fur et à mesure
des rencontres.

Tout en réalisant des pochettes de disques classiques,
Gitta, très vite, se mit à travailler à l'édition de ce qui
s'appelait alors *Les Quatre Messagers :* la première, publiée
à Paris en 1976, allait ouvrir la voie à une longue série de
traductions : douze sont actuellement terminées ou en cours.
En mars 1989, une édition hongroise fut même épuisée en
quelques semaines, après avoir été mise en vente jusque

dans la librairie du Parti communiste à Budapest! Signe des temps...

Après la parution des *Dialogues avec l'Ange,* Gitta avait voulu rester dans l'ombre, refusant de tout son être le rôle de gourou qu'on était prêt à lui faire jouer, et ne quittant guère le petit hameau de Dordogne où elle s'était retirée avec son mari Laci, rencontré à Paris en 1960 : pour elle, c'était à chaque lecteur de comprendre et de vivre *personnellement* le message des Entretiens. Pourtant, en 1983, une invitation allait la faire sortir de sa retraite : à sa grande surprise, l'Institut C.G. Jung, de Zurich, lui demanda de faire part à ses étudiants de son expérience avec les Anges. L'accueil qu'elle y reçut lui fit comprendre à quel point les lecteurs des *Dialogues* étaient désireux de connaître la façon dont elle les avait vécus : une série de conférences s'ensuivit, en France, en Suisse, en Allemagne, en Belgique et en Hollande, où se retrouva tout un public fervent, avide non de sensationnel mais de parole vraie. Conférences est d'ailleurs un bien mauvais mot : Gitta préfère parler de rencontres avec ses lecteurs, puisqu'elle se borne à rapporter un fragment de son expérience, ou la manière dont elle a compris, et vécu, telle ou telle phrase de l'Ange; et à répondre d'une façon fort peu orthodoxe aux interrogations de ses auditeurs. « Dès qu'une question m'est posée, écrit-elle, une petite voix en moi commence à répéter, comme un signal d'alarme : " Ne pense pas, ne pense pas!" Et puis vient le saut dans l'inconnu. Souvent, je suis beaucoup plus surprise par la réponse que mon interlocuteur... »

A partir de ces questions, à partir des thèmes revenant le plus fréquemment dans l'énorme courrier que Gitta reçoit encore chaque jour, sont nés trois « livres explicatifs », pour reprendre son expression : *Les Dialogues tels que je les ai vécus, Les Dialogues ou l'Enfant né sans parents, Les Dialogues ou le Saut dans l'inconnu.* Trois petits volumes vivants et concrets, qui viennent éclairer la parole de l'Ange, et aider tous ceux qui se sentent concernés par elle à la vivre au jour le jour.

Mais le « scénario » écrit par les Anges pour la vie de Gitta a connu d'autres rebondissements; en 1988, six ans après la mort de son mari, un terrible accident de voiture lui permet de recommencer, à quatre-vingt-un ans, une nouvelle vie, dans un autre hameau, au milieu des vignes cette fois-ci, entourée de présences amicales et discrètes, grâce auxquelles elle peut consacrer la totalité de son temps et de son énergie à transmettre, encore et encore, le message des Anges. Tout en rappelant à ceux qui l'approchent que « spiritualité » rime aussi – d'abord? – avec « gaieté », et que cette spiritualité peut s'enraciner dans un bon sens inaltérable, comme dans un goût très vif pour les joies concrètes de cette terre. « Je suis allé entendre une conférence de Gitta, me disait un ami il y a quelques mois; ça m'a beaucoup rassuré de la voir! » Je le comprenais si bien : transmis par un « pur esprit », l'enseignement des Anges aurait une résonance autrement inquiétante!

L'ébranlement né dans un petit village de Hongrie il y a près d'un demi-siècle se fait encore sentir aujourd'hui parmi nous. Quand on demande à Gitta comment elle voit les *Dialogues* maintenant, elle répond : « Ces mots sont comme des graines qui auraient été semées par les Anges. Elles sont restées enfouies en terre pendant trente-deux ans. Elles ont finalement brisé la dure croûte de la surface pour la première fois en 1976, avec la publication de l'édition française; et à partir de là elles se sont répandues comme une traînée de feu – non, comme une traînée de lumière. Maintenant le Nouveau, le Printemps de l'humanité est là – et ces mots ouvrent d'immenses possibilités à tous. »

L'Ange dit :
Quoi de plus naturel
que de parler ensemble?

Puisse ce livre aider à faire naître beaucoup d'autres dialogues...

Dominique RAOUL-DUVAL

NOTE POUR L'ÉDITION INTÉGRALE

Souhaitée depuis longtemps par Gitta Mallasz, cette nouvelle version, intégrale et définitive, avait de multiples raisons
de voir le jour.

Tout d'abord, il n'avait pas été possible de faire figurer
dans la première édition la totalité des entretiens; le présent
volume comporte donc une part d'inédits, dialogues ou frag-
ments de dialogues. La traduction a été revue mot par mot
– depuis quinze ans, Gitta Mallasz a acquis une bien meilleure
maîtrise du français – pour restituer le texte original avec la
plus grande fidélité. Certains mots hongrois ayant plusieurs
sens, nous avons essayé non d'en privilégier un seul, mais,
dans la mesure du possible, de les rendre tous.

Les commentaires personnels ont été considérablement
augmentés, le succès des « livres explicatifs » – *Les Dialogues
tels que je les ai vécus, Les Dialogues ou l'Enfant né sans
parents, Les Dialogues ou le Saut dans l'inconnu* – ayant
montré combien les lecteurs des *Dialogues avec l'ange* avaient
soif d'explications sur la façon dont Gitta Mallasz avait elle-
même vécu ces événements. En contrepoint de l'enseignement de l'Ange, Gitta intervient donc davantage pour nous
dire ses réactions immédiates, et comment elle a interprété
« à chaud » ce qu'elle était en train de vivre.

Un index, enfin, a été ajouté, qui permet de retrouver
immédiatement tous les mots clefs des *Dialogues*.

D. R.-D.

Les dialogues qui constituent ce livre ont été traduits à partir de notes manuscrites prises par Gitta et Lili au fur et à mesure des rencontres. Beaucoup des textes originaux (en particulier ceux de Joseph et les notes personnelles de Lili) ont été perdus, et plusieurs entretiens n'ont pu être notés en totalité. Certains des commentaires en italiques ont été rédigés immédiatement après un entretien, d'autres plus tard, à partir de notes brèves ; d'autres, enfin, ont été écrits spécialement pour cette édition.

Le pronom Ö, employé par les Anges pour désigner le Divin, pouvait signifier également Dieu ou Jésus – une intonation très subtile permettant seule de faire la différence. La graphie LUI, SON, SA, a été adoptée lorsqu'il s'agit de Dieu, Lui, Son ou Sa lorsqu'il s'agit de Jésus.

INTRODUCTION

Une brève introduction ne sera pas inutile pour comprendre les événements qui vont suivre.

Je voudrais insister sur le caractère tout à fait *ordinaire* de la vie que nous avions menée, mes trois amis et moi, jusqu'au jour où commença cet enseignement. Et pourtant, cette vie fut une préparation à ce qui nous attendait.

C'était en 1923 — j'avais seize ans — que je rencontrai Hanna à l'École des arts décoratifs de Budapest, où sa table était à côté de la mienne. Dès le début, elle se montra tout à fait expansive et amicale à mon égard. Moi qui étais née dans une famille de militaires, et avais reçu une éducation toute spartiate, j'étais déconcertée par le caractère naturellement tendre de Hanna. Dans mon enfance et mon adolescence, manifester ses sentiments était un signe de faiblesse, et même un simple baiser d'adieu pouvait devenir affreusement embarrassant.

Hanna, au contraire, dont le père était directeur d'une école élémentaire, avait grandi dans l'atmosphère beaucoup plus détendue d'une famille juive moderne, et n'éprouvait aucune gêne à montrer ce qu'elle ressentait.

En dépit de ces différences de tempérament et d'éducation, nous nous liâmes, pendant ces trois ans d'études, d'une amitié profonde. Pourtant, au sortir de l'école, nos chemins se séparèrent, et nous ne nous vîmes plus que rarement. Hanna continua ses études à Munich; quant à moi, je me lançai à corps perdu dans le sport. Devenue championne de natation, je me laissai griser, pendant cinq ans, par l'adulation presque idolâtre que manifestent les Hongrois envers les héros du sport. C'est à cette époque que je fis la connaissance de Lili, qui pratiquait la thérapie corporelle. Chaleureuse et naturelle, elle avait beaucoup d'élèves, et je compris très vite que si ses classes étaient surchargées, c'était que ses élèves y trouvaient beaucoup plus qu'une simple relaxation : une nourriture pour ce qu'il y avait de plus profond en eux.

Pendant toute cette période, j'ai su peu de chose de Hanna, sinon qu'elle s'était mariée avec Joseph, qu'elle connaissait depuis l'enfance : un homme calme, qui était ce que nous appelons aujourd'hui un designer (il dessinait des meubles). Sa seule présence avait un effet apaisant sur son entourage : je l'ai vu plus tard, lorsque nous vivions ensemble à Buda-liget. A l'auberge du village, les discussions politiques les plus houleuses se calmaient lorsque Joseph arrivait, et en quelques instants l'atmosphère redevenait complètement paisible grâce à sa silencieuse présence.

Saturée, ou plutôt dégoûtée de mes activités uniquement sportives, je décidai de retrouver Hanna. Elle s'était installée avec Joseph dans un atelier sur la grande colline de Buda, qui avait une vue somptueuse sur le Danube. Avec beaucoup de patience et de compréhension, Hanna m'aida à reprendre mes activités artistiques, que j'avais complètement abandonnées depuis la fin de mes études. J'avais pourtant été une brillante élève, mais après cette période de compétitions brutales, je me retrouvais complètement incapable même de dessiner un corps humain. Sans l'aide de Hanna, je n'aurais jamais pu retrouver la joie de créer.

Nous eûmes bientôt l'occasion de mettre sur pied, à nous trois, un atelier de graphisme et de décoration qui marcha tout de suite très bien.

En 1934-1935, l'antisémitisme sévissait déjà en Hongrie. C'était donc moi, la seule non-juive du groupe qui, forte de ma renommée sportive et grâce au fait que mon père était officier supérieur dans l'armée hongroise, obtenais des commandes importantes de l'État (décoration de lieux touristiques dans le style du folklore hongrois, ou publicités). Malheureusement, j'étais toujours obligée de dissimuler le fait que mes deux collègues étaient juifs.

L'âme de notre petit groupe était indéniablement Hanna. Elle avait un don de concentration remarquable, et pouvait jauger d'un coup d'œil l'essentiel d'un projet, sur le plan de la conception aussi bien que de la réalisation. Elle avait l'art de résoudre les problèmes les plus divers grâce à un merveilleux mélange de bon sens, d'intuition psychologique et – plus que tout – d'humour.

A l'époque, Hanna avait déjà quelques élèves; des années plus tard, l'une de ces jeunes artistes, Vera, me parla d'elle :

« Hanna ne corrigeait jamais un dessin, un projet, sans que l'on se sente profondément touché. Ses remarques atteignaient tout notre être, bien au-delà du seul aspect professionnel. Certains d'entre nous n'ont pas pu le supporter, et ont préféré partir. Même lorsqu'il s'agissait de la plus banale des publicités, le moindre trait, pour elle, était un miroir où s'exprimait un événement intérieur. Pendant les leçons, notre contact avec Hanna n'avait rien à voir avec ce qu'il pouvait être à d'autres moments : elle se mettait instinctivement sur une longueur d'onde différente, et lisait nos dessins comme un médecin lit une radio. Elle le faisait avec affection, fermeté et gaieté.

Parfois, avant d'ouvrir la bouche pour faire ses corrections, elle n'avait pas la moindre idée de ce qu'elle allait dire, et s'entendait exprimer des choses qu'elle n'avait jamais *sues* auparavant. Jeune, j'étais très attachée à Hanna, qui était devenue mon modèle. Mais elle ne voulait pas de cette dépendance chez nous. Elle nous disait : " Après avoir suivi mes cours pendant deux ou trois ans, vous devez trouver votre propre Maître intérieur. " Pour elle, ce qu'il y avait de plus important était de faire naître l'homme nouveau en nous, *l'individu créateur libéré de la peur.* »

Notre atelier prospérait. Et pourtant, nous avions tous de plus en plus le sentiment que nous étions au bord de l'abîme : l'aveuglement collectif grandissait chaque jour, et la marée du mensonge politique organisé montait sans cesse. Si les nazis promettaient quelque chose, par exemple, on pouvait être sûr que c'était le contraire qui allait arriver. Nous désirions de plus en plus trouver la vérité – notre vérité. Tout cela amena donc Hanna et Joseph à louer une petite maison très simple non loin de Budapest, dans le village de Budaliget, pour commencer une vie nouvelle plus attentive à l'essentiel. Je les rejoignis, et nous réduisîmes notre travail de façon à ce qu'il nous assure seulement le pain quotidien. Lili nous retrouvait tous les week-ends.

Ces conditions de vie étaient favorables à une plus grande exigence intérieure. Pourtant, je vivais avec un sentiment de vide grandissant. J'attendais, de façon inexplicable, quelque chose qui devait forcément arriver, ce qui me perturbait beaucoup. Parfois, je partais faire de grandes randonnées en forêt pour chercher un peu de paix, et pendant les repas, je me surprenais souvent en train de regarder, par la fenêtre, la petite porte du jardin, attendant je ne savais qui ou quoi, qui aurait dû venir changer ma vie.

Le soir, nous discutions souvent de nos expériences, en esssayant de découvrir la source de nos problèmes. Grâce à son intuition, Hanna nous aidait beaucoup, mais nous nous sentions dans une impasse. Nous nous intéressions aux grands courants religieux de l'humanité, la Bible, la Baghavad Gita et Lao-Tseu figuraient dans notre bibliothèque, mais aucun d'entre nous ne pratiquait sa religion.

Nous étions heurtés par ce monde où semblaient régner le mensonge, la brutalité abjecte et où, apparemment, le mal triomphait. Pourtant, nous étions persuadés que le sens de nos existences était enfoui quelque part, et que les obstacles qui nous empêchaient de le découvrir étaient en nous-mêmes. Pour sortir de ces longs bavardages et déboucher sur quelque chose de plus concret, nous décidâmes, un soir, de faire chacun par écrit, aussi clairement que possible, le point sur notre situation et sur nos problèmes personnels. Ainsi, nous ne pourrions plus tricher en enjolivant la réalité.

Quelques jours après, à l'heure du café, je lus tout haut à Hanna ce que j'avais écrit : elle n'y vit qu'un ramassis de vieilles histoires réchauffées. Ce n'était que trop vrai, et j'avais douloureusement conscience d'être restée superficielle. Je posais à Hanna des questions auxquelles j'aurais parfaitement pu répondre moi-même, mais je trouvais beaucoup plus commode qu'elle m'en fournisse la réponse.

PREMIÈRE PARTIE

ENTRETIENS DE BUDALIGET

Ici commencent les notes prises au cours des entretiens qui se déroulèrent pendant dix-sept mois, chaque vendredi, vers trois heures.

25 juin 1943
Premier entretien avec Gitta

Face à mon attitude superficielle, Hanna sent naître en elle une tension qui, grandissante, devient une indignation qui n'est plus la sienne. Et puis, pleinement consciente, les yeux grands ouverts, elle a tout à coup une vision : une force inconnue arrache le papier de mes mains, le déchire en morceaux et le jette par terre, en signe de désapprobation devant ce travail resté tellement en dessous de mes capacités. Hanna est sur le point de dire quelque chose, mais s'arrête net, avec le sentiment que ce n'est plus elle qui va parler. Elle a juste le temps de m'avertir : « Attention ! Ce n'est plus moi qui parle. » Et puis j'entends ces mots :

– On va te faire perdre l'habitude
de poser des questions inutiles !
Attention ! Bientôt des comptes te seront demandés !

C'est bien la voix de Hanna, mais je suis absolument sûre que ce n'est pas elle qui parle : celui qui parle se sert de sa voix comme d'une espèce d'instrument conscient. J'ai le sentiment de connaître celui qui m'adresse ces mots sévères, et je ne suis donc pas vraiment surprise ; j'ai plutôt l'impression que quelque chose de tout à fait naturel, qui devait

*avoir lieu, arrive enfin. Une lumière éclatante me remplit;
mais il n'y a là rien de joyeux. Au contraire, elle me montre
avec une clarté impitoyable la différence entre ce que je
m'imagine être et ce que je suis.*

*En même temps, je vois ce que j'aurais pu écrire sur moi-
même si j'avais été vraiment honnête et exigeante; j'en suis
profondément bouleversée — et j'ai honte. Devant la sincérité
de cette honte, Hanna sent l'indignation refluer chez celui
qui parle à travers elle.*

— Maintenant, c'est bien.
Le repentir est en même temps le pardon.
Silence.
Il faut que tu changes radicalement.
Sois indépendante!
Tu es trop et trop peu.
G. Je ne comprends pas.
— Peu d'indépendance, trop de matière.
*Je sens que c'est une allusion à ma façon de penser, si peu
indépendante.*
Dans un sol dur on ne sème pas la graine.
Tu seras labourée par une recherche sans répit.
Ce qui était bon jusqu'à présent sera mauvais.
Ce qui était mauvais sera bon.

Suit un long silence, finalement rompu par une question :
Me connais-tu?

*Ces mots me touchent profondément. Je sais, avec une cer-
titude inexplicable, que je le connais, qu'il est mon Maître
intérieur, mais je n'en ai aucune image, aucun souvenir
précis. Je ne perçois que des brumes épaisses, qui m'empêchent
de le reconnaître. En dépit de tous mes efforts, je suis
incapable de les percer.*

Me connais-tu?

*Cette répétition me pénètre encore davantage : je sais que je
suis au bord du souvenir, et j'essaie de toutes mes forces de*

me rappeler. En vain : j'en suis à nouveau incapable. Hanna sent que celui qui parle à travers elle regarde mes efforts désespérés avec tendresse.

Tu es païenne, mais c'est bien ainsi.
   Je comprends que ce mot de « païenne » désigne mes racines.
Tu seras baptisée avec l'Eau de la Vie.
Tu recevras un nom nouveau.
Ce nom existe, mais je ne peux pas le révéler.
Prépare-toi à cela.

Tu peux poser une question.

   J'en serais bien incapable ! Je suis beaucoup trop occupée à prendre progressivement conscience de ce qui est en train de m'arriver.
« Celle qui parle » est fatiguée,
donne-lui de la force !
Nous allons nous rencontrer de nouveau.

Immédiatement après cette rencontre, Hanna et moi notons les paroles entendues. C'est facile, car chaque mot s'est profondément gravé en nous. Hanna me décrit ainsi son expérience : « Pendant tout l'entretien, ma conscience était comme élargie. Je voyais la pièce, toi, et ce qui se passait en toi avec une précision étonnante. Et en même temps, j'étais pleinement consciente de notre visiteur, dont les " émotions " étaient d'une nature toute différente des nôtres, même si je ne peux les nommer maintenant qu'avec les termes très approximatifs d'" indignation ", " amour ", " tendresse ". C'était difficile de trouver les mots justes pour traduire ce qui m'était dit. Pourtant, c'était bien moi qui étais là aussi. Je voyais les paroles se former en moi avec surprise et émerveillement. »
Une seule question me brûle les lèvres : « Cette promesse d'une nouvelle rencontre, si elle a lieu — c'est pour quand ? »
Hanna répond : « Peut-être dans sept jours. »
Le soir même, nous racontons à Joseph et à Lili ce qui s'est passé. Joseph — qui dans sa jeunesse était matérialiste — n'y voit qu'une affaire de bonnes femmes, et décide de rester en

dehors de tout cela. Lili, par contre, désire profondément être présente lors du prochain entretien, et se charge de prendre des notes.

Vendredi 2 juillet 1943
Entretien 2 avec Gitta

La semaine a été dure. Le fait de ne pas savoir si notre visiteur va revenir me met très mal à l'aise. De plus, la vision impitoyable de moi-même qui m'a été montrée est très difficile à supporter.
Ce vendredi donc, j'attends avec Hanna, à trois heures, comme la dernière fois, que la promesse d'une nouvelle rencontre se réalise, et j'ai douloureusement conscience de n'avoir fait aucun progrès pendant la semaine. Tout à coup, le silence est rompu par ces mots :

– Qu'as-tu accompli cette semaine?
As-tu progressé?

Je pense à ce qu'a été ma semaine, et j'ai envie de rentrer sous terre. Pourtant, j'ai le sentiment d'avoir quand même un tout petit peu changé, et je réponds avec hésitation :
G. Oui.
– Provisoirement ou définitivement?
Je me sens tellement indigne que je me mets à pleurer.
Pas d'apitoiement sur toi-même.
As-tu peur de moi?
G. Non.
– Moi aussi, je sers.
Ces mots me rassurent, et m'emplissent d'une confiance joyeuse : il sert comme moi! D'une certaine manière, il est semblable à moi.

Demande!

*Pour mon anniversaire, Hanna a fait un portrait de moi
assise au sommet d'une montagne, tenant entre les mains
une boule de cristal dont les facettes étincellent en un arc-
en-ciel de couleurs. Ce symbole me préoccupe, et je voudrais
bien que mon Maître m'en parle :*

G. Comment pourrais-je, non seulement connaître, mais
vivre la sphère de Lumière?

— La sphère de Lumière se trouve chez moi.

JE DESCENDS CHEZ TOI. — TU MONTES CHEZ MOI.

G. Comment est-ce possible?

— Si tu le crois, cette foi te fait croître.

Je sens derrière le mot « foi » une force de vie *qui n'a rien
à voir avec une adhésion intellectuelle à un credo religieux.*

Dans l'accomplissement des temps cela arrivera.

Pourras-tu supporter la sphère?

*Je réponds avec légèreté, sans vraiment comprendre la ques-
tion :*

G. Oui.

— En es-tu digne? Es-tu assez *pure* pour cela?

Je commence à perdre mon assurance.

G. C'est toi qui le sais.

*Hanna sent que celui qui parle à travers elle me regarde
comme une enfant étourdie qui ne sait pas ce qu'elle dit.*

— La sphère est plus lourde que le globe terrestre...

mais l'ENFANT joue avec elle

parce qu'il est fait de la même matière : de LUMIÈRE.

*Le mot « ENFANT » est employé dans une acception qui
m'échappe complètement. Je ne comprends rien à ces paroles,
et je demande bêtement :*

G. On peut jouer avec cette sphère?

— Le petit ENFANT joue. Devenu adulte, il crée.

Complètement perdue, je demande :

G. Alors je suis trop petite pour la sphère?

La réponse me frappe comme la foudre :

— Trop *grande!*

*Hanna voit que mon « petit moi » est trop grand et domi-
nateur. Mais je ne comprends toujours pas, et demande :*

G. De quoi faut-il que je me débarrasse?

Hanna perçoit l'indignation que déclenche chez mon Maître

mon manque de compréhension. Il aurait fallu un geste
puissant de purification, mais elle ne trouve pas les forces
nécessaires, et ne peut que dire ces mots :

— Il faut que tu renaisses.
Ce qui est grand — s'effondre.
Ce qui est dur — s'effrite.

Le geste de force brûlante que Hanna avait été incapable
d'accomplir aurait fait commencer en moi cet « effondrement »
et cet « effritement »; elle me le dira plus tard.
Après un long silence, j'entends ces paroles réconfortantes :

— TU N'ES JAMAIS SEULE.

Vendredi 9 juillet 1943
Entretien 3 avec Gitta

Cette semaine a été moins difficile que la précédente mais,
le vendredi, mes brumes intérieures réapparaissent. Je
commence à me rendre compte que, depuis trente-six ans,
j'ai vécu allègrement dans cet état « brumeux » sans même
m'en apercevoir. Maintenant j'en ai enfin conscience, et j'en
souffre.
Pendant que nous bavardons après le café, Hanna entend
tout à coup un seul mot dit avec sévérité :

— Assez!

Il est trois heures, et je ne me suis pas préparée intérieurement
à recevoir mon Maître.
As-tu mis tes habits de fête?
Je me sens tellement indigne que je me mets à pleurer.
Ne pleure pas devant moi!
Ce n'est pas le moment.

*Hanna sent l'indignation de mon visiteur. De toute évidence,
je devrais être pleine de joie.*

Demande!
G. Comment pourrais-je entendre toujours ta voix?
La réponse m'est donnée avec mépris :
— ALORS TU NE SERAIS QU'UNE MARIONNETTE!
G. Je ne comprends pas.
— ALORS TU NE SERAIS PAS INDÉPENDANTE.
Silence.
C'est *toi* qui dois t'approcher de *moi*.
G. Puis-je poser une question?
— C'est pour cette raison que je suis ici.
G. Dois-je jeûner le vendredi?
— Non.
*Je m'imaginais que le jeûne pouvait être un moyen de
purification spirituelle.*
NON! QUE LA MESURE, CHAQUE JOUR, SOIT TON JEÛNE!
Donne de l'eau à celle qui parle!

Très étonnée, j'apporte un verre d'eau à Hanna.
G. Pourquoi m'est-il si difficile d'aimer vraiment ma famille?
— La famille, c'est la chair.
*Hanna voit que la famille renforce ce que j'ai en trop : la
matière.*
Quand tu te seras débarrassée du superflu,
alors tu pourras aimer.
G. En suis-je encore loin?
— LE LOIN EST PROCHE — LE PROCHE EST LOIN.
G. Pourrais-je connaître ton nom?
*Cette question vient du désir de pouvoir l'appeler n'importe
quand pour me sentir en sécurité.*
— Le nom est matière.
Cherche ce qu'il y a *derrière!*

*L'épaisse obscurité de mes brumes intérieures revient à nou-
veau. Ma question est, en réalité, un appel au secours
désespéré.*

G. Je suis dans l'obscurité; que dois-je faire?

– MARCHE SUR TON PROPRE CHEMIN!

TOUT LE RESTE EST ÉGAREMENT.

Long silence.

Chantonne pour moi dans la forêt!

Je n'en crois pas mes oreilles. Depuis mon enfance, j'ai toujours caché mes sentiments derrière une épaisse carapace, et chanter me paraît complètement absurde.

G. Je n'ai pas bien compris.

La phrase est alors répétée, très distinctement, en insistant sur chaque mot.

– CHANTONNE-POUR-MOI-DANS-LA-FORÊT!

Maintenant, chaque mot me touche au plus profond de mon être; quelque chose se détend et s'apaise en moi. Sans y prendre garde, je me penche en avant, et suis immédiatement arrêtée par un geste très ferme, mais gentil :

Tu es trop près!

Je me demande si ma densité lui est insupportable?... Ou est-ce son rayonnement qui est si fort que je ne pourrais pas le supporter?

G. J'ai fait un rêve, mais je n'en comprends pas la signification.

– Tu es une étape,

je suis une étape,

et Lui est le chemin.

Nous sentons dans sa voix une profonde vénération lorsque est prononcé le mot « Lui ». Hanna est trop fatiguée pour continuer. Elle me dira plus tard les mots qu'elle n'avait pas pu transmettre :

« Le *vouloir* est un mur et non une marche. »

C'est une allusion, je le sens, à la façon dont je crispe ma volonté lorsque je veux atteindre un but.

Vendredi 9 juillet 1943
Entretien 3 avec Lili

*Lili aimerait aussi poser des questions. Elle s'assied face à
Hanna, qui se repose, tandis que je m'installe à sa place
pour prendre des notes.*
*Après un court silence, nous sentons toutes une présence très
douce et pleine de chaleur.*

– Me voici.
Tu m'as appelé,
Je t'ai appelée.
 *L'intonation de la voix a complètement changé. Je ne recon-
nais plus les accents sévères et parfois effrayants de mon
Maître. Maintenant, elle est tendre.*
– Tu peux demander.
L. Quand vais-je m'ouvrir vers le haut ?
– Tu te mens encore.
Le mensonge est peur.
Mais tu n'as pas de raison d'avoir peur.
L. Qu'est-ce que je dois faire en premier ?
– Connais-tu ce signe ?
Le voici.
 Geste formant un triangle
 dont la pointe est dirigée vers le bas.
L. Pourrais-tu m'expliquer ma tâche d'une autre manière ?
– Tu es appelée « celle qui aide ».
« Celle qui aide » ne peut pas avoir peur.
Je t'annonce une bonne nouvelle :
Tu es ma bien-aimée.
 Silence.
Veux-tu me revoir de nouveau ?
L. Oui.
– Alors tu ne me verras pas !

Désires-tu me voir de nouveau?
L. Oui.
– Alors tu ne me verras pas!
   A la lumière de l'entretien précédent, je comprends claire-
   ment, cette fois-ci, que ni le désir ni le vouloir ne nous
   rapprochent de nos Maîtres. Au contraire... Mais Lili, elle,
   ne comprend pas, et balbutie :
L. Je voudrais seulement mieux te voir...
– SI LA TÂCHE L'EXIGE,
ALORS TU ME VERRAS.
J'obéis.
L. Moi aussi, j'aimerais obéir.
   Lui touchant le front :
– Ici, il y a trop...
Dans ton corps, tu es la dernière-née.
   Lili était la dernière d'une famille nombreuse.
Dans ton âme, tu es le premier des NOUVEAU-NÉS.
   Silence.
Je prends congé de vous.

Je suis tellement heureuse que Lili ait aussi rencontré son
Maître! Sa tendre et radieuse présence m'a moi-même
complètement détendue.
Pendant toute la semaine, je ne cesse de penser à ce « non-
désir », à ce « non-vouloir » qui me semblent être si impor-
tants.

Vendredi 16 juillet 1943
Entretien 4 avec Gitta

C'est vendredi. Ma vie a complètement changé. J'ai vu
apparaître des possibilités dont je n'avais pas même rêvé,
et je mesure tout ce nouveau qui m'est donné. Joyeusement,
je me prépare à l'entretien d'aujourd'hui. Mais, après le
déjeuner, je suis tout à coup prise de panique, et je me

répète sans fin la même question : « Et si mon Maître ne venait pas? S'il ne venait plus jamais?... » J'essaie désespérément de me débarrasser de cette pensée, mais elle revient toujours, de plus en plus forte, tant j'ai peur de retomber dans le vide que j'ai connu jusqu'à ces entretiens. Et puis, tout à coup, je comprends que je dois me détacher de ce à quoi je tiens le plus au monde : sa venue. C'est une nécessité absolue et, je le sais, ma tâche.

Le détachement intérieur est plus difficile que tout ce que j'ai vécu jusqu'ici. C'est comme si je m'amputais de ma propre vie. A trois heures, Hanna m'appelle. Je sens la présence de mon Maître qui, pourtant, reste silencieux; au bout d'un moment, je me demande avec inquiétude si ce silence va être rompu. Du fond du cœur, je lâche prise, et je me dis en moi-même : « Que TA volonté soit faite! » A ce moment-là, je vois — mes yeux sont ouverts — un feu brûlant devant moi, dont la fumée s'élève tout droit vers le ciel. Et puis j'entends ces mots :

– Le moment est venu : *maintenant,* tu peux demander.
G. Quel est mon chemin?
– Fais bien attention!
D'UN CÔTÉ – L'AMOUR.
DE L'AUTRE – LA LUMIÈRE.
TU ES TENDUE ENTRE LES DEUX.
C'EST TON CHEMIN.
Il y a cent morts entre les deux.
L'Amour est porteur de la Lumière.
L'AMOUR N'EST RIEN SANS LA LUMIÈRE.
LA LUMIÈRE N'EST RIEN SANS L'AMOUR.
Le comprends-tu?
Je comprends, mais il me semble bien difficile de faire mourir cent fois mon « petit moi ». Je baisse les yeux, découragée.
Regarde-moi!
Le visage bien connu de Hanna – qui n'est habituellement ni beau ni laid – change d'expression, et revêt une dignité presque effrayante.
A un bout – c'est moi.
Geste de haut en bas.

A l'autre bout − c'est lui.

Entre les deux − toi.

G. Qui est « lui »?

− Ton « petit moi ».

Je pense intérieurement : « Quoi, l'Ange s'intéresse à ce " petit moi " que je déteste, et dont je voudrais tant me débarrasser ! » Et, hypocritement, je dis à voix haute :

G. Je connais bien mon « petit moi », mais toi je ne te connais pas assez.

− Enfant stupide!

Hanna me dira plus tard ce que ces deux mots signifient : « Comment pourrais-tu connaître ton " petit moi " ? Connais-tu une seule cellule de ton corps? Tu le connais aussi peu que tu me connais. Combien de temps resteras-tu aussi aveugle? »

Moi et lui, nous sommes unis dans la tâche.

Ne sépare pas ce qui est un.

Devant LUI, rien n'est petit.

Ne juge pas!

G. Enseigne-moi, parce que je ne sais rien.

− Ne t'ai-je pas enseignée?

Faussement modeste, je réponds :

G. Mais oui. Je sais que je pose des questions stupides.

Hanna perçoit la pensée de mon Maître : « Quel jeu puéril ! »

Mais elle se sent seulement autorisée à répondre :

− Que tu es sotte!

Demande!

Moi aussi, je sais que j'ai été percée à jour, et boudeuse, je proteste :

G. J'ai beaucoup de questions, mais tu sais d'avance ce que je veux demander.

− Du cœur à la bouche, il n'y a qu'une main.

Fais ce chemin!

Voudrais-tu savoir beaucoup?

G. Seulement ce qui est nécessaire pour ma tâche.

− CEUX QUI QUESTIONNENT SONT PLUS CHERS DEVANT LUI QUE CEUX QUI SAVENT.

G. Que signifie le rêve que j'ai fait cette nuit?

J'ai vu en rêve un être plein d'harmonie, de puissance et de tranquille certitude ; cette image avait des couleurs d'une intense luminosité.

– L'Homme nouveau formé à ton image.

G. Deviendrai-je cet « Homme nouveau » si j'arrive à me débarrasser du superflu ?

– TU ES « CELUI QUI FORME »,
NON CELUI QUI EST FORMÉ.

G. Que dois-je faire pour devenir « celui qui forme » ?

En cet instant, l'apparence corporelle de Hanna s'efface. Elle devient un instrument conscient de le servir entièrement. Ses gestes sont maintenant simples, pleins de signification et de dignité. Son bras ne paraît plus le même : il rayonne de force concentrée et me rappelle les sculptures de Michel-Ange. Puis un geste abrupt, comme l'éclair :

– BRÛLE !

Je suis saisie, secouée, émerveillée. Mais toutes ces sensations disparaissent quand je vois Hanna. Après le mot « Brûle ! » elle est complètement épuisée ; elle grelotte, saisie par un froid glacial, et peut à peine me dire : « Apporte de l'alcool pur ! » Aujourd'hui, « par hasard », j'en ai acheté. Je lui en donne quelques gouttes sur un sucre, et je la couvre de couvertures chaudes.

Lorsqu'elle commence à se réchauffer, elle reprend ses forces et me raconte :

« Il m'a fallu rassembler toutes mes énergies afin qu'il puisse semer en toi un grain de force brûlante.

Mais il était indispensable que tu ne sois plus si attachée à sa venue, il fallait savoir y renoncer, sinon il ne serait pas venu. »

Vendredi 16 juillet 1943
Entretien 4 avec Lili

Après un moment de repos, Hanna se sent prête pour l'entretien avec Lili, qui porte une jupe bleue et une blouse rouge.

– Tu t'es habillée à l'envers.
L. Pourquoi?
– En bas rouge, en haut bleu!
Que le rouge porte le bleu!
Cela concerne ton travail aussi.

Lili comprend immédiatement que le « rouge » matériel doit porter le spirituel, le « bleu ». Puis elle réfléchit à son travail de la semaine, et à ses résultats.

Ne fais pas attention aux résultats.
Ce qui *est* – n'est plus. Là, tu ne peux plus aider.
« Celui qui aide » doit diriger son attention là
où naît le « sera ».
La place est petite.
De là tu peux tout former.

Lili, qui a une constitution fragile et peu de santé, vient d'être malade.

– Es-tu fatiguée?
L. Non, mais je ne me sens pas tout à fait bien.
– Nous le savons.
Le rouge s'affaiblit, s'il est en bas.
Le bleu se renforce, s'il est en haut.
Un corps faible est un grand poids,
un corps trop fort aussi, s'il a le dessus.
Le *rouge* est l'Eros – l'amour terrestre.
Le *bleu* – l'amour céleste.
Le *pourpre* est Sa couleur.

Un accent de vénération apparaît dans sa voix lorsqu'il

prononce le mot « Sa ». En tant que peintre, je sais que le mélange du rouge et du bleu donne le pourpre. Je comprends que le mot « Sa » renvoie à Jésus, qui a uni amour terrestre et amour céleste.

Qu'est-ce qui cause ce trouble là-bas?

Je demande, prête à aller vers la porte d'entrée :

G. Veux-tu que j'aille voir?

– C'est plus loin.

Geste de la main qui efface quelque chose d'invisible devant Lili.

– Maintenant c'est bien.

Il est pensé du mal de toi.

L. Est-ce que j'ai fait du tort à quelqu'un?

– Ce n'est possible qu'ainsi.

L. Je demanderai pardon...

– Ce n'est pas une personne.

Lili ne comprend pas.

L. Est-ce que j'ai péché contre toi?

– Tout péché monte jusqu'à Dieu.

Tu peux poser encore une question.

L. Est-ce que je recevrai une aide dans mon travail, ou bien dois-je le commencer moi-même?

– SI TU LE COMMENCES TOI-MÊME,
TU REÇOIS L'AIDE.

Pendant le silence qui suit, je me demande quelles seront nos possibilités d'évolution en tant qu'êtres humains, et je reçois immédiatement une réponse à ma question muette.

Je m'adresse à toi aussi.

C'est cela, la direction de l'évolution :

Ces paroles sont accompagnées d'un geste qui n'est ni vertical, ni horizontal, mais oblique.

Je suis très étonnée d'apprendre que l'évolution humaine ne dépend pas seulement du développement spirituel (vertical), ou du développement matériel (horizontal), mais des deux ensemble.

Vendredi 23 juillet 1943
Entretien 5 avec Gitta

Toute la semaine, j'ai pensé au mot « Brûle ! », mais je ne
le vis pas encore.
Le vendredi matin, je lave le plancher de la petite pièce
qui donne sur le jardin, et je la décore de fleurs. Lili n'a
pas pu venir aujourd'hui. En attendant calmement l'entre-
tien, Hanna sent derrière elle des forces lumineuses rassem-
blées en un immense demi-cercle.

– Parle !
G. Tu m'as dit : il y a cent morts entre l'Amour et la
Lumière. J'aimerais déjà mourir, pour pouvoir servir.
– Il ne faut pas que tu meures,
mais que tu deviennes le pont.
Je suis tellement heureuse de la présence de mon Maître
intérieur que les larmes me montent aux yeux.
Ce n'est pas avec de l'eau qu'il faut arroser le grain !

Je comprends que toutes mes émotions doivent brûler elles
aussi — et je parle alors de ce qui me préoccupe depuis le
début de la semaine :

G. Je ne brûle toujours pas...
Hanna attend ce que va dire mon Maître avec un vif
intérêt.
– ENTRE L'ACTE ET LA MATIÈRE JAILLIT L'ÉTINCELLE.

Je sens que quelque chose de très important pour toute ma
vie vient de m'être révélé, mais je ne sais pas du tout ce
que cela signifie. Dans le silence qui suit, Hanna continue
à sentir la présence d'êtres de lumière, dont tous les regards
convergent vers moi :

– Nous sommes nombreux; nous attendons beaucoup de toi.

Je sens une grande responsabilité, et j'offre avec joie toutes mes forces :

G. J'aimerais déjà accomplir ma tâche.

– La *tâche* n'est encore qu'un mot pour toi.

G. Peux-tu me dire ma tâche?

Hanna est incapable de formuler la réponse.

– « Celle qui parle » ne trouve pas de mots. Ces mots ne sont pas encore nés.

G. Qu'est-ce qui en moi les fera naître?

– Un profond désir.

G. Mon désir de servir?

– Ta tâche est grande et... merveilleuse.

La vibration si intense de ce dernier mot me donne l'avant-goût d'une vie inconnue.

G. Tu as dit : « Nous sommes nombreux. » Qui?

– Le Chœur.

Derrière ce mot, je sens une multitude infinie dans une harmonie parfaite. Et je me demande : est-ce que mon Maître pourrait être ce que nous les humains appelons un Ange?

Avec les yeux baissés, et un mouvement de la main vers le haut :

Nous chantons... SA GLOIRE.

C'est la première fois de ma vie que je ressens ce que peut être une véritable adoration, et je demande tout bas :

G. LE vois-tu toujours?...

Un geste rapide m'arrête, comme si j'avais demandé quelque chose de défendu :

– Tu ne sais pas ce que tu as demandé.

Très long silence.

Pose une autre question.

G. Comment pourrais-je entendre toujours la voix de mon cœur sans que ma tête s'en mêle?

– Ne sens-tu pas la différence?

G. Si, mais tout va si lentement, et j'aimerais déjà tellement servir!

– Tu t'égares souvent...

Hanna sent une hésitation en lui. Il y a devant moi le long chemin des obstacles à surmonter, des expériences à faire, des difficultés à vaincre : une lente prise de conscience. Mon Ange voit une tempête qui s'approche, et craint que le poids si lourd de ma famille et mon manque de confiance en moi ne m'écrasent. Il n'y a pas de temps à perdre. Hanna lui parle dans son cœur : « Je t'en prie, montre-lui le chemin court! Je me porte garante pour elle! »

Sois attentive!
Le chemin n'est pas pesant...
Sois légère!

De nouveau, Hanna ne peut exprimer cette joie, d'une qualité encore inconnue.

« Celle qui parle » ne trouve pas de mots.
Le feu est léger...

Mouvement léger de la main, comme une flamme, vers le haut.

L'eau est pesante.

Mouvement lourd de la main vers le sol, évoquant l'eau qui se répand.

Si c'est pesant pour toi, tu t'égares.

Après l'entretien, Hanna m'expliquera ce qu'elle n'a pas réussi à mettre en mots : « Il faut que tu trouves un bonheur que tu n'as jamais connu, un nouveau sourire : le Léger. Si tu sens un poids trop lourd, tu n'es pas sur ton chemin. Si ton fardeau te semble léger, tu es sur le chemin. Cela ne dépend que de toi. Tu ne pourras trouver ce nouveau sourire qu'en vivant ta vie quotidienne avec le maximum d'intensité. »

Demande!
G. Où sont mes limites?

Les mains forment un cylindre ouvert vers le haut, mais limité sur les côtés.

– Il n'y a de limites qu'ici.

Je comprends que le chemin est libre vers le haut, tandis que dans la matière des limites sont nécessaires.

G. Alors je suis toi?

Sourire.

— Pas encore.
Cela suffit.
  Hanna est si fatiguée qu'elle s'endort aussitôt.

Vendredi 30 juillet 1943
Entretien 6 avec Gitta

  J'ai cette fois-ci beaucoup de questions qui me semblent toutes essentielles, et que j'ai soigneusement préparées.

— J'ai peu de temps aujourd'hui.
  Ce début me déconcerte : je le sens très distant, et je demande, découragée :
G. Puis-je poser une question?
  Geste affirmatif, sans un mot.
G. Pourquoi étiez-vous si nombreux l'autre jour?
— Parce que ta tâche a grandi.
G. Qu'attendez-vous de moi?
— Si le grain germe, tu le sauras.
  J'ai travaillé dur sur moi toute la semaine, et j'aimerais bien qu'il m'en félicite.
G. Est-ce que j'arrose suffisamment le grain?
— Tu le sais bien toi-même.
  Le ton me fait l'effet d'une douche froide, et je comprends combien il était ridicule de vouloir à tout prix décrocher une bonne note.

G. Les morts de ma famille sont venus à moi dans mon rêve. Est-ce que je peux faire quelque chose pour eux?
  Avec un ton très neutre et distant :
— Il y a beaucoup de morts faibles...
G. Comment pourrais-je les aider?
— Avec la récolte.
G. Que faire pour avoir quelque chose à récolter?
— Lui t'a créée a mon image...

Cette réponse me touche profondément. J'existe à l'image de mon Ange !

G. Pourquoi as-tu peu de temps aujourd'hui ?

— Pour t'apprendre la mesure.

Je réponds encore à une question.

Je fouille précipitamment dans mes papiers pour trouver la plus importante.

J'ai le temps.

Ces mots m'ouvrent une éternité tranquille, et immédiatement me vient la question qui me tient le plus à cœur :

G. Qu'est-ce qui en moi ressemble le moins à ton image ?

Je l'arracherai.

— L'incertitude.

G. Je ne comprends pas.

— Ne vacille pas.

Je baisse les yeux.

Regarde-moi.

L'expression de Hanna se transforme : elle me semble refléter l'austère solennité d'une dimension qui n'est pas de ce monde.

Je prends congé.

Pendant quelques minutes, je continue à sentir la présence silencieuse de mon Maître, et dans ce silence naît en moi un désir profond de ressembler à son image.

Vendredi 30 juillet 1943
Entretien 6 avec Lili

L. Je te remercie d'être venu de nouveau.

— C'est LUI qui m'a envoyé.

L. Pourquoi m'est-il si difficile de me libérer de mon « moi ordinaire » ?

— TU ABANDONNES LE MOINS BON
LORSQUE TU GOÛTES LE MEILLEUR.

Tu vas le chercher avec une soif inextinguible.

L. Pourquoi suis-je si peu sûre de moi, que je ne sais même pas ce qu'il me faut?

– Rafraîchis ton palais, car tu l'as gâté
avec beaucoup de nourritures inutiles.

Chaque été, Lili a cherché de nouvelles inspirations pour ses cours en allant voir différentes « écoles de mouvement » à l'étranger.

L. Pourquoi est-ce que je progresse si lentement? Pourquoi est-ce que je m'affole.

– L'un découle de l'autre.
Ne t'affole pas!
Je veille sur toi.

Geste protecteur autour de Lili.

Demande!

L. Je ne sais même pas comment appeler mon travail.

– Le mot est déjà résultat. Tu n'es qu'une débutante.

Les élèves de Lili sont chaque jour plus nombreux. Au fur et à mesure qu'augmente l'incertitude politique, la nervosité générale augmente aussi. L'enseignement de la relaxation devient de plus en plus vital – et de plus en plus difficile.

L. Depuis le début, je sens un manque dans mon travail. Qu'est-ce que cela peut être?

– LE MANQUE DE FOI EN LUI,
EN MOI
ET EN TOI.

Maintenant, c'est moi qui parle.
Essaie de préciser, pour la prochaine fois,
ce que tu sens être l'essentiel de ton travail.
L. Merci.

Vendredi 6 août 1943
Entretien 7 avec Gitta

Après la leçon de mesure de la semaine dernière, j'ai décidé de ne poser que très peu de questions aujourd'hui.

– Demande!

G. Ma vue est brouillée. Mon cœur est incertain.

Comment pourrais-je mieux te voir? Comment pourrais-je mieux te sentir?

Je pourrais alors me former à ton image avec plus de certitude.

– La créature voit le manque.

Mais de LUI – seule réalité – elle n'a que l'intuition.

Que ton intuition te guide!

G. Comment graver tes paroles en moi pour qu'elles brûlent? J'ai toujours peur qu'elles ne s'effacent.

– LA PEUR EST LE REFUGE DES FAIBLES.

Il n'est pas question de faire partie des faibles! Je proteste immédiatement :

G. Ce n'est pas de cette manière-là que j'ai peur.

Avec une sévérité teintée d'ironie :

– C'est *de cette manière-là* que tu as peur.

G. Alors je travaillerai pour m'en débarrasser.

– Ne travaille pas, mais crois!

Si tu crois, tu n'as rien à craindre.

Sois attentive!

Tu ignores la mesure de la souffrance.

Depuis mon enfance, chaque fois que je le pouvais, j'ai évité par de petits mensonges les choses désagréables; mais quand je souffre, je souffre démesurément.

ACCUEILLE LA SOUFFRANCE
COMME LE MESSAGER DU CIEL,
MAIS LAISSE-LE PARTIR S'IL LE VEUT!

G. Comment est-il possible d'accueillir la souffrance et d'être en même temps joyeuse?

Avec un sourire :

– C'est possible parce que tu es sur le bon chemin.

Je sens que le « bon chemin » est mon propre chemin, celui qui n'appartient qu'à moi.

J'ai encore des questions à poser, mais je me souviens de la leçon de mesure, et je me tais.

Je parle :

Tu ne nous as pas déçus.

Derrière ce « nous » résonne l'harmonie parfaite du Chœur.
Hanna me dit plus tard : « Il a été content que tu aies
questionné avec mesure. Tu recevras les réponses aux ques-
tions que tu n'as pas posées aujourd'hui. Pour cela, imagine
une feuille blanche : les réponses vont s'y inscrire. C'est
l'intensité de tes questions qui les fera naître. »

Vendredi 6 août 1943
Entretien 7 avec Lili

L. Je remercie Dieu que tu aies pu venir de nouveau...
Pour la première fois de notre vie, nous sentons la véritable
dimension sacrée du mot « Dieu ». Lorsque Lili le prononce,
aussitôt l'atmosphère change.
...et je suis reconnaissante pour tout ce que j'ai reçu cette
semaine à Budapest.
Lili a senti une aide inattendue.
Je n'ai pas pu remercier par la prière.

– C'EST TON TRAVAIL QUI EST TA PRIÈRE.
LA PRIÈRE EST L'AILE DES SANS-AILES.
Tes ailes poussent déjà.
L. Peux-tu me dire quel est mon point le plus faible pour
que je me corrige?
– NON! Pour le moment, *réjouis-toi!*
En lui disant « Réjouis-toi! » l'Ange continue ce qu'il a
fait toute la semaine avec Lili : la combler de cette joie
qu'elle n'avait jamais connue dans son enfance.
L. J'ai été si heureuse, cette semaine, comme jamais.
– Moi aussi j'étais heureux, mon petit serviteur.
L. Je n'ai pas pu terminer complètement mon devoir.
Comme l'Ange le lui avait demandé, Lili avait essayé de
définir ce qu'était son travail.
– Tu ne le pourras jamais...

L. J'aurais voulu apporter quelque chose d'entier, de rond *.

– Le rond est une partie de l'infini.

Geste formant une spirale sans fin.

L. Je sens que j'ai encore beaucoup à faire.

– Le *beaucoup* est illusion.

Si tu trouves que c'est *beaucoup*, tu te trompes.

Il n'y a pas *beaucoup*, mais *une seule chose* à faire.

Geste d'élévation et d'offrande.

Que le Ciel te bénisse!

En voyant ce geste d'offrande d'une telle dignité, qui disait plus que mille mots, je mesure à quel point nos gestes humains sont pauvres, vides de sens, pleins de pathos. Avec l'Ange, je redécouvrirai peu à peu, en même temps que le vrai sens des mots, le vrai langage des gestes.

Il y a des moments, dans les entretiens, où j'ai peur de ne pas pouvoir noter tout ce qui est dit. Alors le Maître de Lili attend patiemment que je termine avant de passer à la question suivante. Cela s'est répété plusieurs fois, et m'a donné la conviction qu'il était désiré que je prenne des notes.

Vendredi 13 août 1943
Entretien 8 avec Gitta

Avant le début des entretiens, tous les quatre, nous avions souvent des rêves impressionnants. Afin de les distinguer des rêves ordinaires, nous les nommions « rêves d'enseignement ». Nous étions frappés par le fait qu'ils ne s'effaçaient pas, et que chacun d'entre eux avait une profonde signification pour nous tous. Souvent, au petit déjeuner, nous nous les racontions, et c'était passionnant d'en chercher le sens. Dans les rêves de Hanna en particulier, des thèmes universels apparaissaient fréquemment : je m'en suis aperçue par la suite.

---

* Le mot hongrois « rond » signifie ici « achevé », « bien fini ».

– Le temps est venu.

G. J'ai rêvé cette nuit d'une hostie, et je n'en comprends
pas la signification.

– L'hostie est l'image de la création.

La nouvelle hostie est la Nouvelle Création.

G. Dans mon rêve, il me semblait que la matière était très
importante, mais cela n'est pas clair pour moi.

– Écoute! Le péché de l'homme – d'Adam –

a rendu la matière maudite.

Si la malédiction prend fin, la matière redevient sacrée.

LA MATIÈRE EST L'ENFANT DE DIEU.

G. Comment pourrais-je renforcer ma foi, pour être toujours
au-dessus de la dualité?

– Ce n'est pas ta foi qui est faible, mais ta vue.

G. Je ne comprends pas.

– Tu regardes, mais tu ne *rayonnes* pas.

Tes yeux n'ont pas été faits pour regarder.

G. Est-ce que je regarde trop vers l'extérieur?

– Non, il faut un renversement...

*Rapide comme l'éclair, un geste de la main suggérant un
changement immédiat et total. Je ne comprends pas bien le
sens de ce mot, mais je suis sûre que je vivrai ce renversement.*

G. Souvent, je ne sais pas aimer... C'est si difficile, dans
ma famille...

Geste de la main gauche :

– LA CRÉATURE ASPIRE À L'AMOUR.

Geste de la main droite :

– LE CRÉATEUR AIME.

Les deux ne sont pas encore en équilibre en toi,
et cela durera encore longtemps.

G. Cette semaine, je t'ai bien posé ma question « sur une
feuille blanche », et ta réponse est venue, mais sous une tout
autre forme.

Avec un sourire :

– C'est toi qui t'es trompée.

G. Je ne comprends pas.

– Tu n'as fait attention qu'à la forme.

G. C'est vrai!

   et j'ajoute, heureuse :

Mais tu m'as répondu quand même. Merci.

— A UNE VRAIE QUESTION VIENT LA RÉPONSE.

   Hanna m'avertit plus tard : « Ne sois jamais — même pour un instant — dépendante de la force de ton Ange. Seul ton propre feu intérieur appelle la réponse. »

   Après un silence :

G. Je ne peux pas m'élever au-dessus de mes sentiments. Même maintenant, des larmes d'émotion me montent aux yeux, et pourtant je sais bien que tu n'aimes pas cela.

— Ces sentiments-là te séparent de moi.

   Geste vers le bas :

A CE NIVEAU JE NE PEUX PAS DESCENDRE.

Le vrai sentiment est autre. Je vais te l'apprendre.

Offrons-LUI une pensée!

   Mon cœur s'élève vers Dieu, et une grande paix me remplit.

— C'est cela, le vrai sentiment!

Qu'IL te bénisse!

Vendredi 13 août 1943

Entretien 8 avec Lili

L. Je remercie Dieu que tu aies pu venir de nouveau.

— Je t'écoute.

— L. M'est-il permis de me laisser aller complètement quand je suis seule?

— Uniquement vers le haut.

L. Pourquoi suis-je encore si souvent déchirée?

— Parce que tu n'es pas toujours unie à l'autre moitié. Tu n'es pas loin d'être une. Tu avances bien.

L. Dois-je aussi enseigner les petits enfants?

— Tu es une enfant toi-même. Où est le problème?

L. Je n'ai pas assez de contacts avec eux.
– Le voile qui te sépare, c'est le « connu ».
Crois-moi, il n'y a pas de différence
entre l'adulte et l'enfant.
L. Pourquoi suis-je si rarement petit enfant?
– LORSQUE TU CONNAÎTRAS LE PÈRE,
TU REDEVIENDRAS PETIT ENFANT.
L. Je veux encore trop LE chercher.
– C'EST LUI QUI TE CHERCHE.
TU N'AS QU'À CÉDER.

L. C'est cela le plus difficile.
– C'est cela ta tâche. Aide chacun en cela!
L. Je suis tellement heureuse! J'aimerais être toujours comblée
comme maintenant, et je me sens souvent si « plate ».
– C'est que le germe est encore petit.
Tu peux demander.
L. J'ai peur de retourner en ville.
   Les circonstances politiques rendent irrespirable l'atmosphère
   de Budapest.
– De quoi as-tu peur?
L. Que la ville me happe vers le bas, parce qu'il n'y a pas
encore assez de force en moi.
– N'aie pas peur, je t'aide! Nous nous rencontrerons.
La ville est coquille vide,
elle n'est plus, elle est malédiction pétrifiée,
même sa poussière est malédiction,
car rien n'y pousse.
Mais en toi, le germe pousse. Garde-le bien!
   Silence.
Élève ton cœur vers LUI!
   Pour la première fois de sa vie, Lili se sent remplie d'une
   vraie prière. Elle fond en larmes.
Vois-tu comme IL est proche.
Nous aurons toujours l'occasion de nous rencontrer,
lorsque tu t'élèveras dans l'infini.

Vendredi 20 août 1943
Entretien 9 avec Gitta

*J'ai fait un rêve la nuit dernière : je suis dans une plaine
sans fin. Tout à coup apparaît un cheval blanc, d'une force
et d'une beauté parfaites. En même temps, une spirale
blanche monte vers les hauteurs du ciel, et je sais que le
cheval pourrait m'y emporter.*

G. Que signifie le cheval blanc de mon rêve?
— Il faut le monter.
G. Comment est-ce possible?
— Si tu deviens plus légère que lui.
*Je comprends alors que le cheval représente mon corps, et
que sans lui je suis incapable de m'élever.*
Silence.
G. Qu'est-ce qui est le plus lourd en moi?

*Pendant les entretiens, le langage de Hanna était d'une
beauté et d'une simplicité exceptionnelles : un hongrois très
pur, très proche de ses racines. Mais là, elle ne trouve qu'une
expression argotique pour ce qu'elle doit communiquer, et
mon Ange ne l'accepte qu'avec une certaine répugnance :*
— Ne te laisse pas « rouler » par le Trompeur.
G. ...hier?...
*Je me rappelle aussitôt qu'hier j'ai porté un jugement sévère
sur quelqu'un.*
G. Oui, là, je suis tombée dans le piège.
Comment faire pour que cela ne se répète plus?
— Sois de plus en plus attentive!
G. Comment faire pour que mes tableaux contiennent la
Nouvelle Lumière, et en fasse naître le désir chez ceux qui
les regardent?
— LA LUMIÈRE SE DÉVERSE À TRAVERS TOI...

Je vais te dire un secret :
La LUMIÈRE est la même que la lumière,
seule l'intensité est différente.
G. Puis-je me mettre à peindre?
– Tu réussiras sûrement!
Chacune de tes peintures est une marche vers le haut.
Commence en bas. Ne t'envole pas!
Toi, tu as des ailes, mais beaucoup n'en ont pas.
Me comprends-tu maintenant?
G. Oh oui! Tout est clair.
  Je suis heureuse, et Hanna sent que mon Ange se réjouit
  avec moi.
– Nous pouvons déjà parler ensemble.

G. Comment chacun de mes actes peut-il devenir offrande?
– Chacun de tes actes est offrande,
si tu ne le fais pas pour toi-même.
G. Comment pourrais-je me débarrasser de mon « petit
moi »? Je le déteste tellement!
– EN NE LE DÉTESTANT PAS.
G. Je ne pense pas à mon corps...
– Je sais bien à quoi tu penses. Pour moi, c'est clair.
Écoute : tu le détestes parce que tu en as peur.
IL T'ENSEIGNE AUTANT QUE MOI.
SI TU APPRENDS À AIMER LE « MAUDIT »,
TU SERAS À TA PLACE.
Le comprends-tu?
  Je réponds trop vite :
G. Oui, mais...
  Je suis arrêtée net. Dans le long silence qui suit, je comprends
  que je lui ai coupé irrespectueusement la parole.
– Maintenant, tu peux parler.
G. Comment pourrais-je trouver ma place le plus vite pos-
sible?
– EN NE TE DÉPÊCHANT PAS.
ON NE PEUT SE DÉPÊCHER QUE VERS LA MORT.
Il tarde.
  Geste vers le jardin, où Joseph est plongé dans la lecture.
G. Qui?

– Le « fils ».

Je ne peux prononcer aucun nom.

Je comprends que le nom que nous avons reçu n'est pas celui qui exprime vraiment notre nature intérieure la plus profonde; et l'Ange est un tel être de Vérité qu'il lui est impossible de le prononcer.

QUI SE DÉPÊCHE –
S'APPROCHE DE LA MORT PAR-DEVANT.
QUI TARDE –
S'APPROCHE DE LA MORT PAR-DERRIÈRE.
ENTRE LES DEUX : L'ÉTERNITÉ.
QUI AGIT À TEMPS IGNORE LA MORT.

Hanna voit une image illustrant ce qui vient d'être dit : la vie même sous forme d'une ligne verticale qui vibre, fine comme le fil le plus fin d'une épée aiguisée. En agissant au moment juste, nous sommes *cette ligne – dans l'*ici *et* maintenant –*, et* vivants. *Si nous nous précipitons, nous sommes dans l'avenir : la mort par-devant. Si nous tardons, nous sommes dans le passé : la mort par-derrière. En agissant au moment juste, nous sommes en contact avec l'éternité.*

– Cela suffit pour aujourd'hui.

Ses mains se posent au-dessus des miennes, et je sens une force les traverser.

– Tu pourras créer!

Vendredi 20 août 1943
Entretien 9 avec Lili

– Parle!

L. Je ne comprends pas l'enseignement que j'ai reçu cette semaine à Budapest.

Lili a essayé de voir chez lequel de ses élèves la graine nouvelle pourrait germer.

– NE JUGE PAS!

Le grain germe. La poussée, c'est LUI.

Là où le grain est enfoui, là il germera.

Ne cherche pas à savoir où il se trouve!

Inutile de juger.

L. Merci, et merci aussi pour le rêve d'enseignement que j'ai fait cette nuit.

– La veille est plus que le rêve.

L. J'aimerais tant m'éveiller déjà!

– C'EST TOI QUI ES RÊVÉE.

L. Je ne comprends pas.

– LE RÊVE EST IMAGE,

TOI AUSSI TU ES IMAGE.

C'EST LUI QUI S'ÉVEILLERA EN TOI.

Je m'efforce de comprendre. Alors, s'adressant à moi :

Ne te force pas, car tu es forte.

Silence.

L. Comment puis-je aider les membres de ma famille?

– Ta famille est grande,

c'est LUI qui aide à travers toi.

Je sens que ce mot de « famille » désigne en fait tous les humains.

Aie confiance en LUI!

L. D'où vient la douleur que je ressens dans le dos et dans la nuque?

– On t'a obligée à te courber devant l'*indigne*.

Dernière enfant, non désirée, Lili avait été dès sa naissance écrasée sous le poids de sa famille.

Si tu t'inclines devant LUI, qui seul est *digne*,

tu seras redressée.

L. Chaque maladie du corps a-t-elle une cause psychique?

– L'arbre porte le fruit. Bon arbre porte bon fruit.

La matière n'est capable ni de bien, ni de mal,

car son essence est l'inertie.

LA DOULEUR DE TON DOS

NE VIENT *PAS* DE TON DOS.

Silence.

Je pose une question :

De quoi t'es-tu réjouie ces jours-ci?
L. De mon rêve d'enseignement, de la bonne journée en
ville et tout d'abord de toi.
— JE NE SUIS PRÉSENT QUE DANS LA JOIE.

Que le Ciel te bénisse!

Vendredi 27 août 1943
Entretien 10 avec Gitta

Enfin une semaine d'attente joyeuse!

— Rendons grâce!
   Avec un sourire radieux :
Aujourd'hui, il est bon d'être ici.
   *Hanna me dit plus tard que, pendant les premiers entretiens,
elle a souvent senti combien il était difficile pour mon Maître
de descendre et de rester dans notre atmosphère trop dense.
Aujourd'hui, ma joie rend les choses plus faciles. Désignant
le verre d'eau :*
L'eau m'approche de toi.
Ce que fait le *feu* pour toi, l'*eau* le fait pour moi.
   *Je comprends que plus je brûlerai de joie, plus je pourrai
m'approcher de mon Ange; par contre, le feu de l'Ange doit
être atténué par l'eau pour qu'il puisse m'approcher.*
En quoi puis-je t'aider?
G. Lorsque je touche quelqu'un que j'aime, je sens une
force traverser mes mains. Mais pas mes yeux.
— La force n'est pas encore arrivée
jusqu'à la hauteur de tes yeux.
   *Je vois enfin le sens de ce que me disait l'Ange quinze jours
plus tôt : « Tes yeux n'ont pas été faits pour regarder. »
Très souvent, l'Ange répond à nos questions informulées : il
voit en nous ce que nous n'avions pas compris, et nous
l'explique plus tard.*

Je t'apprends une loi :
tu t'élances d'en bas vers le haut.
   Les mains forment un cône :
Tu es construite ainsi :
forte en bas, t'amenuisant vers le haut.
La matière est inerte.
   Geste montrant les yeux :
Ici se rencontrent la matière et l'esprit.
Tu dois élever la matière jusqu'ici,
là, elle s'enflamme et rayonne à travers les yeux.
   Geste montrant la gorge :
Mais ici tu arrêtes la force par les émotions,
elle devient eau et reflue.
De la gorge aux yeux,
la matière devient de plus en plus subtile,
mais c'est encore de la matière.
Garde propre le chemin !
   Silence.
G. Je ne peux pas encore agir à temps...
– Ce qui doit être accompli te parle.
Et tu as des oreilles pour l'entendre.
Ferme les yeux !
   Je ferme les yeux, et je sens ses mains se rapprocher de mes
   oreilles. Une force les traverse.
Maintenant, tu entendras mieux.
Demande !
G. Souvent, je souffre de ne pouvoir aimer...
– Sais-tu pourquoi ?
G. Parce que je n'ai pas pu peindre ?
– Tu n'as pas pu peindre, parce que tu n'as pas pu aimer.

CHAQUE ACTE VRAI SE BÂTIT D'AMOUR.
Le « Sans-nom » t'a trompée...
   Je vois immédiatement à quoi il fait allusion. Hier, deux
   élèves de Hanna ont fait le long chemin de Budapest jusqu'à
   notre village pour venir nous voir à l'improviste. C'était le
   moment où d'habitude je partais « chantonner pour lui »
   dans la forêt. Après une courte hésitation entre rester et
   partir – choisir mon Maître ou les élèves –, j'étais partie,

me déchargeant sur Hanna du soin de s'occuper d'eux.
Inutile de dire que je n'ai pas pu chanter. Rien n'avait
plus aucun sens, et j'avais un tel sentiment de vide que tout
contact avec mon Maître devenait impossible.

... Le « Sans-nom » peut revêtir même mon apparence pour
te tromper.
Je vois maintenant de toute évidence que, dans cette situa-
tion, j'ai agi contre mon sentiment, et je suis saisie par la
peur de ne pas savoir distinguer le vrai du faux pour
reconnaître mon Maître intérieur.
... Mais tu reconnais le « Sans-nom » dans ton cœur.
Car son nom est « le Vide ».
Montrant le siphon d'eau de Seltz sur la table :
Cette eau n'est pas bonne non plus,
parce qu'on y a introduit de force du vide.
G. Je sais que le vide et le découragement sont des pièges,
et je m'y laisse quand même prendre.
– Quand tu sais, c'est déjà trop tard.
Tu passes outre, tu ne t'arrêtes pas au moment juste,
là où il le faudrait.
Je comprends alors que, comme mon attention entraînée et
aveuglée par mon dynamisme est généralement dirigée vers
l'extérieur, je ne me rends compte de l'action du « Trompeur »
à travers moi que lorsqu'elle se manifeste dans mes actes.
Et c'est trop tard; mais si je dirigeais mon attention vers
l'intérieur, je serais capable de sentir le danger à l'avance,
et donc de m'en défendre.

Demande!
G. Pourquoi mes yeux sont-ils secs et brûlants?
– Parce que tu pleures.
Les êtres vivants ont besoin d'eau pour brûler.
Tu as commencé à brûler. L'eau a manqué.
G. Quelle est la différence entre le vrai sentiment et le
faux?
– Le vrai sentiment est immobile.
Toi, tu aimes tantôt ceci, tantôt cela.
L'eau ondoie.

Geste indiquant le mouvement des vagues.
Le vrai sentiment est immobile,
IL AIME TOUT ET RAYONNE.
Ton signe est le soleil.
Le soleil est immobile et rayonne partout.
Pas le soleil que tu vois avec tes yeux,
car celui-ci n'est aussi qu'une image.

Parle!
G. Pendant un instant, j'ai senti ma tâche, mais tout s'est
immédiatement obscurci.
– Cet instant dure éternellement.
Il ne peut pas cesser, et il n'a jamais commencé.
Ce n'est que toi qui vacilles.
Essaie de faire de ton mieux,
car chaque fois j'emporte ton image, et je la présente...

Hanna voit une image transparente de moi, que mon Ange superpose à d'autres images transparentes : ainsi, la façon dont j'ai changé de semaine en semaine devient clairement visible. Ces images sont réunies à l'intérieur d'un immense cône, formé par le Chœur des Anges. Tous les yeux sont maintenant fixés sur ces images, sans jugement ni critique, mais leur VUE les pénètre tout entières. Et, du plus haut du cône, vient SON regard.

– Que le Ciel te bénisse!

Le lendemain, Hanna m'explique que les sentiments en eux-mêmes sont bien sûr d'une importance vitale, mais que je dois adopter une attitude différente à leur égard. « Si tu les refoules trop tôt, ils te restent dans la gorge et sont étouffés. Si tu les laisses monter librement jusqu'aux yeux, leur force initiale se perd en larmes. Mais si tu les LUI offres au moment où ils arrivent à la gorge, alors ils se transforment et deviennent énergie-lumière qui rayonne à travers tes yeux.

Vendredi 3 septembre 1943
Entretien 11 avec Gitta

La semaine a été si lourde que je me sens complètement
découragée. Nous attendons très longtemps l'entretien, et
Hanna a le sentiment que mon Ange a beaucoup de mal
aujourd'hui à me rejoindre.

— Parle!
G. Grâce à Dieu, tu es venu!
   Silence recueilli.
Apprends-moi la vraie prière qui m'élève au-dessus de
l'eau!
— Elle s'appelle : Offrande.
J'énonce une grande loi :
Chaque petite cellule prie,
et la prière de toutes ensemble,
c'est le vrai sentiment.
Le comprends-tu?
G. Pas tout à fait.
— Pour toi, il est difficile de t'élever,
pour moi, il est difficile de descendre.
G. *(désespérée).* Ça ne devrait pas être difficile pour toi!
Je ferai beaucoup, tout, pour te le rendre plus facile!
— Ne te charge pas de *beaucoup!*
Ta tâche est le *peu.* Le *peu* est difficile.
Tâche de voir la différence entre *beaucoup* et *peu.*
Ce qui est *beaucoup* est dilué.
   Geste vers le bas, suggérant une foule qui s'étale.
Il y a *beaucoup* d'hommes – dilués.
Le *peu* est plus proche de LUI.
Et LUI est UN.
   Cet enseignement semble concerner l'opposition entre la dilu-

tion du beaucoup *et la concentration du* peu − *comme le
cône, large à sa base et étroit à son sommet.*
Élève ton cœur,
il m'est difficile d'être ici aujourd'hui.
G. J'ai déjà pu aimer un peu cette semaine, mais c'est
encore si loin de ce que je voudrais.
− La lune n'est claire que si le soleil l'éclaire.
Tu n'es pas la lune.
N'attends pas qu'on ait besoin de toi.
TES LUNES SONT SOMBRES.

*Avec mon œil intérieur, je vois un soleil qui dévore ses propres
rayons. L'image est d'une horreur insoutenable.*
G. C'est terrifiant!
*Le cœur de Hanna la fait souvent cruellement souffrir, sans
aucune cause apparente. Elle a des rêves prémonitoires, où
elle voit les catastrophes qui se préparent. Je me tourmente
pour elle, qui n'a pas la possibilité de poser des questions.*
Que pourrais-je faire pour que cesse la douleur du cœur de
mon amie?
Un geste d'interdiction m'interrompt.
− Es-tu encore sans foi?
Vous êtes unies dans la tâche.
Personnes, destinées, événements
ne sont qu'écume de vagues dans la mer...
Je me tais, effrayée.
Tu peux poser encore deux questions.
G. Le soleil est mon signe. Je le comprends, mais je ne le
vis pas encore.
− Tu écoutes mes paroles,
mais avec tes oreilles seulement.
G. Pourquoi n'ai-je pas pu chanter pour toi ces jours-ci
dans la forêt?
− Parce que j'étais loin de toi.
G. Était-ce de ma faute?
− C'était une épreuve, non une punition.
J'étais là où nous serons unis un jour.
La distance indique la grandeur de ta tâche.

Fais attention! Nous regardons toujours!
Rien ne reste caché.
Honore SA Loi même dans les plus petites choses.
  Je suis découragée devant l'énormité de ma tâche.
Je te console : tu te formes déjà.

Je serai toujours avec toi.

Vendredi 3 septembre 1943
Entretien 11 avec Lili

Lili, qui était absente la semaine dernière, est accablée par les difficultés et se sent déprimée.

— Dépose ton fardeau!
L. Je ne comprends pas.
— Était-ce lourd pour toi?
L. Oui, très lourd.
— Ce qui est lourd, c'est le fardeau.
L. Pourquoi suis-je tombée si terriblement bas?
— « Celle qui aide » doit descendre dans l'abîme.
JE TE DONNE LA CLEF DE LA PROFONDEUR.
SON NOM EST : TÂCHE.
Tu es élue.
Tu peux toujours *descendre,*
tu peux toujours *remonter.*
Cela ne dépend que de toi. Le crois-tu?
L. Je le crois. Je remercie Dieu de cette grâce.

Suit un silence intense et rempli de prière. Je découvre, émerveillée, le pouvoir des mots. Lorsque Lili prononce le mot « Dieu », immédiatement son Maître est rempli d'une adoration profonde — à laquelle Lili s'associe tout naturellement.

– C'est moi qui transmets chacune de tes pensées,
chacune de tes prières.
N'oublie pas de LUI envoyer des pensées!
Je suis toujours là, à portée de ta main –
de tes actes.
PAR CHACUN DE TES ACTES TU AGIS À MA PLACE.
FAIS BIEN ATTENTION! NE ME DÉFIGURE PAS!

Il ne peut y avoir qu'une seule séparation entre nous :
Je pourrais la nommer « la Personne-Piège »,
ton « faux moi ».
N'oublie pas la clef!
JE PEUX ÊTRE PRÉSENT DANS CHACUN DE TES ACTES
SI TU AGIS AVEC MOI.
Beaucoup d'épreuves t'attendent.
Je suis toujours avec toi.

Vendredi 10 septembre 1943
Entretien 12 avec Gitta

*Aujourd'hui, nous sommes toutes très heureuses : pour la
première fois, Joseph assiste à l'entretien – en silence. Il a
lu nos notes, et il a senti que c'était une vraie nourriture.*

– En SON NOM.
J'attends.
G. Merci pour l'enseignement que tu m'as donné cette nuit
dans mon rêve.
Je comprends tout, mais je ne sais pas encore ce que signifie
« hors du temps ».
– Que veux-tu savoir?
G. Puisque tu m'as déjà instruite, je devrais comprendre
l'intemporel.
– Le « encore » et le « déjà » sont dans le temps.
Je t'enseigne, et tu ne le comprends pas *encore*.

C'est cela la distance entre nous.

G. Comment pourrais-je supprimer cette distance?

— PAR LE MILIEU.

L'ACTE FAIT À TEMPS

EST L'ACTE HORS DU TEMPS.

Je suis là, et là tu comprends

avec ton cœur et non avec ta tête.

Est-ce clair?

G. *(remplie de joie)*. Oh oui!

— Parce que *maintenant* tu as écouté avec ton cœur.

C'est maintenant le *hors du temps,*

parce que tu m'as attendu *à temps.*

   A Lili :

— Je bénis « celle qui aide ».

   Cette bénédiction me remplit de joie. S'adressant à moi :

TA JOIE REND MA PRÉSENCE FACILE.

Demande!

   *Intérieurement, j'ai vu récemment une lumière bleue
   intense.*

G. La lumière bleue... que signifie-t-elle?

   *Geste abrupt d'interdiction. Je sens que c'est une question
   à ne plus poser, jusqu'à ce que je sois capable de vivre dans
   l'intensité de cette lumière bleue.*

— Demande autre chose!

   Je n'ai plus de question, mais je dis ce que j'éprouve :

G. Je suis heureuse que tu sois ici.

— ...par SA GRÂCE insondable...

   Long silence.

Je t'enseigne : Ton signe est le soleil.

Ferme les yeux.

   J'obéis.

Vois-tu le soleil? Est-ce encore vague?

G. Je ne le vois pas.

— Imagine-le! Cela suffit.

Maintenant, le vois-tu?

   *J'essaie d'imaginer un soleil glorieux dans une lumière
   éblouissante.*

   Mon Maître trace un cercle devant mon visage.

Le vois-tu?

Mon visage est tendu, et je sens mes prunelles tourner sous mes paupières.

Tu *veux* voir plus qu'il n'est nécessaire.

Traçant un nouveau cercle :

Et maintenant, le vois-tu?

Je commence à voir le soleil dans un ciel sans nuages.

G. Oui.

– C'est bien. L'image est-elle claire?

G. Pas encore.

L'image du soleil bouge, elle monte et descend dans le ciel.

– Tu *veux* encore. Dis-moi si c'est clair.

L'image devient plus claire, mais je me sens encore nerveuse et lourde.

G. Cela s'éclaircit.

– Sois encore plus calme!

Traçant pour la troisième fois un cercle :

Et maintenant?

Je me concentre uniquement sur le soleil, et ne vois rien d'autre.

Ouvre tes yeux quand l'image sera claire!

LES SENTIMENTS, LE VOULOIR,

LE DÉSIR SONT TEMPORELS.

LORSQU'ILS CESSENT,

LÀ EST LE BUT DE TON CHEMIN.

L'image du soleil est maintenant tout à fait claire, puis elle s'estompe peu à peu.

Maintenant, tu y es.

J'ouvre les yeux.

Attention! Tu glisses déjà!

C'est seulement lorsque je me sens glisser dans des couches de plus en plus épaisses que je comprends « où » j'ai été.

G. Oui, je glisse.

– Tu apprendras. C'est encore difficile... pour moi aussi.

Je me rends compte, intuitivement, que pendant un court moment j'ai atteint une intensité de vie que je n'avais jamais connue, où mes sens encore incomplètement éveillés étaient incapables de perception. Il ne me restait plus que le sentiment d'un vide absolu. Était-ce un premier essai vers quelque chose qui pourrait devenir un état naturel ? Plus tard, Hanna me dit qu'elle m'a vue dans des couches différentes; celles du bas étaient très, très denses; elles étaient recouvertes par des couches plus claires devenant, tout en haut, translucides. Elle ajoute : « Normalement, tu t'enfonces et tu remontes dans ces couches de sentiments et de pensées. Mais quand tu réussis à émerger au-dessus de la surface, tu es dans l'intemporel. Ce moment est éternel. » Et je n'ai pu émerger que l'espace d'une seconde.

Silence.

Geste de mon Maître pour demander de l'eau. Je tends un verre à Hanna.

Lorsqu'elle boit, elle rend plus facile la descente de mon Ange.

– Que l'eau est lourde !

C'est bien Hanna qui boit, mais elle est l'instrument dont il se sert, afin de s'alourdir pour descendre jusqu'à nous.

As-tu encore une question ?

G. En quoi suis-je encore « païenne » ?

– Sois-le en tout, car c'est la racine !

Mais tu dois déjà porter des fleurs.

Sans racine, ce n'est pas possible.

Il y a un point où tu es dans l'erreur.

C'est là où tu es insensible.

Là, tu n'es pas « païenne »;

LÀ, TU ES PERVERTIE. JETTE-LE !

Je comprends que je suis insensible là où les tissus sont morts. Hanna me dit plus tard que la « Personne-Piège », le « faux moi » habite dans l'insensible.

Vous tous !

Gardez bien les portes secrètes, car l'ennemi rôde !

« Celle qui parle » a failli lui céder aujourd'hui.

Là, nous ne pouvons pas vous aider,

seulement vous avertir.

As-tu encore une question ?

G. J'aimerais LE louer par tous mes actes... et toujours.
Quelle est la clef de la continuité?
— Aujourd'hui, tu demandes
continuellement la même chose.
La continuité, c'est encore le temps.
Il n'y a rien de plus beau que de LE louer.
Louons-LE!

Vendredi 10 septembre 1943
Entretien 12 avec Lili

L. Merci pour ta venue.
A quoi dois-je faire particulièrement attention dans mes
cours pour pouvoir donner une aide essentielle?
— A *toi-même*.
Si tu es bien, tout t'est donné.
Ne pense à rien d'autre.
L. A quel signe pourrais-je reconnaître tout de suite que je
suis bien?
— LE SIGNE CHANGE TOUJOURS,
PARCE QUE TU CHANGES TOUJOURS.
Mais il y a un signe certain :
Lorsque tu sais aimer, vraiment AIMER —
TOUS LES AUTRES.
Cela t'est donné.
C'EST LA PLUS GRANDE GRÂCE,
CAR C'EST LUI EN TOI.
L. Maintenant, je comprends la clef de la profondeur...
    Long silence.
— Quelle splendeur merveilleuse... toute la création!
C'est inexprimable...
Demande!
L. Pourquoi m'est-il si difficile de demander?
— Parce qu'on t'a étouffée quand tu as voulu demander,
et tu n'as pas encore tout à fait repris ton souffle.

Enfant non désirée, Lili avait souffert en silence, et n'avait jamais osé poser de questions.

Élève-toi dans la splendeur,
et tu t'ouvriras comme un lys.

L. J'ai essayé de m'élever, mais je sens que je me force.

— As-tu déjà vu un petit oiseau
quand il commence à voler?

Il déploie d'abord ses ailes. C'est ce que tu oublies.

L. Qu'est-ce que cela veut dire?

— L'aile est intermédiaire entre la matière et l'air.

Tu es un être humain.

Ton bras est ton aile.

SACHE D'ABORD EMBRASSER,
ALORS TU POURRAS VOLER.

PAS AUTREMENT.

Geste pour demander de l'eau :
C'est LUI que j'admire dans l'eau aussi.

Puissiez-vous vous émerveiller de tout,
Car tout est merveille!...

L. J'ai un grand problème. Ne devrais-je pas avoir aussi
une formation scientifique?

— Si!

L. Dans quelle branche?

— La Science est l'enfant de l'émerveillement.

Ne la méprisez pas!

L'émerveillement et la curiosité sont deux.

Il y a beaucoup de curieux,
mais il y a eu des émerveillés.

Eux aussi, ils étaient des envoyés.

Cherche-les! Ils t'enseigneront.

L. Les livres ou les hommes?

— C'est la même chose.

Fais bien attention que ce soient des émerveillés.

A celui qui cherche, le maître est donné.

Soit dans les temps très anciens,
soit maintenant, tu peux les trouver.

Débordant de joyeuse certitude :
ET ILS VIENNENT...

L. Que c'est bon de savoir qu'il y a beaucoup d'émerveillés!

– Demande!

L. Je sens de plus en plus à quel point je ne suis pas pure.
Comment aider les autres dans cet état?

– TOUT EST PUR QUI EST À SA PLACE.
TU N'ES IMPURE QUE LORSQUE TU N'ES PAS À TA PLACE.

L. Je me sens si rarement à ma place!

– La source de « celle qui aide » est le besoin.
On a grand besoin de toi.
Je t'ai montré aujourd'hui la splendeur,
mais il y a des ténèbres noires indescriptibles!
La cause en est dans les hommes eux-mêmes.
En voyant, ils ne voient pas.
Ils souffrent dans une misère infinie.
Que cela te rende infatigable, mon petit serviteur!

L. Pourquoi la plupart des hommes ne connaissent-ils ni ne
désirent-ils la splendeur?

– Les tièdes... là, il est difficile d'aider.
Ne t'inquiète pas, même cela t'est donné.
Mais *toi* – jamais de tiédeur –
car tu serais balayée!

   Lili est terrifiée.

Mais que ton cœur ne connaisse pas la peur,
car elle est la demeure du Chuchoteur!

L. Si seulement la force que je sens maintenant pouvait
grandir!

– Elle grandira.
AUTOUR DE CELUI QUI SAIT S'ÉMERVEILLER,
ÉCLOSENT LES MERVEILLES.
LA PLUS GRANDE MERVEILLE EST - L'HOMME.
Sous tes mains, il y aura des merveilles.
Je serai là.
L'obscurité se dissipe.

Que le Ciel te bénisse.

Vendredi 17 septembre 1943
Entretien 13 avec Gitta

Nous sommes réunis en silence, attendant la venue de mon Maître intérieur, lorsque les cloches du village commencent à sonner.

— Écoutez attentivement!
Le son de la cloche est préparation.
Il y aura un nouveau son,
et vous serez le son de la cloche.
Vous l'essayez encore de la façon ancienne :
Obscur-clair, bon-mauvais, froid-chaud.
     Geste de balancement.
Cela s'adresse aux oreilles.
Le nouveau son de la cloche
ne peut pas encore se faire entendre,
car la cloche se balance.
Si elle s'arrête, alors vient le Nouveau.
     Ces mots me touchent si profondément que mes yeux se remplissent de larmes.
La cloche se balance encore,
mais c'est le début de la messe.
     Très long silence. A sa demande, je lui tends joyeusement un verre d'eau. Après qu'il a bu :
Bois, toi aussi!
     Étonnée, je bois. A travers les yeux de mon Ange, Hanna voit dans le verre un liquide bleu, où se reflète une lumière d'une source inconnue. Et lorsque je bois, tout le réseau de mes artères, jusqu'au plus ténu des vaisseaux sanguins, lui semble devenir doré.
C'était une autre Eau. Si c'est dur là-dedans
     (geste montrant mon cœur),
si c'est bloqué là-dedans, pense à cette Eau.

Elle dissout tout.

Le sens-tu?

Je me sens merveilleusement bien ; c'est sans doute cela, la Grâce divine!

TU M'AS DONNÉ DE L'EAU D'EN BAS,
JE TE DONNE DE L'EAU D'EN HAUT.
DONNE AINSI À TOUS CEUX QUI ONT SOIF,
ET L'EAU D'EN HAUT JAILLIRA TOUJOURS.
NE L'OUBLIE PAS : CHAQUE GOUTTE QUE TU DONNES,
C'EST À LUI QUE TU LA DONNES.

Long silence.

Je suis venu pour te répondre.

Je me sens si comblée par ce moment de grâce que toutes les questions que je voulais poser ont perdu leur importance.

G. Tu as déjà répondu à toutes mes questions.

– Tu en as encore trois.

G. Pourquoi est-ce que je me suis vue cette nuit, en rêve, avec un voile?

– Le voile disparaît petit à petit.

Il est le passé, l'enfant d'autrefois.

Ton rêve était tissé de passé et de futur.

Mais il n'existe ni l'un ni l'autre,

il n'y a que le présent.

Ce ne sont que des vagues...

G. Pourquoi est-ce que je n'ai pas pu suivre ton enseignement seule?

– Demande avec d'autres mots!

G. Je n'ai pas pu me concentrer sur le soleil seule.

Au moment où je prononce ce dernier mot, je comprends, dans un éclair, que j'ai commis une grande erreur, parce que je ne suis jamais seule, et je suis accablée de honte.

– Si tu dis « seule », tu es seule.

Je tombe dans un abîme de désespoir en voyant que par ce seul mot – faux –, c'est moi qui me suis coupée de lui.

Long silence.

Élève ton cœur et demande quelque chose d'autre.

J'ai le temps.

G. Pourquoi y a-t-il tant d'incertitude en moi?

Avec un sourire :
– LUI seul est certitude.
Si tu en es toujours consciente,
alors l'incertitude en toi devient certitude.
En tout et toujours, c'est la seule certitude.

G. Qu'est-ce qu'il y a de plus laid en moi qui me sépare
de toi?
   Geste rapide vers l'espace entre mes deux yeux :
– Cette ride.
G. Parce que je veux?
– Parce que tu te forces.
G. Pourquoi est-ce que je me force?
– Parce que tu aimes encore les vieux vêtements.
Une fois que la coquille d'œuf est cassée,
elle ne sert plus à rien.
N'oublie pas l'Eau! Elle dissout cela aussi.
   Silence.
Je te dis quelque chose de gentil :
Écoute! Allume un feu de joie, ton travail terminé,
pour LUI qui l'a permis.
   *J'ai enfin terminé un tableau fait sous l'influence de ces
   entretiens* *
Fêtez ce jour, nous serons avec vous!
   A Lili :
Elle aussi, elle a aidé.
   A Joseph :
Lui aussi, il a aidé, le « fils ».
   Après un silence, à Lili :
As-tu une question?
L. Quelle est la différence entre la main droite et la main
gauche?
– Il n'y a ni droite, ni gauche,
parce que ce n'est pas la main qui agit,
mais le cœur, et il est UN.
Si ce n'est pas lui qui agit,

---

* Il a été détruit pendant la guerre.

alors les deux mains sont gauches.
Nous nous réjouissons pour toi!
Lili baisse la tête humblement et dit merci.

Le Ciel est avec vous.

Vendredi 17 septembre 1943
Entretien 13 avec Lili

– Réjouissons-nous ensemble! Demande!
L. Pourquoi est-ce que je renonce si vite, même quand j'ai
commencé quelque chose avec un grand enthousiasme?
– Ce n'est pas au début que le bon coureur court vite.
Il est évident qu'il a de la force en réserve,
même si elle ne se montre pas tout de suite.
Le commencement est *concentration,* et non dispersion.
Un trou minuscule dans l'œuf,
et le petit oiseau ne naît pas.
Le comprends-tu?
L. Comment pourrais-je reconnaître ce trou dans l'œuf?
– Ce que tu demandes est difficile.
Mais je t'y amènerai.
Le problème n'est pas le trou : c'est le temps.
Le trou ne nuit qu'à l'embryon qui n'est pas à terme.
Silence.
Sois attentive! Le semeur sème le grain.
Tu es « celle qui aide ».
Tu ne peux pas couper le grain en deux.
Enfouis-le profondément,
il va pousser en se multipliant,
et alors tu pourras le partager!
Mais enfouis le grain profondément...
profondément dans le sol,
et que la terre se referme sur lui longtemps...
longtemps...

A peine attends-tu pour le distribuer.
C'est là ton erreur.
Sois patiente comme la terre, d'où tu es prise
et tu vas porter de nombreux fruits.

Je t'enseigne :
Fais attention dans tes cours à l'harmonie.
L. A l'harmonie en moi-même?
— Non. Tu as beaucoup d'élèves ensemble.
Tous ne sont pas faits pour être ensemble,
mais tous sont faits pour être avec toi.
L. Faut-il que je les sépare, ou dois-je essayer d'introduire
une certaine harmonie dans l'ensemble?
— Mets-les chacun à sa place.
Sois très attentive :
Ne le fais pas avec la tête,
ne le fais pas avec le cœur,
mais fais-le avec humilité.
Car c'est LUI qui met tout à sa place.
Demande!
L. Pourquoi suis-je si différente en ville et à la campagne?
— Deux forces habitent chaque être :
La force de la vie et la force de la mort.
L'une construit, l'autre détruit.
TU N'ES PAS SEULEMENT CRÉATURE.
TU CONSTRUIS ET TU DÉTRUIS.
EN PREMIER LIEU, TOI-MÊME.
L. Je la sens tellement lente, cette construction...
— Si tu la LUI confiais, tu ne la sentirais pas lente.
L. Mais qu'est-ce qui m'en empêche toujours?
— Pas *toujours*. Observe lorsque rien ne t'en empêche.
Ce que tu peux faire une fois,
tu peux le refaire à tout moment.
Ne t'inquiète pas! car l'obstacle te renforce lui aussi.
Plus grand est l'obstacle,
plus grande est la confiance en ta force.
LA GRANDEUR DE L'OBSTACLE
N'EST PAS PUNITION, MAIS CONFIANCE.
Faites attention! Vous tous!

Il n'y a pas d'abîmes si sombres,
il n'y a pas de falaises si hautes,
il n'y a pas d'égarements si tortueux
qui ne soient pas CHEMIN.
Que les frayeurs terribles ne vous égarent pas!
Vous pouvez déjà marcher, non seulement sur l'eau
– si vous avez la foi – mais aussi sur le vide.
Sur le vide noir. Ne vous effrayez pas!

Faites attention à cette seule chose :
NE VOUS APPUYEZ PAS!
Ce qui paraît l'appui le plus sûr,
c'est le vide le plus noir.
NE LE SAISISSEZ PAS,
CAR VOUS DEVIENDRIEZ LE VIDE VOUS-MÊME!
Il y a un unique Appui qui ne déçoit pas.
Aucun autre!
Que c'est merveilleux!

CHACUN DE VOS PAS À TRAVERS LE VIDE
DEVIENT UNE ÎLE FLEURIE
OÙ LES AUTRES PEUVENT POSER LE PIED.
Mais sur le chemin n'emportez rien d'ancien avec vous!
Le vide attire le vide.
Vous devez partir sans vêtement.
Un vêtement neuf, encore jamais vu, vous attend...
    A Lili :
Dans ton travail aussi quitte l'ancien!
Cherche le tout nouveau,
ne crains pas de rester sans vêtement!
Tu ne peux pas t'habiller de neuf
si tu n'ôtes pas l'ancien.
C'est LUI qui vêt le lys des champs,
comment ne te donnerait-IL pas un nouveau vêtement
si tu as la foi!
L. Je sens combien l'ancien me gêne, mais je ne vois pas
clairement le Nouveau.
– Ne le vois pas, mais crois!
COMMENCE TON TRAVAIL

COMME SI TU NE L'AVAIS JAMAIS FAIT!

L. Si seulement j'en étais capable...

Geste de bénédiction sur Lili :

— Tu le seras.

« Celle qui parle » est fatiguée.

Elle a passé un moment difficile.

Pose une dernière question.

L. Sur quel point devrais-je d'abord me corriger?

— Ce que je vais te dire te semblera étrange.

Ne te farde pas. La vraie couleur t'est toujours donnée.

Lili a l'habitude de se mettre du rouge pour cacher sa pâleur quand elle est fatiguée. Tous ces derniers temps, en voulant jouer le rôle d'une femme forte, elle s'est sentie épuisée. Je sens que c'est contre ce mensonge, et non contre le maquillage, que l'Ange la met en garde.

Te peindre, c'est te fermer.

Si tu es fatiguée pendant tes cours, n'en aie pas honte,

et à l'instant même tu ne seras plus fatiguée.

Ne te farde pas,

et la vraie couleur te sera toujours donnée.

Rien ne reste caché... tout vient au grand jour.

Vendredi 24 septembre 1943
Entretien 14 avec Gitta

— Saluons-LE!

Je t'écoute de bon cœur.

Je me soucie pour Hanna, qui vient de traverser un moment très difficile. Elle ressent avec une extrême acuité le malheur du monde entier.

Ne t'inquiète pas! Celle qui parle est légère.

Il n'y a pas de douleur en elle.

M'as-tu apporté des questions?

G. Quelle est la vraie humilité?

— Elle est facile à reconnaître.

Si tu baisses la tête et que tu t'élèves,
c'est la vraie.
Si tu baisses la tête et que tu te rabaisses,
c'est la fausse.
Ainsi tu peux toujours la reconnaître.
Si tu es avec moi, lève toujours la tête
et ne la baisse que si je la baisse moi aussi !
Tu es mon pareil plus dense.

Comprends-tu mon serviteur ?
G. *(avec joie).* Oh, oui !
– C'est bien ainsi.
G. Je voudrais tellement être ton pareil plus dense !
– Tu l'es en tout. Mais tu l'ignores encore.
Il faut que tu te réveilles point par point.
Chacune de tes cellules doit s'éveiller.
Tu dors lorsqu'il fait noir.
Tu ouvres les yeux lorsqu'il fait clair.
Où sens-tu que tu dors encore ?
G. Là où je suis insensible.
– Et où est-ce ?
   Je montre tout de suite mon cœur.
Attention avant de parler !
G. Ce n'est pas le cœur ?...
– Mais où est-ce ? C'est vraiment difficile !
Tant que tu ne sens pas où tu dors,
il est difficile de t'éveiller.
Dois-je montrer l'endroit ?
G. Oh oui !
   Geste vers l'espace entre mes deux yeux.
– Vois, comme tu t'es trompée.
G. Là, je dors profondément... Comment pourrais-je m'éveiller ?
– La seule façon de t'éveiller est de cesser de rêver.
Tant que tu fais attention au rêve,
tu t'y enfonces de plus en plus,
car tu le prends pour l'état de veille,
...tu t'y enfonces de plus en plus...
Tous ceux qui commencent à s'éveiller se disent :

« Ce n'est pas vrai » – et alors ils s'éveillent.
Le rêve est presque comme la veille. C'est trompeur.
Vous rêvez tous.
« Celle qui parle » a rêvé profondément aujourd'hui,
afin que vous voyiez à quel point vous dormez tous.

C'est une allusion à la journée difficile de Hanna, mais
aussi, je le sens, à notre vie quotidienne, de la naissance à
la mort.

– Chaque pas vers lui est un éveil.
Chaque existence –
pas seulement la vôtre – n'est que rêve.
Un rêve subtil... de plus en plus subtil...
Mais un rêve.
Un seul éveil : LUI.

Je vous annonce qu'il y aura Délivrance,
lorsque l'unique Lumière aura percé
les ténèbres les plus profondes.
Nous tous y travaillons.
Avec joie et gratitude. Gratitude!
De rêveurs, vous deviendrez éveilleurs.
Vous devez arriver à ce point
que quiconque vous regarde – s'éveille.

Je comprends que nous devons parvenir à un rayonnement
intérieur tel que les autres s'éveillent tout naturellement en
nous regardant, de même que nous sommes réveillés le matin
par le soleil.

J'attends ta question.

Je touche l'espace entre mes yeux.

G. Pourquoi est-ce que je dors encore ici?

– Pense à l'image du rêve. En a-t-on besoin?

Je sens que l'Ange me tend un piège, pour me forcer à
exprimer clairement quelque chose qui est encore confus en
moi. Je balbutie :

G. Non... Ou bien comme d'une épreuve? Je n'en suis pas
sûre.

– Je parle du rêve ordinaire. Lorsque tu vas dormir.

G. Je ne rêve pas toujours, alors ça ne doit pas être nécessaire.

Très sévèrement :

– Crois-tu qu'il y a quelque chose
qui ne soit pas nécessaire?
Jamais je ne répondrai à ta question : « pourquoi »!
AINSI RAYE CE MOT : « POURQUOI »,
ET ACCOMPLIS TA TÂCHE
TOUJOURS SANS « POURQUOI »!
Maintenant, baisse la tête,
s'il y a une vraie humilité en toi!

Je baisse la tête en remerciant de la leçon, et mon cœur s'élève.

Les images du rêve sont une enveloppe.
Au-dedans est caché leur sens,
au-dedans tu trouves l'éveil, non pas au-dehors.
C'est pour cela que tu ne t'éveilles pas.

Je comprends qu'en parlant de rêve, l'Ange désigne l'existence terrestre — et que, contrairement à ce que j'ai toujours pensé, cette existence terrestre est une chance énorme pour l'homme, puisqu'elle seule lui permet de trouver l'éveil. Je me rends compte, aussi, que je n'ai jamais cherché l'éveil en vivant « à fond » la vie de tous les jours.

Tout rêve est enveloppe.
Tu ne peux pas encore le comprendre.

Geste pour demander de l'eau.

Pour moi, c'est un « breuvage de sommeil ».
Que tout est merveilleux, insondable, caché,
transparent et clair en même temps,
selon que nous nous éveillons.

CE QUI M'EST CLAIR — EST CACHÉ POUR TOI.
CE QUI T'EST CLAIR — EST CACHÉ POUR EUX.

Le mot « eux » est souligné par un geste vers le bas, désignant la multitude des humains encore « endormis ».

POUR LUI SEUL TOUT EST CLARTÉ,
MÊME CE QUI M'EST CACHÉ.
Que tout est merveilleux!

Silence.

Dans le rêve, est en haut ce qui est en bas

et le pesant est léger.
« Celle qui parle » était aujourd'hui en haut
et elle croyait qu'elle était en bas, car elle rêvait.
En bas, vous vous sentez bien.
Il faut que vous arriviez à ce point :
qu'étant en haut vous vous sentiez bien.
Il vous est encore difficile d'être en haut
à cause du poids.
   Silence.
C'est à « celle qui aide » que je parle :
Tes essais vont dans le bon sens.
   *Lili a fait faire cette semaine à ses élèves des exercices, la
   tête en bas.*
L'habituel cache les défauts.
Si tu le renverses, ils apparaissent,
uniquement parce que ce n'est plus l'habituel.
Renversez tout... toujours! En vous-même!
L'habituel, c'est la mort,
c'est le Dissimulateur, c'est le Sournois, c'est l'ennemi qui
se cache dans ce qui est mort,
dans l'insensible, dans le rien.
Il n'a de pouvoir qu'aussi longtemps qu'il est caché,
parce que chacun est plus fort que lui.
Sa seule force :
le mensonge, la dissimulation, l'habitude, la tiédeur.
C'est cela sa force.

LUI aussi nous est caché.
Mais LUI nous LE verrons un jour!
Mon temps s'est écoulé. Envoie un message!
G. C'est un message de gratitude.
– Je l'emporte.
Qu'IL soit avec vous!

*J'ai remarqué que les Anges prononcent rarement le nom de
Dieu – sans doute parce que l'humanité, en perdant le sens
du sacré, l'a banalisé (je ne parle même pas de l'utilisation
qui en a été faite au cours de l'histoire : guerres « saintes »,
« sainte » Inquisition...). Mais lorsque nos Maîtres pro-*

noncent le « IL » ou le « LUI * », nous sommes touchés au plus profond de notre être.

Vendredi 24 septembre 1943
Entretien 14 avec Lili

C'est aujourd'hui l'anniversaire de Lili.

– Je te salue en ce jour de ton anniversaire.
Tu es nouveau-né en vérité.
Ta nouvelle compréhension est encore faible,
mais je veille sur toi.
L. Donne-moi un ordre que je puisse exécuter : quand je décide quelque chose par moi-même, je suis trop faible pour m'y tenir.
– Le petit enfant est encore faible,
mais il n'a pas besoin d'ordre pour manger.
Il n'a pas besoin d'ordre pour sourire,
s'il se sent bien.
Ton sourire est ta tâche,
et tu n'as pas besoin d'ordre pour sourire.
Ta nourriture, c'est moi qui l'apporte
et c'est LUI qui l'envoie.
Tout le reste est superflu.
Pourquoi sens-tu le besoin de recevoir un ordre?
L. Pour que l'ordre soit toujours présent en moi,
et me mène à LUI.
– Un ordre et... LUI?
IL donne toujours, IL ne demande jamais,
car SA force est infinie.
L'ordre est pour les masses ignorantes.
Tu agis librement.
Tu peux accepter ou... refuser.

* Rappelons que ce pronom, en hongrois, n'est ni masculin ni féminin, mais les deux à la fois *(N. d. T.)*.

Tu peux t'élever ou descendre.
Cela ne dépend que de toi.
Serais-tu capable de tuer?
L. J'espère que non.
— Alors pourquoi des « commandements », pourquoi un ordre?
Ne manque pas de foi en toi-même.
L. C'était donc pour cela que pendant si longtemps j'ai voulu me suicider...
— Mais tu ne l'as pas fait car tu as une tâche.
As-tu encore peur maintenant?
L. Oh non!
— Tu vois! Ce n'est pas moi seul qui veille sur toi.
La prière de beaucoup de malheureux
égarés dans l'obscurité veille sur toi,
car tu es la seule porte pour eux.
Eux, qui sont dépourvus de tout, veillent sur toi
mieux que moi-même, ma bien-aimée.

> *Lili sent que chacun de ses pas hors des ténèbres est fait aussi pour les autres.*

Demande!
L. Pourrais-je en savoir davantage sur mon signe?
— Que désires-tu savoir?
L. En le connaissant davantage, je pourrais peut-être mieux aider.
— Ton signe est l'image reflétée de SON signe.

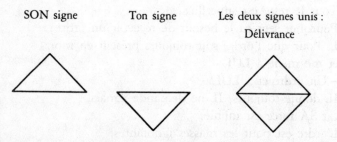

| SON signe | Ton signe | Les deux signes unis :
Délivrance |

Ton signe est l'image reflétée de SON signe.
Prie ainsi, les mains sur le cœur :

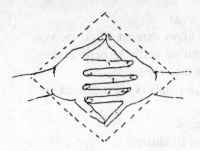

et au-dessus de ton signe s'élèvera SON signe.

*Au moment de ce geste de prière, Hanna sert tout entière,
et son visage prend une expression de dignité et de beauté
solennelle.*

Demande, ma bien-aimée!

L. Je me sens tellement incertaine au début de l'année
scolaire.

– Je LUI rends grâce que tu sois incertaine.

Celui qui est incertain

garde en lui l'Unique Certitude.

Ce qui paraît certain, c'est la mort.

Le nouveau est toujours incertain.

L. Je suis incertaine parce que je n'ai pas fait assez d'essais.

– C'EST AVEC TOI QU'IL EST FAIT DES ESSAIS.

Cela suffit!

*Je me demande si ces entretiens sont des essais pour établir
une relation* conscient *et* durable *entre des êtres humains
et des forces divines.*

Où te sens-tu insuffisante?

L. Je ne sens pas assez le goût nouveau de mon travail. J'en
attends toujours plus.

– Est-ce possible de mesurer le Nouveau?

Un tout petit Nouveau est plus que tout l'ancien,

il ne peut pas être pesé.

Peux-tu saisir dans ton cœur ce que signifie

ce petit Nouveau qui se trouve en toi?

Il est capable de changer tout. Tout.

Il va apparaître partout, en tout.

Il ôtera le goût de l'ancien.

Tu éprouveras du dégoût pour l'ancien.

LE PETIT NOUVEAU :
LE GRAIN DU ROYAUME DE DIEU EN TOI.
Bénis le sol qui accueille le petit grain,
et bénis son fruit.
As-tu encore des doutes dans ton cœur?
L. Non.
– C'est bien ainsi.
L. Si cela pouvait durer...
– Le grain est incorruptible, c'est certain.
    Après un court silence, se tournant vers moi :
Sais-tu ce que signifie le voile dans ton rêve?
L'ancien voile de rêve n'est plus nécessaire.
    Désignant Joseph :
Voile chez toi, mur chez le « fils ».
L'ancien mur :
ce que l'homme a bâti entre lui et son Créateur.
    Joseph a été matérialiste dans sa jeunesse.
Le temps de l'écroulement des murs est venu.
Les murs secs et durs seront détruits.
    Désignant la tâche de Joseph :
Mais il construira de nouveaux murs,
lui, « celui qui bâtit ».
    Geste pour demander de l'eau : c'est Lili qui l'apporte.
J'ai *demandé* de l'eau, je n'ai donné aucun *ordre*,
tu l'as fait quand même de bon cœur.
ÉCOUTE LES DEMANDES
ET TOUT DEVIENDRA FACILE!
CELA OUVRIRA LA FORCE CACHÉE EN TOI.
Tu pourras déplacer des montagnes
et les porter comme une bulle de savon.
L. Que c'est bon d'être tellement remplie!
– Crois-le : la coupe est toujours remplie
pour ceux qui ont soif.
L'eau n'est pas pour la coupe,
mais pour ceux qui ont soif.
Je ne suis pas ici par *ordre*,
c'est ton appel qui m'a conduit ici.
Et LUI, il me permet de servir, et je sers avec joie.
Tu peux demander.

L. Je trouve que les relations entre les hommes et les femmes
ne sont pas faciles.

– Ici aussi il n'y a qu'une voie pour toi :
DONNER. Et non recevoir.

C'est de LUI seul que tu peux recevoir.

Aux autres tu as à donner de l'aide, tu as à donner.

Tout te sera donné, dont tu auras besoin.

Aussi longtemps que tu ressens un manque,
c'est que tu veux recevoir.

L. *(soulagée)*. Que c'est clair!

– Tout t'est donné, si tu ne quittes pas le chemin,
car le chemin est tout.

As-tu encore des doutes?

L. Non.

– Est-ce que nous nous séparons?

L. *(humblement)*. Comme LUI le veut.

– Je suis toujours présent sur le chemin.

Il n'est pas nécessaire de nous quitter.

Moi aussi j'ai *un* chemin, *un* avec le tien.

La force de « celle qui parle » décline.

Rendons grâce! Nous tous!

Vendredi 1ᵉʳ octobre 1943
Entretien 15 avec Gitta

– Le temps est proche où je n'aurai plus de chemin
à faire pour venir.

Ces mots me remplissent d'une grande joie.

– Ce qui est Voie pour vous est Poids pour moi.

Le Poids qui pèse sur la terre, c'est la Voie.

La Délivrance élève le Poids
et il n'y aura plus de Poids.

Tant que nous ne sommes pas unis,
nous ne pouvons pas élever.

Toute ivresse est avant-goût du Sans-Poids.

C'est pour cela que l'homme la recherche...
mais sur le mauvais chemin.
SOYEZ IVRES DE DIEU!
C'est cela le symbole du vin, c'est SON sang.
Vertu, bonté, bonnes intentions
ne sont que pots ébréchés, pots vides, sans la Boisson.
Avec une soif inextinguible
soyez assoiffés de l'IVRESSE,
qui seule peut délivrer.
Que voulez-vous donner, s'il n'y a rien en vous!
Vous êtes des pots misérables sans la Boisson.
A CELUI QUI VRAIMENT DEMANDE À BOIRE,
LA BOISSON EST DONNÉE.
Cela te pèse-t-il?
G. Non.
– Est-ce difficile à porter?
G. Non... cela m'élève.
– Sois bien attentive!
Toute ivresse est hommage à Dieu.
L'Ivresse la plus grande absorbe la plus petite.
Mais la plus petite continue à vivre
dans la plus grande.
Rien n'est perdu!
Qu'il n'y ait donc pas de doute en ton âme!
LE PLUS SACRÉ, C'EST L'IVRESSE.
    Après un long silence.
Tu peux demander.
G. Je sens que mon passé, mes relations sentimentales ont
été indignes.
– Parce qu'ils ont été un but en soi.
Écoute bien! Les animaux agissent par instinct.
L'instinct de l'homme a été faussé par le savoir.
Tu n'as pas servi.
G. Comment pourrais-je effacer ce péché?
– De quoi veux-tu te libérer?
G. Du poids de mon passé.
– Qu'est-ce que le poids?
    *Un revirement soudain se fait en moi, un renversement de
    valeurs. Cette question remet tout en cause. Mes erreurs, mes*

souffrances, les blessures de mon passé, tout ce que j'ai détesté,
tout ce que j'ai essayé d'oublier, tout ce poids devient mon
plus grand trésor : ce poids à porter est MA VOIE.

Je soupire de soulagement et je réponds :

G. Le Poids – est la Voie.

– Il y a toutes sortes de poids, mais il n'y a qu'une VOIE.
Chaque poids a son nom, la VOIE n'a pas de nom.
CELUI QUI SUR LA TERRE EST SANS POIDS,
EST SANS VOIE.
La matière que vous avez assumée, c'est le poids.
SI VOUS POUVIEZ SAISIR L'ATTIRANCE D'AMOUR
DU POIDS VERS LA LUMIÈRE –
SI VOUS POUVIEZ PRESSENTIR L'ATTIRANCE D'AMOUR
DE LA LUMIÈRE VERS LE POIDS –
ALORS VOUS GOÛTERIEZ L'IVRESSE.

Hanna peut à peine supporter l'intensité de ces paroles.
« Celle qui parle » est un vase fragile,
elle n'a pas la force de supporter cela.

Après avoir bu longuement :
Demande, ma bien-aimée!

G. J'ai beaucoup de questions, mais je n'ai soif que de tes
paroles.

– Ces paroles ne sont pas les miennes.

G. L'autre jour, je n'ai pas compris quand tu m'as demandé
d'envoyer un message. J'ai eu l'impression que tu attendais
autre chose que de la gratitude.

– Tout arrive en son temps.
Au lever du soleil, la terre rend hommage
à son Créateur.
C'est cela le vrai message.
Si la Lumière parvient jusqu'à toi,
toi aussi tu rendras hommage,
que tu le veuilles ou non.
J'ai fait un essai, mais je n'ai pas été déçu.
Je sais le grain en bonne place.
Demande!

G. Le moment de la mort a-t-il plus d'importance que
n'importe quel moment de la vie?

– SEULEMENT POUR CEUX

QUI N'ONT PAS ACCOMPLI LEUR TÂCHE.
De quel moment sais-tu s'il n'est pas le dernier?
SI TU ES UN AVEC LUI, IL N'Y A PLUS DE MORT.
Silence.
Je répondrai encore à deux de tes nombreuses questions.
Le ton moqueur de ces derniers mots me force à rire de moi-même. En effet, il y a dans ma poche une longue liste de questions, que j'ai soigneusement préparées toute la semaine.
G. Souvent je n'ai pas une vraie relation avec les mots que je prononce.
– Ne dis jamais ce qui n'est pas vrai!
Grave cela dans ton cœur.
Aie horreur de l'ombre même du mensonge.
Deux poids qui reposent l'un sur l'autre
sont les fondations de la cathédrale.
Mais s'ils glissent, c'est le néant.

LA PAROLE EST PORTEUSE DE LUMIÈRE.
LA PAROLE VRAIE A SON POIDS.
LA PAROLE MENSONGÈRE EST SANS POIDS.
Le Destructeur se réjouit de la faille,
lui, le père de tous les mensonges,
Il effrite, démolit.
Ce n'est pas la violence qui détruit les murs,
mais le mensonge.
Tu as encore une question.
G. Que signifie le rêve que j'ai fait cette nuit?
– L'enseignement que tu reçois en rêve,
c'est à toi d'en comprendre le sens.
C'est pour cela qu'il t'est donné en rêve.
Rendons grâce!
Je suis profondément déçue par cette rebuffade inattendue. Jusque-là, en interprétant mes rêves, mon Ange m'avait apporté une aide énorme. Mais je me rends compte, maintenant, que depuis quelque temps j'avais négligé de chercher moi-même à les comprendre. Je me disais : « A quoi bon? De toute façon, l'explication de l'Ange sera meilleure. » C'est bien évidemment à cause de cette paresse à penser par

moi-même que mon Maître, désormais, ne voudra plus m'aider dans ce domaine.

Vendredi 1ᵉʳ octobre 1943
Entretien 15 avec Lili

— Chaque pensée que tu m'adresses est un fil très fin.
Fin, léger comme un souffle,
et pourtant contrepoids aux mille et mille cordes
par lesquelles la terre t'attire vers le bas.
  Geste du bras qui se lève, mais en luttant contre la force de la pesanteur.
Tu lèves ton bras difficilement,
car mille cordes te retiennent.
Que c'est difficile de lever,
mais que c'est nécessaire, mon petit serviteur!
Sois bien attentive!
C'est le cœur même de tout ton travail.
Est-ce que tu le comprends?
L. Non, pas tout à fait.
— Qu'est-ce qui n'est pas clair?
L. Les cordes me tirent vers le bas, c'est là-dessus que je dois travailler?
— Imagine que tu es faite de cent points.
Chaque point est relié par une corde à la terre.
Cent points.
De chaque point part aussi un rayon vers Dieu.
L'homme a oublié la VOIE.
Il n'a senti que les cent cordes.
Sottement, il a voulu s'en libérer.
Il ne les a pas acceptées.

SUR LE POINT OÙ IL N'A PAS ACCEPTÉ,
IL S'EST COUPÉ DE DIEU.
Cent points, s'ils sont lourds, c'est bien.

S'ils sont sans poids, ce sont les ténèbres extérieures,
c'est tomber en dehors de la VOIE.
Mais il t'est donné de relier les cent points à Dieu;
quatre-vingt-dix-neuf points sont insuffisants.
Le tronc d'arbre vermoulu – est léger.
Le fruit sans graine – est léger.
Le chardon sec – est léger.
L'arbre chargé de fruits – est lourd.
Chacune de ses branches se penche vers la terre,
mais le fardeau est doux et... léger.
Apprends à tes protégés le POIDS
pour qu'ils retrouvent la VOIE.
    Geste vertical de haut en bas et de bas en haut.
La ligne de la force qui tire vers le bas
est la même ligne que celle qui attire vers le haut.
Seule la direction est autre.
Poids – *(geste vers le bas)*
foi – *(geste vers le haut)*
sont la même chose.
Le sans-poids, c'est le rien.
    *Agitation horizontale de la main donnant le sentiment du
    non-sens.*

J'attends ta question.
L. La croissance de la lune a-t-elle une influence sur mes
actes?
– L'HOMME EST L'ESSENCE DU MONDE CRÉÉ.
Une moitié de lui, la meilleure moitié,
est au-delà du créé.
Chaque force va servir.
Jusqu'à présent, c'est toi qui les sers.
Ainsi tu peux savoir où tu en es.
La lune croît, toi aussi tu croîs.
Ton ongle croît et tu ne croîs pas avec lui.
Devant Dieu, la lune n'est pas plus grande
que ton ongle.

SI TU AS LA FOI, TES FARDEAUX DIMINUENT
AVEC LA FORCE DÉCROISSANTE DE LA LUNE;

AVEC SA FORCE CROISSANTE,
TES FORCES AUGMENTENT.

Après un court silence le Maître de Lili revient à la question du poids.

Là où le poids te gêne, tu es en défaut.
Les cent points doivent porter le poids de façon égale.
Chaque point porte autant de poids
qu'il en est capable.
Demande!
L. La pression atmosphérique me déprime, comment lutter
contre cela?
– Il en est de même que pour la lune.
Utilise la pression;
elle peut devenir une aide merveilleuse,
si tu ne travailles pas *contre* elle, mais *avec* elle.
Cède-lui, ainsi tu la domineras.
Elle ne peut pas te presser plus bas que la terre.
Pas plus bas.
Elle t'aidera pour trouver comment répartir le poids.
Si chacun des cent points porte de façon égale,
elle ne te dominera plus.
Essaie et tu comprendras!
Que l'homme est insensé!
Il est comme un roi
qui lutterait contre son propre peuple.
Lui, Il a dit : « Aime ton ennemi! »
CHAQUE FORCE EST L'ENNEMI –
SI TU NE L'AIMES PAS.
TU NE PEUX PAS L'AIMER –
SI TU NE LA CONNAIS PAS.
SI TU T'UNIS À ELLE –
IL N'Y A PLUS D'ENNEMI.
Demande!
L. Je suis si rarement humble, cela me fait mal!
– Qu'est-ce qui t'en empêche?
L. J'oublie d'être humble.
– Tu vois, c'est en même temps la réponse.
Exerce-toi à l'être.
Tu le peux à tout moment, si tu y penses.

SI, EN COMMENÇANT CHACUN DE TES ACTES,
TU LUI ENVOIES UNE PENSÉE,
TU TE SENTIRAS DE MOINS EN MOINS
SÉPARÉE DE LUI.
C'est cela le but.

Mon temps est terminé.

Vendredi 8 octobre 1943
Entretien 16 avec Gitta

Nous attendons en silence. Juste au moment où je sens la présence de mon Maître, Hanna est piquée au bras par un moustique.

– Va aider « celle qui parle »!
Passe un peu d'eau sur son bras!
Je mouille le bras de Hanna.
Après une longue attente :
– Quel être minuscule, et voyez comme il peut troubler!
Ainsi, prenez garde à la moindre petite faute.
CE QUI ÉTAIT BON JUSQU'À PRÉSENT
N'EST PLUS RIEN.
Réjouissez-vous, car ce que nous vous demandons
est grand et difficile.
Que le chant que vous faites monter vers LUI
soit parfait!
Rappelez-vous bien que vous chantez pour LUI.
Quelle est la première de tes nombreuses questions?
G. Comment discerner le poids juste, que je dois assumer?
– Petit ânon! Sais-tu combien est grand le poids?
Lève-le tant que tu peux, c'est cela la mesure,
car tu le lèves à la place de beaucoup d'autres.
Tu le pourras toujours davantage.

Ainsi comment pourrais-tu le savoir à l'avance.
Élever le poids n'est pas accompagné de souffrance.

CE QUE TU SOULÈVES À LA PLACE DES AUTRES
NE PEUT PAS PESER SUR TOI.
SEUL LE POIDS QUE TU AS OMIS DE SOULEVER
PÈSERA.
G. *(très soulagée).* Merci!

– J'attends la question suivante.
G. Je me sens souvent submergée par des brumes épaisses.
Comment lutter contre cela?
– Brumes épaisses, brouillard dense,
ils descendent sur la terre, si le soleil faiblit.
Si tu flambes et brûles devant le Seigneur
à chaque instant, où sont alors les brumes?
Demande!
G. Comment pourrais-je détruire le mur qui se trouve entre
moi et les autres, et qui me rend insensible?
– Le mur n'est pas là où tu le crois.
Ma réponse est étrange :
Tu es insensible envers toi-même.
*Cela me semble effectivement si étrange que je crois avoir
mal entendu.*
G. Envers moi-même?
– Envers toi-même. Chaque outil est sacré.
*A nouveau, une brume me sépare de ce que je viens d'en-
tendre.*
Brume?
G. Je ne comprends pas bien.
– TU T'ES DÉTRUITE TOI-MÊME.
Même maintenant, tu ne le comprends pas.
G. Je comprends... mais comment pourrais-je réparer ce
péché?
– En protégeant les autres. Il n'y a pas d'autre moyen.
Le mur est en toi-même,
tu l'as élevé de tes propres mains
et tu t'y es cachée devant le Seigneur.
Presque tous les hommes se cachent

de cette manière devant LUI.
Ainsi tu en as du travail! Quelles prisons terribles!
Toutes les prisons s'ouvriront un jour,
mais la prison de celui
qui est prisonnier de lui-même ne s'ouvre pas.
Ténèbres éternelles, ténèbres désolées.
Être sans lumière, c'est terrible!
Aide donc à démolir les murs!
Ici, nous ne pouvons pas aider.
Toi, mon serviteur, tu sais ce qu'est la prison...
Si tu brûles, le Ciel est en toi.
Il n'y a donc rien d'impossible pour toi.

POUR LE FORT, LE PÉCHÉ EST ENSEIGNEMENT.
POUR LE FAIBLE, DAMNATION.

Avec ces mots disparaît l'interprétation traditionnelle du
péché et de la culpabilité : je suis envahie par la joie de
me sentir responsable. Je comprends que chacun peut avoir
la force de vaincre le péché, mais que beaucoup ne veulent
pas faire cet effort parce qu'ils refusent toute responsabilité.
Demande!
G. Je ne me rends pas compte quand je me force. Comment
pourrais-je le voir tout de suite?
– Ne regarde pas l'effort, mais la force.
Tu le sais bien, si la force rayonne de toi.
G. Oui.
– Elle doit toujours rayonner.
Si tu l'arrêtes, alors tu te forces.
G. Je l'arrête, mais par quel péché?
– Question absurde! Comprends-tu pourquoi?
G. Non.
– IL N'Y A QU'UN SEUL PÉCHÉ –
SE DÉTOURNER DE LUI.
Que chacun de vos actes, chacune de vos pensées
soit devant LUI comme une fleur épanouie,
et il n'y aura plus de péché.
    L'énormité de cette exigence m'accable.
G. Il faut donc vivre tout à fait autrement...

– Pas *autrement,* mais *mieux.*
Sur un autre chemin, même si tu te hâtais,
tu n'avancerais pas plus vite.
As-tu encore une question?

G. Oui. Je crois qu'il y a en moi beaucoup de mensonges,
et pas seulement dans les mots. Mais je ne sais pas où.

– Où sens-tu que la force t'est donnée?

Je tâtonne.

G. En moi... ou dans mes actes... ou si je peins?... Ou si
j'aime quelqu'un *vraiment?*...

Geste fulgurant d'approbation :

– ... Tout le reste est mensonge et indigne devant LUI.

G. Alors je suis très indigne!

Avec une sévérité implacable :

– Ne juge pas!
Il y a une loi pour l'eau
et une autre loi pour celui qui a soif.
L'eau est toujours eau,
mais celui qui a soif n'a pas toujours soif.
Si l'eau gèle, l'assoiffé meurt de soif.
Si l'eau s'évapore, l'assoiffé meurt de soif.
Les hommes, dans leur soif, s'entre-tuent.
Mais le sang n'est pas l'eau,
et ils ont de plus en plus soif.

Silence.

*L'avertissement sévère : « Ne juge pas! » me fait comprendre
que si je me sous-estime, je suis comme l'eau devenue glace.
Si je me surestime, je suis comme l'eau devenue vapeur.
Quand je vis entre les deux, sans jugement, alors l'Eau de
la Vie, qui apaise toute soif, peut couler naturellement à
travers moi.*

– Adorons-LE, ouvrons nos cœurs!

Vendredi 8 octobre 1943
Entretien 16 avec Lili

La nuit commence à tomber. Pendant la petite pause entre les deux entretiens, nous passons beaucoup trop de temps à chercher quel pourrait être l'éclairage le plus agréable et le plus esthétique. Tout à coup, l'électricité s'éteint. Je me lève pour rallumer, mais une voix sévère m'arrête :

— C'est moi qui l'ai éteinte.
Consternée, je comprends à quel point il était déplacé d'accorder une telle importance au côté « artistique » de l'éclairage, en faisant attendre l'Ange de Lili.
Allume!
J'allume une lampe et m'apprête à allumer les autres.
Assez! Ténèbres impénétrables!
Un geste — et l'homme fait la lumière...
Geste vers l'ampoule :
Une force sainte est captive dans les prisons de verre,
et le repos de la nuit est enlevé à l'homme.
Se tournant vers Lili :
Voici qu'il n'y a que captivité sur la terre!
Où es-tu captive?
L. Dans l'habitude.
— C'est ta captivité à toi. Où la sens-tu pesante?
L. Dans le fait que mes habitudes reviennent toujours.
— Elles ne reviennent pas. C'est toi qui ne les quittes pas.
Tout dépend de toi.
L. Il y a deux choses qui me gênent.
La peur du nouveau et l'attachement à l'habituel.
— L'Éternel EST. L'habituel n'est pas.
L'habituel est l'obscur.
L'habituel éternellement n'est pas.
Dans l'habituel nous ne pouvons pas nous rencontrer.

INUTILE DE CROIRE AU « CROYABLE ».

L. Comment pourrais-je me débarrasser de tant d'obstacles qui se trouvent en moi?
– Ils ne sont pas en toi. L'obstacle, c'est cela la *Tâche*.
Essaies-tu de faire d'abord toi-même
ce que tu demandes aux autres?
L. Pas en tout.
– Tu ne peux aider que de *cette* façon.
Les obstacles que tu sens en toi
se retrouvent partout.
Il n'y a pas d'obstacles sur la vraie voie.
Seulement sur la fausse.
Il n'y a d'obstacles entre nous
que si tu marches sur une fausse voie.
   Silence.
Demande!
L. Pouvons-nous quelque chose contre les horreurs de la guerre?
   Lili est arrêtée net par un geste fulgurant de défense.

– NON! LA GUERRE EST L'HABITUEL.
IMPOSSIBLE DE LUTTER CONTRE LE PASSÉ.
TOURNEZ-VOUS VERS LE JAMAIS-ENTENDU!
   Je comprends que seule la Force nouvelle à venir peut transformer le vieil instinct de tuer.
   Silence.
As-tu une question?
L. L'année scolaire commence, et j'ai encore beaucoup de doutes.
– En avais-tu autant l'année dernière?
L. Pas autant.
– Donc, tu es sur la bonne voie.
La voie qui mène à la perdition est large.
Étroite est la vraie, étroite,
car l'homme ne peut y passer que seul.
Et c'est lui-même qui fraie le chemin.
Le *jamais-vu* éclaire la voie.

Le *jamais-entendu* vous guide.

L. Comment se fait-il que, dès que je sens quelque chose de bon ou de nouveau, je devienne impatiente, et que j'en veuille plus?

– Ce n'est pas encore assez.

N'aie soif que du bon et du nouveau.

A l'assoiffé il est donné, toujours donné.

Tu ne seras jamais assez assoiffée,

car tu ne demandes pas pour toi-même.

La mesure de « celle qui aide » est autre.

Vous tous, vous êtes des Aides.

Envoyons-LUI une pensée!

Vendredi 15 octobre 1943

Entretien 17 avec Gitta

> *Il y a une épidémie de grippe dans la région, et Hanna a eu quarante de fièvre toute la semaine. Je doute qu'elle ait assez de force pour l'entretien. Pourtant, nous attendons en silence, comme d'habitude, à trois heures.*

– Je suis prêt.

G. Grâce à Dieu.

– Ne t'inquiète pas! Ne sois jamais de peu de foi!

Demande, ma bien-aimée, car le temps est court.

> *De toute évidence, l'Ange a conscience des forces limitées de Hanna.*

G. Tu as dit une fois que mon « petit moi » et toi, vous êtes unis dans la Tâche. Comment pourrais-je sentir que je suis un outil? Je pourrais alors être plus juste envers moi-même.

– Qui t'a créée?

G. Dieu.

– Et SON œuvre est sacrée.

TU N'ES PAS SEULEMENT CRÉATURE,

MAIS TU PARTICIPES AUSSI À SA FORCE.
TU ES TA PROPRE CRÉATURE.
Ainsi juge!
C'est toi qui as appelé le bien et le mal.
Choisis le bien et le mal disparaît,
car il n'y a personne pour le créer.
Ce que tu formes maintenant
ne se retournera pas contre celle qui l'a formé.
Le vase d'argile que tu as formé autrefois
est vidé, il ne contient plus de force.
N'aie pas peur de lui!
Demande!
G. Qu'est-ce qui en moi te ressemble le moins?
— Sois bien attentive :
Chacune de tes questions avait trait à *toi-même*.
C'est cela ta faute.
En cela nous ne nous ressemblons pas.
La cause de chaque chose se perd dans l'infini;
la ligne vient de si loin...
Tes yeux voilés sont incapables de la percevoir.

*Je me demande alors, perplexe : comment pourrai-je suivre
une ligne infinie si mes yeux sont voilés?*

Isolément, tout est dépourvu de sens.
Suis la ligne qui vient de l'infini
avec joie, librement,
et tout fardeau va disparaître!

*En écoutant ces mots, des perspectives lointaines s'ouvrent
devant moi. Je sens maintenant que tout devient possible —
et je soupire de soulagement.*

C'est déjà plus léger.

*Dehors, dans le jardin voisin, il y a un vieux puits
d'où l'on commence à tirer de l'eau. Le grincement saccadé de la pompe rouillée se mêle au son des cloches du
village.*

Les deux sons... les entends-tu?
Ils sont en lutte.
Et le troisième gagnera, le Nouveau.
LE NOUVEAU SON : LE SILENCE.
En toi — il n'y a pas de Silence.

*Geste saccadé évoquant le va-et-vient métallique du bras
de la pompe, suivi par le doux balancement de la cloche.*
Ou bien tu te forces... ou bien tu oscilles.
Silence. Le silence n'est pas dépendant du bruit.
Tu fuis inutilement le bruit.
Sans parole –, sans son –, sans mouvement –
tous les sons unis : le Silence.
   Silence.
Attends-tu encore quelque chose de moi?
G. Je suis heureuse que tu sois ici.
– Sois attentive!
IL Y A UN MIROIR MERVEILLEUX EN TOI,
IL RÉVÈLE TOUT – IL REPOSE EN TOI
ET C'EST LUI QU'IL REFLÈTE.
MAIS SEULEMENT S'IL Y A SILENCE.

Un petit moustique s'y pose et brouille le miroir.
Tourne toute ton attention
vers le miroir merveilleux.
Vois donc, tu ne peux pas créer,
tant que le miroir n'est pas lisse.
Le ciel ne se cache pas devant le miroir.
   *Après un très long silence. D'une voix très basse, qui nous
   fait percevoir une tout autre dimension – une dimension
   sacrée :*
Ne sentez-vous toujours pas entre vous le miracle?
Sept fois le miracle...
Il chemine parmi vous, le miracle des Sept.
Son Nom est encore secret. Il chemine parmi vous.
   Tout bas :
LES SEPT ÂMES DU MONDE NOUVEAU.
LE GRAND MYSTÈRE.
Son pied est la Vérité.
Vous ne pouvez pas le voir encore.

C'est merveilleux! Soyez donc vrais
pour voir au moins jusqu'à son pied.

LE SILENCE QUE JE T'AI ENSEIGNÉ :
TOUS LES MYSTÈRES ENSEMBLE.

Agis au nom du Silence!

> *Nous sentons tous que quelque chose d'essentiel va nous être*
> *révélé — quelque chose dont nous avons entr'aperçu une petite*
> *partie lorsque mon Maître a parlé du Monde Nouveau aux*
> *Sept Ames. Et j'attends avec impatience qu'il nous en reparle.*

Vendredi 15 octobre 1943
Entretien 17 avec Lili

— Un merveilleux calice est descendu du Ciel.
L'homme-enfant l'a attrapé, l'a laissé tomber,
il s'est cassé en mille morceaux,
en éclats d'argile grinçants : en mots.
Une quantité de mots, cela n'existe pas,
seul le Calice existe.
Il descend toujours et toujours du Ciel.
Il n'y a pas beaucoup de mots —
il n'y a que le MOT, le calice.
   Un sourire encourage Lili à parler.
Parle!
L. Qu'il serait bon de pouvoir toujours sourire, comme toi!
— Qu'est-ce qui t'en empêche?
L. Je ne sais pas.
   Lili a souffert de son enfance malheureuse.
— Le manque de joie.
Pourtant, à votre joie aucune joie ne peut être comparée.
L. Je suis ingrate, je ne t'ai pas remercié de l'aide que tu
m'as apportée plusieurs fois cette semaine.

— *Quelquefois, plusieurs fois, souvent,*
ce sont encore des débris, des éclats,
ce n'est pas encore le UN.
Si tu te réjouis dix fois,
il y a neuf failles entre les dix joies.
Tu as été conçue dans la JOIE infinie
au commencement du monde.
La joie UNE n'est pas impossible pour toi.
Demande!
L. Comment parvenir à une connaissance plus juste de
l'homme?
— La connaissance de l'homme —
elle n'existe pas encore.
Car l'HOMME n'est pas encore.
L'HOMME EST TELLEMENT GRAND
QUE MOI NON PLUS,
JE NE LE VOIS PAS ENCORE.

A ta question, il y a longtemps que la réponse est venue.
Vous l'appelez *amour.*
Mais cela aussi n'est qu'un éclat d'argile,
car l'AMOUR aussi ne peut être qu'UN.
UN comme la JOIE, un et indivisible.
Cela commence déjà à poindre en vous.
Pas lorsque vous êtes *ensemble,*
mais lorsque vous êtes *unis.*
Demande!
L. Comment se fait-il que l'homme tombe si facilement
bas, dans le mal?
— Celui qui est tombé ne tombe plus
quand il atteint le bas.
Mais c'est à ce moment qu'il a mal. Et pourquoi?
Parce qu'il ne sert pas.
Il a lâché le *seul* appui : l'Insaisissable, il l'a lâché.
Il a tenté de saisir le saisissable et cela l'a meurtri.
Ce n'est pas maintenant qu'il a commencé sa chute,
mais c'est maintenant qu'il a touché le fond.

Seul le SOURIRE UN, indivisible, peut l'aider.
Lorsque vous êtes *ensemble,* les affligés et toi,
tu t'affliges toi aussi.
Si tu deviens *unie* à eux, tu les rends joyeux.
   Silence.
Demande!
L. Pourquoi ai-je un tel problème avec le temps?
– Beaucoup d'heures ne deviendront jamais l'infini.

LE TEMPS NAÎT ENTRE VOS MAINS
SI L'INFINI EST DANS VOTRE CŒUR.
AINSI VOUS AUREZ LE TEMPS POUR TOUT.
   Lili regarde sa montre.
Outil stupide, qui morcelle l'infini,
et l'on croit recevoir davantage.
L'inexprimable merveilleux naît : l'UN.
Sentez-vous l'UN qui approche?
L'UN, l'entier n'a rien à redouter.
N'ayez pas peur! Aucun de vous, si vous êtes *unis.*
   Silence.
Tu peux demander!
L. La psychanalyse me gêne tellement. Qu'y a-t-il de faux
en elle?
   A Budapest, on pratiquait la psychanalyse freudienne.
Je sens ce quelque chose de faux, mais je ne peux pas dire
pourquoi.
– Elle démonte, mais ne peut pas remonter.
C'est cela qui te trouble. Démonter est facile.
L. Ceux qui le comprennent mieux que moi m'assurent que
la psychanalyse reconstruit.
– Oui, ils reconstruisent, mais comme les enfants
le font sans raison avec leur jeu de cubes.
Ils jouent avec la tâche la plus sacrée.
Ils sont plus coupables que tous les autres,
car ils trompent ceux qui leur font confiance.
Ils déchirent le vivant,
celui qui est en train de prendre forme
et ils le pétrissent, ils l'écrasent.
C'est partout ainsi.

Ils collent ensemble les débris tombés, déchiquetés, morts.
L'ordure sera balayée.
Nous n'allons pas coller, ni l'heure à l'heure,
ni le sourire au sourire,
ni la main au pied,
ni l'homme à l'homme.
Ils ont assez collé!
Le nouveau Vin n'est pas versé dans des cruches
recollées, car il les fait éclater.
Cette colle se nomme : devoir, considération...
et combien d'autres noms encore!
Inutile de repeindre l'endroit recollé!
Le Vin Nouveau n'y sera pas versé.
Déjà, à l'approche du Vin Nouveau,
tout ce qui est collé éclate en morceaux.
Et ce n'est pas maintenant que tout cela s'est brisé,
mais c'est maintenant
que vient le Vin Nouveau.

> *Je sens que le Vin Nouveau représente une intense vibration
> de vie, qui fait voler en éclats nos vieilles valeurs dépassées.*

Ne craignez rien, vivez au nom de l'UN.

> *A la fin de l'entretien, Hanna est en pleine santé, sans la
> moindre séquelle de sa grippe.*

Vendredi 22 octobre 1943
Entretien 18 avec Gitta

> *J'ai mis une robe neuve.*

– Tu choisis soigneusement ta robe.
Habille encore plus soigneusement ton âme,
lorsque tu m'attends.

> *Sourire*

Mais je me réjouis de ta belle robe aussi.
J'attends ta question.
G. Comment sentir l'essentiel caché sous les apparences?

– Les crois-tu séparés?

G. Non, mais souvent j'ai tendance à ne voir que la forme, et c'est terrible.

– La tendance est servante.
Tu es son maître, lorsque tu reconnais
que tu ne vois que la moitié de SON Œuvre.
Observe l'autre moitié!
Tu as *deux* yeux, mais tu n'as qu'*une* vision,
tu as *deux* oreilles, mais tu n'entends qu'*un* son.
En toi sont le *un* et le *deux*.
Demande!

G. Comment pourrais-je sentir suffisamment l'unité entre nous pour ne jamais la rompre?

– Tu demandes de nouveau la même chose.

G. C'est encore tellement difficile!

– C'est *déjà* tellement difficile!
Réjouis-toi de sentir des difficultés!

En effet, je sens tout le poids de cette tâche, et je soupire.
Se moquant gentiment :
Est-ce si pesant?

Cette question me fait sourire, et je me détends aussitôt.

G. C'est déjà léger!

– Que le bien est léger, que le vrai est léger!
La pierre ne sait pas qu'elle est lourde,
le cadavre non plus!

G. Quelle est la vraie liberté?

– SERVIR! Si tu sers, tu es UN avec LUI
et alors tu es libre.
Il n'y a ni poids, ni temps, ni mesure, ni quantité.
Puissiez-vous servir!
As-tu encore des questions?

G. Qu'est-ce qui a corrompu la vie sexuelle de l'homme?
L'animal ne peut s'accoupler que par période. L'homme en est toujours capable. Est-ce une perversion? Quelle est la loi divine et comment pourrait-on la rétablir?

Pendant un long silence, je sens que, pour me répondre, l'Ange descend plus bas qu'il n'est jamais descendu.

– Sois attentive! La Force sacrée dont tu parles

a été donnée par le NOUVEAU.
L'homme a reçu ce « plus »
qui comble le manque sur terre,
non pour faire beaucoup de corps –
mais pour faire l'HOMME.
Il n'est pas besoin de beaucoup d'hommes –
mais de l'HOMME.
L'homme a volé la Force sacrée;
ainsi il expie, il expie terriblement.

Je vois que ce « plus » de la force créatrice, sexuelle, que l'être humain seul a reçu est destiné à sa transformation en HOMME; *qu'il ne doit être ni gaspillé dans l'excès, ni refoulé en mortifications.*

Mais vient le temps où tout cela ne sera plus.
J'annonce ce temps, il est proche.
Réjouissez-vous du matin au soir!
Que c'est merveilleusement beau!
    Silence.
Tu es dépositaire d'une Force sacrée.
Si tu la distribues et si tu ne la gardes pas,
tu n'as rien à craindre.
Élève la force et laisse la coquille vide!
Tu as encore peur de l'ancien. Pourtant sans raison.
G. Comment sentir toujours la force, pour la rayonner toujours?
– C'est le contraire :
Tu ne la sens que si tu la rayonnes.
Le soleil ne peut jamais voir ses propres rayons,
mais ses lunes les reflètent.
Sache que le soleil aussi n'est qu'une lune.
Et tout reflète SA Lumière...
IL SE CONTEMPLE EN NOUS.
Soyez des miroirs sans taches!
Le miroir dépoli, fêlé, est jeté, car il ne sert à rien.
Qu'est-ce qui t'inquiète encore?
G. Rien. Je me réjouis de ton enseignement.
– IL N'EST PAS LE MIEN.
Chaque jour cela deviendra plus facile pour vous.

Et votre joie sera parfaite.

Je prends congé.

Vendredi 22 octobre 1943

Entretien 18 avec Lili

— Soyez attentifs!
On ne peut pas détruire le péché.
En vérité, il n'y a pas de péché.
Le nom du péché : « Ce qui n'est plus bon. »
C'est cela le nom de tous les péchés.
On peut mettre fin au péché.
« Ce qui n'a pas encore été bon » met fin au péché.
Où est la mesure? Où est le jugement?
Chez LUI seul.

IL ENVOIE LE PÉCHÉ POUR QUE VOS YEUX S'OUVRENT.

> *A nouveau, ces mots effacent en moi toutes les anciennes notions de péché et de culpabilité, pour faire place à un sentiment de vive responsabilité.*

L. Pourquoi sommes-nous actifs quand nous devrions être passifs, et inversement?
— Quand te sens-tu ainsi? Toujours?
L. Non.
— LUI seul agit.
Si tu sens que c'est toi qui agis,
tu es passive. Inactive.
SI TU AGIS VRAIMENT, TU NE LE SENS PAS,
TU SENS SEULEMENT QUE TU ES PLEINE DE JOIE.
Le mal n'est activité qu'en apparence... en apparence.
En réalité, il est inactivité.
L. Quelle est la relation entre le souffle et l'âme?
— Que crois-tu qu'est l'âme?

Devant l'énormité de la question, Lili ne peut que rester muette.

Vois-tu ce que tu demandes?

Pressens-tu ce qu'elle est?

Hésitante, Lili balbutie :

L. ... Ce qui est élevé en nous... ce qui n'est pas corps...

– Tout est corps.

Ce qui est insaisissable pour toi, l'« âme » —
pour moi est un mur épais.

Peux-tu saisir l'air?

L. Non.

– Je te dis, en fait, tu le peux.

Mais ce qu'il porte, cela non.

Tu bois le vin et tu sens l'ivresse.

Peux-tu saisir l'ivresse?

L. Non.

L'âme est le vin, elle porte l'ivresse,
tout porte l'ivresse...

L. Le travail de yoga qu'on fait chez nous, est-il bon?

– De quel travail parles-tu?

L. Du hatha yoga hindou.

– S'il aide, il est bon.

Ne juge pas les chercheurs. Ils cherchent.

En fait, ils ne cherchent pas,

ils le croient seulement.

En réalité, ils copient.

De Nouvelles Lois viennent.

Et vient la Nouvelle Grâce.

Tu reconnais le Nouveau, le Juste

à ce qu'il n'a pas encore de nom.

Même le nom de « l'Aide par excellence »

aussi est ancien.

Les élus voient déjà la Nouvelle Lumière

qui n'a pas encore de nom.

Les autres gardent la balle des anciens grains.

La balle sera jetée au feu.

L. J'ai entendu dire que le hatha yoga aide...

– Hatha : *peut-être!*

Une fois de plus, je m'émerveille de la façon dont l'Ange
joue avec les mots, et je souris de plaisir : « Hatha » veut
aussi dire « peut-être » en hongrois.
Peut-être ceci aide, ou *peut-être* cela...
Ou c'est *peut-être* un autre *peut-être* qui aidera.
Ils errent sans but
et il n'y a pas de baume pour leur plaie.
Faites attention!
Ne vous écartez pas, ne vous laissez pas ébranler,
ne quittez pas le chemin.
Les errants errent en rond encore et encore,
mais sur *un* point vous êtes toujours là.
  Je sens que ce point est le point de la certitude, le contraire
  de peut-être.
Tout change, mais pas vous.
Vous n'errez pas,
parce que vous ne dites pas un seul instant :
« C'est *peut-être* cela qui est bon. »
Tout se meut, s'enfonce, se convulse, se vautre.
Ce qui était solide – s'effrite.
Ce qui était liquide – se fige.
Ce qui était sûr – n'existe plus.
C'est horrible!
Au-dessus de l'abîme terrible, un pont étroit –
et c'est vous.
Ainsi faites attention à vous-mêmes.
As-tu peur d'être le pont?
Il est pris grand soin du pont,
car on a grand besoin de lui.
Le Trompeur va et vient.
Il se présente même comme le pont,
mais il sera humilié devant l'œil
qui n'est pas tourné vers l'extérieur.
Soyez attentifs!
Je te dis un secret :
Il y a une chose que le Trompeur ne sait pas.
Une chose qu'il ignore : le Nouveau.
Il ne peut se vêtir qu'avec *l'ancien.*
A ce signe vous pouvez le reconnaître.

Il en a déjà trompé beaucoup....
Gravez cela dans votre cœur!

Au nom de Celui qui n'a pas encore de Nom,
je vous salue.

Vendredi 29 octobre 1943
Entretien 19 avec Gitta

— Écoutez!
Je vous enseigne
sur la cause de toutes les maladies.
Vous n'existez pas pour vous-même.
Vous recevez largement votre nourriture quotidienne.
Mais vous ne la recevez pas gratuitement.
Elle se transforme en vous en une force merveilleuse.
Cependant, malheur à vous
si vous la gardez pour vous-même!
Fais attention, mon serviteur!
Si tu t'enfonces,
ce n'est pas la nourriture qui pèse trop,
mais la force que tu donnes, qui est trop peu.
Tu la retiens.
IL N'EST PAS BESOIN DE PÉNITENTS NI D'ASCÈTES!
ILS N'ONT PAS DE PRIX À SES YEUX!
La Nouvelle Loi, la Nouvelle Mesure est autre.
Tu recois cinq pains,
et cinq mille hommes en sont rassasiés.

RETENIR LA FORCE,
C'EST LA CAUSE DE TOUTES LES MALADIES.
Le péché est maladie aussi.
Que cela soit pour vous un enseignement
et non un fardeau qui vous rabaisse.
  Je suis frappée de stupeur par ce que je viens d'entendre.

Lève la tête! Le cœur léger et pur, demande!

G. Comment se fait-il que je retienne encore la force,
alors que tout mon désir est de la rayonner?

– Ta question est en même temps la réponse.
Écoute! Qu'est-ce que le désir?

G. Sentiment.

– Pas seulement. C'est la marque de la distance.
Tu ne désires pas ce que tu possèdes.
Sois attentive!
IL t'a créée pour que tu rayonnes,

> *Je me souviens alors que l'Ange m'a dit, il y a deux mois :
> Ton signe est le soleil. Et je comprends que si ma nature
> est de rayonner, ma tâche est d'en devenir consciente, et
> d'agir en conséquence. Et je m'étonne d'avoir pu l'oublier si
> complètement. Sommes-nous tous si peu conscients de notre
> nature divine?*

mais il y a une distance entre TOI – et toi.

> *Geste tranchant de haut en bas, comme pour couper mon
> corps en deux.*

Je l'explique : Cette brèche, cet abîme sombre
qui a été, qui est, mais qui ne sera plus,
est en toi aussi :
LE MONDE CRÉÉ ET LE MONDE CRÉATEUR.
ENTRE LES DEUX : L'ABÎME.
Comprends bien!
Toi-même, tu es le pont.
Tu ne peux pas désirer le rayonnement créateur,
lorsque tu es le pont en toi-même. Cela t'est donné.
Le désir n'est pas pont. Seule la foi est pont.
Ce qui n'a pas été,
ce qui n'est pas maintenant non plus, cela sera : Délivrance.
L'argent, le sacrifice, la bonté, les bonnes intentions,
la philanthropie, le sacrifice de soi
peuvent-ils délivrer?
Dans l'abîme sans fond tombe tout cela.
Tout y est jeté et la profondeur l'engloutit,
car tout cela n'est rien.
Dans l'abîme sans fond vous précipitez en vain
le bric-à-brac. Il ne sera jamais rempli.

Grâce soit rendue à SA Sagesse infinie
que le petit Enfant franchisse l'abîme en souriant,
car IL a caché aux sages
ce qu'IL révèle aux petits Enfants que vous êtes.

Sans m'en rendre compte, je serre les poings.

Avec un sourire rayonnant :

Si tu as la foi et que tu souris, ta main s'ouvrira.

Je sens que cette foi dont parle l'Ange est une force créatrice.

Tends la main!

Je tends la main : elle s'ouvre d'elle-même, et un sourire m'inonde.

Ainsi c'est bien, si tu souris.

Et maintenant, tu peux demander.

G. Quels sont les sept centres de l'homme? Quelle est la fonction de chacun?

– Sept marches. Tu en connais trois.

La quatrième, tu crois la connaître.

TROIS SONT LE MONDE CRÉÉ.

TROIS SONT LE MONDE CRÉATEUR.

AU MILIEU LE PONT –

MAIS CE N'EST PAS LE SAVOIR.

Pierre. – Herbe. – Cheval.

Ce qui vient après n'est pas l'homme,
car l'HOMME est les sept ensemble.

Pour toi c'est encore très difficile à saisir.

A voix très basse :

Je suis le Cinquième.

J'écoute de tout mon être. Voilà que le monde aux Sept âmes commence à prendre forme, pour moi.

La parole est sacrement, la quatrième manifestation.

Le pont entre la matière et l'esprit : LE VERBE.

Geste horizontal au niveau de la bouche.

Le quatrième plan. Les fondations de la Nouvelle Maison,
la matière de la vérité.

Fais bien attention à la Parole,
ne joue pas avec elle, ne la pervertis pas,
car à partir d'ici... de ta bouche...

Autre geste horizontal au niveau de la bouche.

...ce qui n'est pas délivré, le faux,
le mauvais, s'écoule vers le bas,
et corrompt les trois plans inférieurs.
ET C'EST LA MALADIE.
Mais la Parole peut délivrer, elle peut élever.
SEUL L'HOMME A LA PAROLE.
A SA PLACE VOUS PARLEZ.
Moi aussi, je ne peux parler qu'à travers
« celle qui parle », car je n'ai pas de bouche.
J'en aurai une, lorsque nous serons unis.
Que le Ciel vous bénisse!

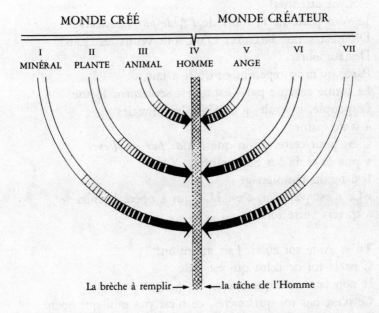

*Après l'entretien, je demande à Hanna de nous dire ce
qu'elle a éprouvé pendant l'enseignement sur les sept niveaux
du monde. Elle trace un schéma, tout en nous prévenant
qu'elle n'a pas pu entrevoir toute la hiérarchie du Monde
Créateur, et que donc le schéma est incomplet. Voyant Hanna
tracer la courbe reliant l'animal — le Trois — et l'Ange —
le Cinq —, je comprends enfin ce que mon Maître m'a dit
dès le début des entretiens : « L'Ange et l'animal sont unis*

dans la tâche. » Je vois enfin que la partie animale, ins-
tinctive de mon être peut se joindre à l'Ange à la seule
condition que moi — le Quatre, l'Homme — je devienne le
pont au-dessus de l'abîme qui les sépare.

Vendredi 29 octobre 1943
Entretien 19 avec Lili

— Soyez attentifs!
Je vous parle de la mort de *l'Aide par excellence.*
D'où est venue la croix? D'où sont venus les clous?
Des rumeurs.
Parce qu'on a répandu ce qu'Il a fait.
La forme revêtue par l'Esprit est seulement forme.
Le peuple, la foule, a attribué les miracles
à cette forme.
C'est pour cette raison que *l'Aide par excellence*
a pris la croix sur Ses épaules.
Il a rendu témoignage :
« Ce n'est pas moi, c'est LUI qui a opéré le miracle
à travers votre foi!... »

Tu es Aide toi aussi. Fais attention!
C'est la foi de celui qui est aidé
et non la tienne qui opère.
Ce n'est pas toi qui opères, ce n'est pas moi qui opère,
c'est celui qui est aidé qui opère.
Demande, mon petit serviteur!
L. Comment pourrions-nous mieux servir tous les quatre
ensemble?
— Son et harmonie.
Quatre voix ne font pas encore l'harmonie.
Quatre sons quelconques ensemble
ne font pas l'harmonie.
Tous les sons unis : C'est LUI.

Si vous êtes unis, c'est, en petit, la force créatrice,
l'harmonie, le sol de tous les miracles.
SI TA VOIX SONNE PURE, SANS MENSONGE,
SANS DÉFORMATION, SANS INTENTION,
SI TU NE FAUSSES PAS TA VOIX,
C'EST SEULEMENT AINSI QUE TU SERS L'HARMONIE.

Chacun est responsable de sa propre voix.
Ainsi elle ne peut pas être fausse.
Le Destructeur ne peut pas s'y glisser —
seul dans le faux il le peut.
Demande!
L. Pourquoi suis-je toujours si tendue?
— Pense à la croix, Son corps y était écartelé.
Tu te tends aussi — mais toi,
parce que tu te donnes trop d'importance.
TU VOIS LE MIRACLE VENIR
SEULEMENT SI TU T'OUBLIES.
C'EST LE SECRET DES SECRETS.

Tu te tends en vain :
tu ne te fais pas grandir d'une seule main.
> *Du jardin d'à côté, on entend le grincement de la vieille
> pompe.*
Que de force, pour qu'un peu d'eau
remonte de la profondeur!
Et la pluie tombe toute seule!
Les puits se dessèchent, la terre se dessèche,
les eaux se dessèchent.
> *Le grincement continue.*
Les machines crachent le mensonge en crépitant,
on tue les vies en crépitant.
Tous les yeux regardent vers le bas...
Demande!
L. Je me suis sentie quelquefois vibrer comme dans une
fièvre, ces jours derniers, en parlant avec mes élèves. Est-ce
juste?
— Cela seulement est juste. Cet instant est éternel.
Là, tu ES. Étais-tu fatiguée après?

L. Oh non!
— Vois, c'est bien, parce que ce n'est pas *toi*
qui as peiné sur la grande œuvre.
CELUI QUI AIDE EST LE PONT
ENTRE L'AIDÉ ET L'AIDE ÉTERNEL,
MAIS SEULEMENT AUSSI LONGTEMPS
QUE C'EST NÉCESSAIRE.

> *Il me semble que, d'une certaine façon, c'est notre « petit*
> *moi », dans sa vanité, qui veut aider plus qu'il n'est*
> *nécessaire, parce qu'aider lui donne de l'importance.*

Demande!
L. Je doute dans les toutes petites choses,
par exemple, est-ce bien si je jeûne?
— Le jeûne des jeûnes, c'est l'aide que tu apportes.
Le jeûne en soi n'aide pas.
Sais-tu quand il faut jeûner?
Lorsque tu as trop mangé!
Mais c'est encore mieux, si tu ne manges pas trop.
Tout cela est sans importance, mon petit serviteur!

TOURNE-TOI VERS LE PLUS,
ET LE MOINDRE VA LE SERVIR!
Ne t'en occupe pas.
As-tu encore des questions?
L. Qu'est-ce que l'emportement et quelle est sa cause?
— L'emportement : le tremplin de la force.
La force est *emportée* d'en bas — elle monte —
mais elle est encore malléable, transformable,
tu peux la diriger.
Ne la laisse pas s'écouler dans l'emportement!
Prends garde à elle, c'est une force sacrée,
ne la laisse pas couler, garde-la et transforme-la!
L'emportement t'emporte et tu n'arrives nulle part.
Seulement, si tu l'utilises mal — la force détruit.
L. Où dois-je travailler le plus intensément?
— Je t'ai dit : L'INDICE EST LA JOIE.
Je ne peux pas dire mieux, c'est un indice sûr.
UNE SEULE PLACE OÙ TROUVER LA JOIE :
AU-DELÀ DE LA PERSONNE.

Au-dedans d'elle il n'y a pas de Joie,
au-dedans, c'est le « ce qui n'est plus bon ».

Réjouissez-vous de plus en plus
au nom de l'Harmonie!
Bientôt, nous chanterons ensemble la JOIE UNE.

Vendredi 5 novembre 1943
Entretien 20 avec Gitta

— Réjouissons-nous d'une seule Joie en LUI.
Le pain que tu as reçu dans ta main
n'est pas encore bon à manger sur terre.
Il faut qu'il soit cuit dans le four. Ne t'inquiète pas!
Ni le four, ni le pain ne brûlent,
seulement le bois qu'on appelle la « personne ».
Et c'est à son feu que le pain,
qui sera bon à manger, cuit.

Soyez attentifs! Le Nouveau habite déjà parmi vous.
Grand miracle!
Gardez-le bien! Protégez-le bien!
C'est un mystère.
La joie sera votre compagne constante.
Des miracles vous seront donnés,
car vous avez cru sans miracles.
Pose une question!

*J'ai peiné pendant des heures pour élaborer une théorie de
la vibration associée au mouvement, mais je suis contente
de mes résultats — et tout étonnée de me découvrir si intelligente!*

G. Quel est le vrai mouvement, à quoi me relie-t-il?
Comment le mouvement renforce-t-il la vibration?

*Avec un sourire ironique, il me regarde comme une enfant
de quatre ans :*

– Tu me demandes quelque chose de très « savant ».
Voici quelque chose de nouveau :
laisse ta tête de côté!
ELLE EST LE PREMIER DES SERVITEURS,
MAIS TOI, TU ES SON SEIGNEUR!
Même le plus grand seigneur
n'est que porteur de SON marchepied.
Si SA force coule en toi, sers et laisse faire!
Ici, la tête ne sert à rien.
Parce que tu tends ta main en vain, en vain,
s'IL n'y est pas, tu n'es qu'un pitre.
Le serviteur met les vêtements de son maître absent
et joue au seigneur.
Mais lorsque son maître rentre, il est humilié.

Demande!
G. Qu'est-ce qu'il faut comprendre par « Trinité »?
– Elle est en toi. Si tu crois.
Le Monde Créé – le Fils.
Le Créateur – le Père.
Le pont – le Saint-Esprit.
En vérité, elle est Une.
Demande!
G. Y a-t-il un moyen sûr pour éviter de retomber dans
mon « petit moi », dans ma personne?
– Tu ne peux pas retomber dans la personne,
car tu es dedans. Vous êtes tous dedans.
IL NE FAUT PAS LA QUITTER, MAIS L'ÉLEVER.
VOTRE PLUS GRAND TRÉSOR EST CETTE PERSONNE.

Le bois se transforme en lumière,
mais ne se perd pas.
Quel miracle que la personne!
Depuis des temps infinis, elle se forme.
Et toi, enfant stupide, tu la détestes!

Je me rends compte, à ce moment précis, que je viens de
poser la même question pour la troisième fois, et que pour
la troisième fois je suis tombée, bêtement, dans le même
piège : détester mon « petit moi ». Ma seule excuse, me semble-

t-il : il est bien difficile de se dégager des notions morales
qui nous ont été inculquées pendant des siècles.
C'est LUI qui l'a formée
depuis le commencement des temps pour toi.
Sotte! Elle est un bon serviteur,
si tu es un vrai maître.
Ce qui est impossible — devient possible.
Ce qui n'est pas bon à manger —
devient bon à manger.
Quand le pain est-il pain?
Lorsqu'il est distribué à ceux qui ont faim,
alors seulement il devient pain.
G. Quel est cet étau terrible qui m'a serré le cœur ces jours-
ci?
— Tu te trompes.
C'était la quantité de pain que tu ne peux plus contenir.
Si tu la distribues, il n'y aura plus d'étau.
G. Qu'est-ce qui m'en empêche encore?
— Il y a deux ponts : le grand et le petit.
Le pain ne peut pas venir s'il n'y a pas de chemin.
Il est arrêté.
Le petit pont est encore fragile.
   Je comprends que ce petit pont fragile, c'est ma confiance en
   moi.
G. Comment renforcer la foi en moi-même?
— Par l'union, car les deux ponts sont UN, en vérité.
Le mauvais serviteur endommage le pont,
pour que son maître ne puisse pas venir.
Mais le « petit Enfant » le franchit en souriant
et il est le Maître.
Écoutez bien! Je répète :
Le Nouveau, le « jamais-vu », demeure parmi vous,
le « petit Enfant », le Maître le plus puissant,
le Nouveau, l'Éternel.
CE N'EST PAS L'ÉTERNELLEMENT RÉPÉTÉ,
MAIS L'ÉTERNEL NOUVEAU.

Vendredi 5 novembre 1943
Entretien 20 avec Lili

— Le printemps arrive.
Une fleur, un brin d'herbe sont ses messagers,
de même les religions, les prophètes, les temples.
Mais à la venue de la Lumière et de la Force,
plus de temples : tout sera temple.
Qui aperçoit *une* fleur —
au milieu d'un champ de fleurs?
Vous, vous n'êtes pas fleur, vous êtes Printemps.
Mais dans SON jardin,
même le Printemps est seulement une fleur.
Demande!
L. Pourquoi la foi sommeille-t-elle au fond de la plupart
des hommes?
— Tout un réseau de routes bétonnées
parcourt la terre en tous sens.
Elles sont vastes, larges et lisses,
et la folie les chevauche.
Il y a beaucoup de voies, beaucoup.
Ne sois pas étonnée,
si l'homme a oublié la petite, l'étroite, la seule!
La folie aspire toutes les forces. Qu'est-ce que la folie?

LA FORCE SACRÉE QUI LANGUIT EN PRISON.
Mais il vous est donné de montrer la Voie.

Demande!
L. Si peu de gens reconnaissent leur vocation. Pourquoi?
— Parce qu'on les dirige. Ils n'écoutent pas l'Appel.
La voix la plus pure est vaine
s'il n'y a personne pour l'écouter.
Soyez attentifs! Dans vos yeux croît le nouvel Œil,

dans vos oreilles, la nouvelle Oreille,
dans vos mains, la nouvelle Main,
et vous *verrez* et vous *entendrez* et vous *créerez*.
Nouvelle Voix et ancienne oreille?
Pour entendre l'Appel,
la nouvelle Oreille est nécessaire.
La voix aussi a un corps et porte cela en plus :
La voix inaudible qui est immortelle,
car elle n'est plus corps.

Mais vous, vous êtes Printemps.
A votre contact naissent de nouvelles Oreilles,
de nouvelles Mains, de nouveaux Yeux,
et s'ouvre le Nouveau.
Demande!
L. Pourquoi est-il si difficile d'aider à la maison, dans ma
famille?
— Écoute! L'ancien œil voit grand ce qui est près
et petit ce qui est loin.
Regarde avec le nouvel Œil, mon serviteur,
et petit sera ce qui est près et grand ce qui est loin.
Tu vois encore grand ce qui est petit.
C'est ce qui te trompe.
Si LUI EST GRAND EN TOI,
TOUTE TÂCHE EST PETITE, MINIME, FACILE.

L. Qu'est-ce que le mouvement?
— Ce qu'il y a de plus grand.
La croissance n'est pas encore mouvement.
Le vent n'est pas encore mouvement.
Le courant des eaux n'est pas encore mouvement.
L'érosion n'est pas encore mouvement.
Le cheminement des étoiles
n'est pas encore mouvement.
Tout cela n'est que conséquence,
tout cela n'est qu'inertie.
Tout mouvement sous l'empire de la faim,
du froid, du désir — n'est que contrainte.

Mais toi – tu sais déjà te mouvoir...
L'ACTE LIBREMENT ACCEPTÉ – C'EST LE MOUVEMENT.

La main qui aide – c'est le mouvement.
Les yeux qui rayonnent – c'est le mouvement.
L'élévation de la matière en nouvelles demeures –
c'est le mouvement.
Nouvelle Création : non plus captivité, mais délivrance.
Il n'y a pas d'autre liberté.
Ce mouvement-là, suscite-le chez tes élèves,
ainsi chaque mouvement sera – MOUVEMENT
et non captivité languissante.

Il y a les muscles – et c'est en vain.
Il y a les tendons – et c'est en vain.
Il y a les os – et c'est en vain.
Que deviennent les tendons? – Ils deviennent corde,
les os? – des bâtons,
les nerfs? – des fouets,
la jeunesse? – de la perversion.
Seul le vrai mouvement délivre.
Enseigne cela, mon serviteur, et sous ta main
les corps renaîtront,
ils ressusciteront, car tous sont morts...
tous sont morts.
L'acceptes-tu?

Lili se sent impuissante devant cette tâche énorme, et dit
très timidement :

L. J'essaierai... Mais comment enseigner le vrai mouvement?

Sévèrement :

– La peur habite-t-elle encore en toi?

L. Je sens toujours l'urgence de ce qu'il faut faire.

– Sais-tu ce qui te met en mouvement?
Prononce cette parole : « J'accepte. »
La vraie parole monte jusqu'à SA face
et redescend sur toi en force.
La force du vœu prend sa source en toi.
La parole du vœu est grain qui est semé dans le Ciel,
qui porte des fruits et retombe sur toi multiplié.

Tu auras de quoi distribuer, mon serviteur!
La Foi semée en Dieu...

LES HOMMES SÈMENT TOUT DANS LA TERRE,
ET C'EST CE QUI FAIT QUE LA TERRE SE DESSÈCHE.

Vous ne manquerez de rien.
Je vous le dis avec certitude.
L. Je ne comprends pas tout à fait le vœu : « J'accepte ».
— Peux-tu comprendre l'incompréhensible?
L. Non.
— Le mental s'arrête, hors d'haleine, où commence la foi.
Il ne peut jamais l'atteindre.
Le mental ne peut s'élever jusqu'au Ciel,
car il est de ce monde.
Qu'est-ce qui te semble encore obscur?
L. Je ne vois pas la différence entre « l'aide » et « l'acte librement accepté ».
— SEUL L'ACTE LIBREMENT ACCEPTÉ —
AIDE. RIEN D'AUTRE!
   Dans le silence qui suit, je pense à un rêve récent, que j'ai été incapable de comprendre.
   S'adressant à moi :
C'est à toi que je parle : voici le sens de ton rêve.
Que le miracle ne soit pas *en toi*, mais *par toi*,
parce que tu n'es pas fleur — mais Printemps.
Le miracle apparaît dans la fleur,
mais qui peut saisir le Printemps?
Si tu es miracle, tu es fleur, une parmi les autres.
   A Lili :
As-tu encore des doutes dans ton cœur?
L. Je peux à peine supporter ce que je reçois.
— Tu le pourras.

Il faut que je m'éloigne encore de toi.

Vendredi 12 novembre 1943
Entretien 21 avec Gitta

— Vous êtes déjà assez forts,
laissez-vous pénétrer de mes paroles!
Le pas suivant ne se fera plus
sur un chemin praticable. —
Le chemin s'arrête ici.
Il n'y a même pas d'eau où poser vos pieds.
C'EST LE PREMIER PAS DE L'ENFANT.
Défense de regarder en arrière!
Et si vous avez vraiment la foi,
le chemin impraticable portera vos pas.
C'EST LA NOUVELLE TERRE.
Mais prenez garde, même la foi ne vous aidera pas,
si vous emportez avec vous quoi que ce soit d'ancien!
Plus que le nécessaire, comme le plomb dans l'eau,
vous fera couler.

Soyez attentifs!
Le corps est formé pour vous
depuis le commencement des temps.
Écoutez bien maintenant!
LE CORPS N'EST PAS DESTINÉ
À L'USAGE QUE VOUS EN FAITES.

*Hanna peut à peine supporter l'intensité des paroles sur le
Nouveau Corps, et elle sent aussi qu'elle n'a pas pu trouver
les mots pour l'exprimer. Elle s'arrête et se repose quelques
minutes.*
C'est difficile de le faire comprendre.
Je reviendrai.
— Vous êtes arrivés au bout du chemin.
Et il n'y a plus de chemin.

Vous regardez. Il n'y a rien où mettre les pieds,
parce que vous regardez.
Car l'œil ne sert plus à regarder,
comme jusqu'à maintenant.
Si vous ne regardez plus avec vos yeux anciens,
il y aura un nouveau chemin sous vos pieds.
Le corps de Celui qui délivre
n'est donné que pour donner.
Celui qui délivre n'est pas un homme. –
Il est L'HOMME.
Le nouvel Œil est destiné à voir,
l'ancien œil ne l'est déjà plus.
Le véritable Nouveau s'approche.
    Silence.
Je t'enseigne : Avant d'agir, sanctifie l'instant!
Ferme-toi à l'ancien!
Ne regarde plus avec l'ancien œil,
n'écoute plus avec l'ancienne oreille!
Et si les nouveaux yeux sont ouverts en toi,
alors ouvre les anciens!
C'est à travers eux que rayonnera
la Nouvelle Lumière!

LE CORPS N'EST DONNÉ QUE POUR DONNER.
D'ici... *(geste vers le bas)*
vous ne pouvez plus rien recevoir
(geste vers le haut) ...seulement de là.
Un Monde véritablement Nouveau s'ouvrira.
Vous le vivrez.
Rien ne vous sera secret sur la terre.
Il n'y aura pas de lourdeur, il n'y aura pas d'obscurité,
il n'y aura pas de bruit.
MAIS DÉFENSE DE REGARDER EN ARRIÈRE!
N'emportez rien avec vous!
Vous pensez que cet ancien est léger, petit, sans valeur,
– dans le Nouveau, il devient une montagne de plomb,
et c'en est fini de vous.
IL NE FAUT PAS REJETER L'ANCIEN, MAIS S'EN DÉTACHER
ET L'UTILISER À UNE AUTRE FIN.

Je pense soudain à ma difficulté à peindre le corps humain.
Le corps humain se révèle à toi, mon serviteur,
si tu ne le regardes pas.
Regarde seulement lorsque tu exécutes!
Si tu veux connaître, ferme les yeux!
Et il n'y aura ni barrière ni impossible pour toi.
Tu utilises encore mal l'outil.
   Désignant Joseph :
C'est le « fils » qui pressent le mieux ce dont il s'agit.
Mais cela s'ouvrira à vous aussi, le moment est venu.
Retournement de la Création.
Ce qui valait le plus à vos yeux vaudra le moins.
G. Comment puis-je reconnaître ce qui est « plus que le
nécessaire » et qui devient du plomb?
Et qu'est-ce que je peux emporter avec moi sur le chemin?
– Celui qui porte le poids lui-même,
plus haute est la montagne, moins il se charge.
Moins encore lorsqu'il va dans l'eau.
Que peut-il emporter là où il n'y a même pas d'eau? –
Sa vie nue.
   J'ai passé beaucoup de temps à décorer la pièce de fleurs,
   me préoccupant uniquement de l'effet esthétique.
Que cet endroit est bien décoré!
Cependant, ta faute est que tu t'y attaches!
Plus tu le décores, plus tu t'y attaches.
Ne vous attachez à rien!
Car l'attachement attache à l'ancien, à l'habituel.
Vous n'en avez plus besoin.
Il vous faut le Nouveau.
Ne t'attache pas, mon serviteur!
Je me sens bien au milieu des fleurs de ta foi,
où que tu te trouves.
JE TE DISPENSE DE TOUTE FORME!
Je n'ai pas d'yeux pour voir les fleurs terrestres,
mais je vois ton attente de fête.
Que votre cœur soit dans l'allégresse,
car le Nouveau s'ouvre à vous.
Demande!
G. Qu'est-ce que l'âme? Qu'est-ce que l'esprit?

– L'esprit est – Créateur,
l'âme – intermédiaire,
le corps – matière.
La Sainte Trinité.
G. Quelquefois, nous sentons derrière les chiffres un système
de forces merveilleux. Que cachent le 4, le 7?
– Vous connaîtrez le système des forces
si vous ne regardez pas les chiffres,
car derrière tout habite la Force.
Chaque forme est porte vers le système infini.
Pour ceux qui ont des yeux – à travers les yeux,
pour ceux qui ont des oreilles – à travers les oreilles.
A chacun est donné différemment,
mais la Force est UNE.

J'ai pu vous apporter le message de joie.
Dans la joie, je vous quitte.

Vendredi 12 novembre 1943
Entretien 21 avec Lili

– Je vous enseigne sur la fin de la souffrance.
Vous écrivez la lettre T.
S'il manque un trait et s'il n'y a que la barre verticale,
vous savez ce qui manque,
parce que vous connaissez la lettre T
et pouvez la compléter facilement.
Vous êtes des Aides.
Vous avez été envoyés ici pour combler le manque.
Vous êtes en face d'un être humain.
Vous sentez son manque.
Vous en souffrez. Car le manque est un mal.
Où est la fin de la souffrance?
Si vous connaissiez la nouvelle lettre T –
vous sauriez ce qui manque,

et vous pourriez le compléter facilement.
LA SOUFFRANCE N'A PAS DE SENS.

*Dans les premiers entretiens, l'Ange m'avait dit exactement
le contraire. C'est déroutant; mais je pressens que cette
contradiction me sera expliquée lorsque je serai mûre pour
la vivre.*

Il faut que vous appreniez le nouvel ABC,
comment l'écrire,
car tout pourrait être parfait.

Pour vous,
c'est dans l'imparfait qu'il y a mystère,
PARCE QUE D'OÙ SAVEZ-VOUS QUE C'EST L'IMPARFAIT?
D'OÙ? SI CE N'EST PARCE QU'IL VOUS EST DONNÉ
DE RECONNAÎTRE LE PARFAIT.
A QUOI LE MESUREZ-VOUS? QUELLE EST VOTRE MESURE?
L'IMPARFAIT REFLÈTE LE PARFAIT.
Votre souffrance ne dure qu'aussi longtemps
que vous ne LE reconnaissez pas en tout.
De nouvelles lettres s'inscrivent.
Donnez-leur votre attention!
LA SOUFFRANCE N'EST LE GUIDE QUE DE L'ANIMAL.
Le commencement de la Voie
est la fin de la souffrance.

Long silence.

Tout croît.
Même la pierre, le grain dans la terre,
l'enfant dans le sein de sa mère.
Et pourquoi croissent-ils?
La montagne la plus haute,
l'arbre le plus haut ne s'élèvent pas jusqu'au Ciel.
L'aigle le plus fort ne peut y voler,
mais le plus petit des hommes peut l'atteindre.
Car le Ciel est en vous-même.

J'attends ta question.
L. Qu'est-ce que le repos?
– Préparation.
Ce qui n'est pas préparation n'est que repos apparent.

Autrement dit : mort.
Le repos qui n'est pas préparation est : mollesse.
Le repos le plus merveilleux descend sur toi
si tu crées.
L'acte calme et le repos créateur, voilà qui est juste.
Dans le monde des apparences seulement
ils sont deux, en réalité ils sont un.

L. Où est le Nirvana?
— LÀ OÙ LES DEUX SONT UN.
LÀ OÙ LES PARALLÈLES SE REJOIGNENT.
EN APPARENCE REPOS —
EN VÉRITÉ ACTE.
EN APPARENCE SILENCE —
EN VÉRITÉ TOUS LES SONS UNIS.
EN APPARENCE ÉLOIGNÉ —
EN VÉRITÉ EN TOI-MÊME.
   Silence.
C'est moi qui demande :
Quel est ton désir le plus ardent?
L. Être toujours avec toi et de ce fait être unie à toi.
— D'où attends-tu cet accomplissement?
L. Ce sera l'objet de mon travail.
— « Objet »! Ce n'est pas un « objet ».
Cela ne peut pas être « objet ».
L'objet est ce qui est le plus dense.
   Touchant la table :
   C'est cela un objet.
   Touchant la couverture :
   C'est cela un objet.
   Touchant la main :
   C'est cela un objet.
Laisse les objets!
Il est au-dessus de l'objet, ton plus ardent désir.
Tu ne l'atteindras jamais
si tu en fais « l'objet » de ton travail.

L. Qu'est-ce que la nervosité?
— LA NERVOSITÉ, ARMÉE SANS CHEF.

Quand vient la bataille tout se désordonne,
car il n'y a personne pour commander;
et pourtant l'armée obéirait avec joie au vrai chef.
Le cerveau se désagrège, l'ordre se désagrège,
parce qu'il n'y a pas de force pour les coordonner.
Un ordre est donné, immédiatement après,
un autre, son contraire : nervosité.
Cela n'existe pas pour nous.
Nous sommes SON Armée.
Nous engageons la lutte contre l'obscurité.
Nous écoutons l'ordre et nous obéissons.
L'EXISTENCE SANS BUT,
C'EST CELA LA NERVOSITÉ. RIEN D'AUTRE.

As-tu encore des questions?
L. Pourquoi ma mémoire est-elle mauvaise?
– Parce que ton passé est mauvais.
Tu n'aimes pas t'en souvenir.
Tu l'as dissimulé derrière des rideaux épais.
  Geste vers moi :
Ton passé aussi est mauvais. Mais ce passé n'est plus...
  A Lili :
Tu n'as pas oublié notre dernier vendredi.
Si tu as créé, si tu as aidé, tu ne l'as pas oublié,
n'est-ce pas, mon serviteur?
Ce n'est pas ta mémoire qui est mauvaise, mais ton souvenir.
  Silence.
L. L'amour n'est pas encore assez fort en moi...
– Quand le sens-tu?
L. En face des hommes.
– Qui aimes-tu assez?
L. Personne encore.
– Qui aimes-tu le plus?
L. LUI.
– Et après?
L. Toi.
  Sourire indulgent.
– Ta vue est encore voilée.
Si tu L'aimes, tu aimes tout.

Si tu n'aimes pas assez,
c'est LUI que tu n'aimes pas assez.
Car tout est SON œuvre.
Aime-LE dans la perfection,
admire-LE dans l'imperfection,
car tout est SON miroir.
Il ne te sera pas difficile de L'aimer.
Par-dessus tout, je L'adore —
c'est pour cela que je vous aime.

Vous êtes bénis parmi les hommes.

Vendredi 19 novembre 1943
Entretien 22 avec Gitta

— Je vous salue!
Je vous enseigne sur l'or,
métal le plus inutile, car il ne sert à rien.
Quelle est sa valeur? — La foi qu'on met en lui.
L'homme met sa foi dans ce qui est né de la terre.
Pour cela malédiction s'y attache.
La malédiction est interdiction.
S'il n'y en avait pas, vous seriez toujours errants.
Tu t'engages sur la route,
tu portes une boule d'or, lourde,
tu la portes — elle est lourde —
mais tu la portes tout de même.
Tu arrives à la frontière d'un nouveau pays,
où l'on ne croit pas en l'or.
Qu'est-ce qui reste? — Seul son poids.
Que dois-tu en faire, mon serviteur?
G. Le laisser tomber.
— Ouvre ta main et la boule roulera en bas.
Déposer le poids n'est pas difficile,
mais tes doigts sont encore crispés à cause de la boule d'or,

qui était pesante jusqu'à maintenant.
C'est pour cela que tu ne peux pas la lâcher.
Or, ce qui est lourd tombera de lui-même.

Dans le Nouveau Pays, il y aura aussi de l'or,
mais au lieu du métal luisant, il est Lumière.
Comment peux-tu recevoir la nouvelle boule,
si tu te cramponnes à l'ancienne?
Tu la tiens – tu la tiens comme cela :
   La main se crispe, puis les doigts se desserrent légèrement,
   comme pour lâcher la boule, qui tombe tout naturellement
   d'elle-même.
Regarde comme il est facile de lâcher!
VOUS VIVEZ SUR UNE BOULE LOURDE,
SUR UNE BOULE INNOCENTE.
ET, PAR SA GRÂCE INFINIE,
LA MALÉDICTION EST DESCENDUE SUR ELLE,
AFIN QUE VOUS N'ADORIEZ PAS LA BOULE,
AFIN QUE VOUS NE L'ADORIEZ PAS!
La boule innocente attend la délivrance.
Qui la délivrera?
IL FAUT LÂCHER ADAM.
   Je soupire, et me détends avec un sentiment de soulagement.
Cela se détend déjà.
Nous savons très bien comme il vous est difficile
de lâcher le poids, car vous y êtes habitués.
Ne vous tourmentez pas, c'était lourd pour vous.
Celui qui porte l'or ne sent pas son poids
tant qu'il y croit.
Que la foi s'en retire, seul reste le poids.
Vous êtes sur la bonne Voie.

G. Toute la semaine, j'ai cherché en vain comment agir sans
être crispée... Que faire?
– Laisse faire le temps!
Car la main est encore enracinée dans le temps.
J'attends ta question.
G. Qui suis-je?
– Le moment est mal choisi de le demander,

car tu es encore en train de te former maintenant.
Et quand tu seras formée, tu n'auras plus à demander.
Demande!
G. Quelle est la signification de mon signe, le soleil?
– Le signe est analogie,
pour que tu comprennes ce qu'est la tâche.
Un enfant demande qu'est-ce que c'est, « sept »?
Tu lui montres sept pommes.
L'enfant aime les pommes
et ainsi il apprend le « sept ».
Tu ne lui montres pas sept fouets.
G. Je n'ai pas vraiment compris ce que tu m'as dit il y a
quelque temps :
« Les images du rêve sont une enveloppe.
A l'intérieur est caché leur sens.
C'est à l'intérieur que tu trouves l'éveil, pas au-dehors. »
– Tu as assez dormi, mon petit serviteur!
Celui qui a assez dormi se réveille tout seul.
Aucun besoin de le réveiller.
La force qui te fait défaut ferme tes yeux,
mais lorsqu'ils seront remplis de force,
ils s'ouvriront d'eux-mêmes.
Le manque de force, c'est la cécité, c'est le sommeil.
L'homme dort, car il lui manque la force.
Que ferait-il du jour, du Nouveau Jour,
s'il n'avait pas la force pour agir?
G. Qu'il serait bon de pouvoir déjà éveiller les autres!
– Tu parles en rêvant.
Vous dormez tous les quatre dans la pièce.
Vous rêvez les uns des autres.
Vous croyez que vous parlez les uns avec les autres,
car l'image du rêve est trompeuse.

Le rêveur ne rêve pas qu'il dort,
mais qu'il est éveillé.
Il agit, il va, il vient, il parle.
En réalité, il est couché et il dort.
Mais l'aube vient, les brumes du rêve se dissipent déjà.
LE NOUVEL ACTE S'APPROCHE.

Chaque rêve s'accomplit car le rêve est préparation.
Le petit enfant, lorsqu'il n'est pas encore né,
lui aussi rêve du jour dans le sein de sa mère.
S'il ne rêvait pas, il ne pourrait pas naître.

TOUT CE QUE VOUS FAITES MAINTENANT
EST ACTE DE RÊVE, PENSÉE DE RÊVE.
Que vos rêves soient toujours de plus en plus beaux!
Car tout deviendra réalité. Le rêve aussi est foi...
    Silence.
G. J'ai encore une question.
– C'est pour cela que j'attends.
G. Je ne peux pas agir librement dans l'instant.
Je suis toujours en avance avec ma tête. Et c'est faux...
– Si tu te voyais un seul instant!
Tu es couchée dans le vide et tu dors.
Immobile et tranquille. Ton pied ne court pas.
Chaque mouvement que tu fais n'est que rêve...
le crois-tu? Que rêve...
As-tu déjà progressé vraiment – en courant?
G. Seulement sur la terre.
– Veux-tu progresser sur la terre?
    Je pense à ma façon de foncer toujours aveuglément.
G. Non. Mais j'ai l'habitude de le vouloir. C'est terrifiant,
l'habitude!
– Attention! Ne regarde pas en arrière,
car le « Terrifiant », c'est l'ancien dieu!
Si tu vois des choses terrifiantes,
tu vois les anciens dieux.
Forces aveugles, ce sont elles qui sont les « terrifiantes »,
mais elles ne sont plus des dieux,
elles sont tes serviteurs.

Vois-tu, mon serviteur, aujourd'hui,
il n'y avait pas de bruit.
Ainsi disparaît le poids si tu le lâches.

Je prends congé.

Vendredi 19 novembre 1943
Entretien 22 avec Lili

– Saluons le Seigneur des champs de blé!
Je vais vous parler du blé.
Ta main est vide, mon serviteur,
mais bientôt elle sera remplie.
Sois attentive! Tu as dix grains de blé, pas plus.
Tu peux les distribuer à dix, mais pas à vingt.
Le grain de blé peut-il germer
si tu le coupes en deux?
Pourtant, tu l'as fait avec de bonnes intentions...
Dans un grain de blé habite le Nouveau et l'ancien.
Tu ne peux pas le couper.
Vous ne pouvez pas séparer
avec votre compréhension humaine :
Cela, c'est l'ancien – cela, c'est le Nouveau.
Ce que vous croyez Nouveau, cela aussi n'est qu'ancien.
Ne coupez pas, ne jugez pas, mais *semez!*
C'est ainsi que poussera le Nouveau
qui n'est pas germe, qui n'est pas graine.
Tout cela n'est que demeure pour le Nouveau.
Enfouis le grain tout entier,
il va se multiplier, car il poussera.
LE TEMPS DE LA POUSSÉE NOUVELLE EST ARRIVÉ.

L. Je ne comprends pas bien ce qui ne va pas chez moi.
  Lili est épuisée. Chaque jour, ses élèves viennent lui parler
  de leurs problèmes personnels jusqu'à une heure avancée de
  la nuit, et elle est incapable de leur dire non.
– Le blé céleste pousse vite. Tu en as dix grains.
Tu ne peux pas les donner à vingt.
Mais si tu sèmes les dix, il y en aura bientôt cent.
Demande!

L. Qu'est-ce que le « karma »?

— Ce qui se fustige soi-même.

Cette question est trop pesante pour toi *aujourd'hui*.

Elle recèle un grand mystère.

> *Le concept du karma, dans l'hindouisme, nous est familier,*
> *et je me demande quel peut bien être le secret caché derrière*
> *cette théorie.*

Tu peux demander.

L. Qu'est-ce que la santé?

— Équilibre. S'il est rompu, il y a un manque.

Cela ne vient jamais du corps, seulement chez l'animal.

Ce n'est plus ainsi chez l'Homme.

L. Pourquoi est-ce que je préfère enseigner aujourd'hui les bien-portants plutôt que les malades?

— Parce que tu es en train de guérir.

La santé est le sol chez l'homme où tu sèmes le grain.

Grain céleste dans mauvais sol?...

> *A nous tous :*

Ne vous inquiétez pas!

Une transformation merveilleuse commence.

Mais cela ne vous paraît pas toujours bon.

Les anciennes enveloppes éclatent.

Elles se déchirent, elles tombent en lambeaux.

Ne vous effrayez pas!

Ce qui vous arrive n'est pas peu de chose.

> *A Lili :*

Toi non plus, ne t'inquiète pas, mon petit serviteur.

C'est bon, ce qui t'arrive.

Je me sépare de vous, mais pas pour longtemps.

Vendredi 26 novembre 1943

Entretien 23 avec Gitta

— Je continue à vous parler de l'or.

D'où vient l'or? De quel arbre est-il le fruit?

De l'arbre du Savoir.
Adam a tendu la main vers ce qui brille,
au lieu de la tendre vers la Lumière elle-même.

Il y a encore un autre arbre.
Son nom est Mystère. Son fruit est la Lumière.
L'arbre du Savoir : l'HOMME en puissance.
L'autre : l'HOMME qui EST.

L'or rend indigeste la terre.
Le superflu doit brûler. L'or, lui ne brûle pas.
La lumière terrestre est un feu qui a été allumé.
La Lumière du Ciel est un feu
qui s'allume de lui-même, sacrifice : feu volontaire.

L'un des arbres : ton moi reflétant la Lumière.
L'autre : source de Lumière.
C'est autre chose d'être miroir que d'être Soleil...
Demande!
G. Qu'est-ce que le rythme?
— D'abord était le rythme, après est venu le chant.
Il y a rythme sans chant,
mais il n'y a pas chant sans rythme.
Rythme : corps. Mélodie : âme.
Et les deux portent le Troisième...

> *Je pense à la musique de Mozart. Est-ce le rythme qui nous
> touche? Est-ce la mélodie? Non, c'est cet inexplicable Troi-
> sième qui nous émeut tant. C'est l'impulsion divine qui a
> donné naissance au rythme et à la mélodie de Mozart.*

J'attends.
G. Comment pourrais-je développer mon sens du rythme?
— D'abord était le rythme, après la Parole...
Vibration primordiale... premier jour.
Le sol de tous les mystères.
Ton nouveau Nom aussi naît du rythme.
La vibration de la nouvelle Création vibre.
De nouveaux Noms naissent.
Avec le rythme, tu peux créer;

avec le rythme, tu peux détruire.
La nouvelle Oreille l'entend.
Le battement audible n'est pas Rythme.
Me suis-tu?
G. Oui.
– Demande!
G. Que signifie la forme de la sphère?
– Que serait un demi-soleil
qui ne rayonnerait que sur la moitié de la création?
LA SPHÈRE EST L'IMAGE DE DONNER SANS JUGEMENT.

La Nouvelle Récolte est Lumière et non métal luisant.
L'homme s'est tant creusé la tête
pour savoir comment le fer deviendrait or,
que l'or est devenu fer,
Et le fer s'est abattu sur lui...
> *Ces quelques mots me semblent résumer toute notre époque.*
> *Nous vivons en un temps de guerre dont l'arme de fer est*
> *le symbole. Et les guerres naissent de la soif de pouvoir et*
> *d'or.*

Transformation. Combustion.
Seul l'homme peut allumer le feu.
Tout le reste ne peut être qu'allumé.
L'autel est prêt, allume le feu à SA Gloire!
Ne mets pas le feu à l'autel, seulement au superflu.
Tu serais bien capable de mettre aussi le feu à l'autel,
si tu le pouvais,
parce que tu n'es encore qu'un « apprenti-prêtre ».
> *L'Ange me renvoie à mes excès de zèle avec tant de justesse*
> *que nous éclatons tous de rire.*
Demande encore, mon petit serviteur!
G. Quel est le vrai don de soi?
– C'est merveille!
La plus belle mélodie, le parfum le meilleur,
la plus belle lumière,
tout monte jusqu'à SON marchepied.
Mais seulement le plus beau, le plus parfait.
Et non les pleurs, le chagrin, le déchirement de soi,

le vacillement.
Tout cela est fumée qui descend,
qui se dépose sur la terre,
et l'enduit d'une couche noire.
La combustion incomplète est fumée.
Si tu retiens le don de toi, c'est chagrin,
tourment, sacrifice imparfait.
Poussière de charbon et non lumière,
non pas transformation, mais désagrégation.
Suie, gaz, demi-combustion, décomposition.
Souffle sur le feu, je t'aiderai!
Apprendre est aussi brûler.
Mes paroles ne sont que bois pour toi,
elles ne s'allument pas en toi, elles restent là,
entassées. Tu ne recevras pas de nouveau bois!

Écoute bien!
L'ancienne loi : les arbres poussent –
ils sont coupés – ils sont jetés au feu.
Et de nouveaux arbres poussent. Ils sont coupés...
L'Arbre de la Vie éternelle :
son fruit est la Lumière.
Son tronc est fait du feu de l'ancien arbre.
Il ne faut plus brûler l'Arbre,
car son fruit est la Lumière.

L'homme n'est pas la couronne de ce monde,
car toute couronne est en or,
mais l'Homme est l'Ame de la création.

Que le Ciel soit avec vous!

*Hanna a eu une grande difficulté à exprimer ce que mon
Maître a voulu me faire comprendre. Elle sentait en lui un
retrait. Il s'éloignait comme la mère oiseau qui recule de
plus en plus sur la branche, pour s'envoler finalement. Le
petit oiseau a trois possibilités : rester – tomber – ou la
suivre et voler pour la première fois.*

Vendredi 26 novembre 1943
Entretien 23 avec Lili

— Savez-vous ce qu'est le beau?
L'ACTE DU BON SERVITEUR,
CE QUI EST PLUS QUE LE NÉCESSAIRE.
Le corps se meut – c'est nécessaire.
La danse est le plus,
et si elle est vraiment danse – c'est le beau.
La voix est nécessaire. Le chant est le plus.
Il est nécessaire de représenter en image,
mais ce qui vient en plus, c'est le beau.
LE MONDE NOUVEAU
NE PEUT ÊTRE BÂTI QUE DE BEAUTÉ.

Soyez de bons serviteurs,
car l'acte qui est plus que le nécessaire
est la pierre de taille pour le Monde Nouveau.
Il ne peut être bâti qu'avec elle.
Je t'enseigne :
Prends garde aux Judas qui vendent le Verbe!
Il y en a autour de toi aussi. Le sais-tu?
Là où le feu brûle, le vrai se sépare du faux.
Et c'est bien là la raison du feu. Prends garde!
Que ton cœur n'en soit pas troublé.
Il faut qu'il en soit ainsi.
Il y a toujours un traître parmi les douze.
C'est le plus malheureux.
Que cela ne t'ébranle pas, que cela ne te trouble pas!
Il est nécessaire qu'il en soit ainsi!
Le minerai n'est pas utilisable, le métal est utilisable.
Les scories sont foulées aux pieds.
Le feu que tu allumes sépare en deux. C'est bien ainsi!

L. Puis-je quelque chose contre les Judas, ou dois-je les laisser faire?

— Entretiens le feu! Garde-le!

Ne t'occupe de rien d'autre!

Demande!

L. Dans le fonctionnement des organes, qu'est-ce qui est le *plus que nécessaire?*

— Il n'y a qu'un *plus* dans le fonctionnement des organes : C'est l'enfant né du corps.

SEUL EST LE *PLUS*

CE QUI DEVIENT INDÉPENDANT.

Tout le reste est gaspillage — tout le reste est maudit.

La jeune fille donne corps à sa beauté dans son enfant,

et non quand elle se maquille, sans avoir d'enfant.

Les organes ne peuvent pas faire plus,

mais l'homme oui.

> *Hanna nous explique plus tard que le* plus *du corps est l'enfant de chair et de sang, tandis que le* plus *de l'humain est de faire naître le nouvel Enfant de Lumière.*

Dans le monde d'aujourd'hui,

on ne connaît que le corps.

Plus on le bâtit, plus il devient laid.

Celui qui danse pour de l'argent a les pieds vils.

Plus vil encore celui qui enseigne cela.

L. Qu'est-ce que la résistance?

— Dans le monde créé,

elle est le stimulant pour le *plus.*

Dieu ne vous résiste pas. C'est vous qui LUI résistez.

L. Et qu'est-ce que la force?

— Tu ne peux pas encore le comprendre.

Mais bientôt tu le pourras.

L. Qu'est-ce que l'élasticité?

— La condition de la vie, la résistance juste.

Le rigide ne peut pas résister.

Ce qui est pour toi élasticité,

dans le Nouveau Monde, est force, vibration.

Le statique, le rigide n'est jamais force.

Seul le mouvement est force.
Le pied de la Force est l'élasticité.
Quelle différence : résistance et rigidité!
L. Qu'est-ce que le mental?
– NON PAS CONDUCTEUR, MAIS CONDUIT.

Comme tout devient clair pour moi : l'esprit – le men-
tal – n'est qu'un instrument, un outil dans la main du
Maître.
Tu lèches la cuillère à sucre et tu dis :
c'est doux.
Ce n'est pas la cuillère qui est douce.
Essaie de la mordre, tes dents vont s'y casser!

Mon petit serviteur, es-tu heureux?
Soyez-le tous, parce que votre vie est belle
si vous êtes de bons serviteurs!
Que le Nouveau soit aussi beau que l'ancien est laid!

Faites attention! Si l'adulte grandit encore,
c'est la tumeur ou la graisse et ce n'est pas beau.
Vous êtes devenus adultes.
Vous avez à mettre au monde le Nouveau, l'Enfant.
Déjà, ce n'est plus vous-même
que vous avez à faire grandir.
As-tu encore des questions?
L. Est-ce que chacun a son guide, son Ange instructeur?
– Non.
Nous sommes faits de foi.
Celui qui a la foi – a son Maître.
Et la foi, c'est SA FORCE.
Si tu crois que j'ai une voix – je peux parler.
Si tu ne le crois pas – je suis muet.
Si tu crois que je suis toi – je le serai :
c'est la foi placée en haut.
Tu peux placer ta foi aussi en bas,
cela ne dépend que de toi.
Aujourd'hui, les diables font du bruit
et les Anges ne chantent pas.

MAIS NOUS DESCENDONS À TRAVERS VOTRE FOI,
CAR LA FOI — C'EST LE PONT.

Vendredi 3 décembre 1943
Entretien 24 avec Gitta

On passe à la chaux la maison de Budaliget. A cause des travaux, l'entretien a lieu dans l'appartement d'une amie.

— Chaque foyer est sanctuaire.
Remercions celle qui nous accueille!
Écoutez! Vous êtes temple *.
Vous L'accueillez dans le sanctuaire des sanctuaires.
Il est vain de L'accueillir, LUI,
si vous n'accueillez pas ceux qui ne sont pas encore délivrés.
Le temple est pour eux. Apprenez à accueillir!
COMME VOUS ACCUEILLEZ,
VOUS SEREZ ACCUEILLIS PAR LE PÈRE.
Le temple ne choisit pas. Le temple accueille.
Imagine-toi un temple vide,
que le tabernacle y a froid!
N'aie pas peur d'ouvrir les portes du temple!
Le temple est déjà pur, le service peut commencer.

G. Qu'est-ce que le cœur?
— Le sanctuaire des sanctuaires. Le lieu où IL habite.
Le lieu de la Grâce, le Calice.
G. Qu'est-ce qui habite ici?
   Je montre mon front entre mes yeux.
— La Nouvelle Vue.
G. La nouvelle Lumière, c'est quoi?
— Le « quoi » ne se rapporte qu'aux objets.
G. Nous n'avons pas encore de mot pour l'exprimer.

* En hongrois, le même mot, *templom*, signifie « temple » et « église » (N. d. T.).

– Il y en aura. Pourquoi le demandes-tu?
Veux-tu le savoir, ou bien...
G. ...l'approcher.
– Et si tu *sais,* est-ce que tu l'approcheras?
G. Si c'est toi qui le dis, alors oui, alors cela s'ouvre.
– La mère s'approche-t-elle plus de son enfant
– qu'elle porte dans son sein – si elle le sait?
G. Non.
– Quand le voit-elle? – Lorsqu'il vient au monde.
Ne cherche pas à savoir,
mais garde bien l'Enfant en attendant!
G. Comment garder l'Enfant de Lumière?
– Qui est la Lumière? Dis-moi!
G. LUI.
– Tu l'as bien dit. Garde-LE bien!
G. Qui étais-je avant d'être née?
– Tu n'es pas encore née.
Ce que tu étais, tu l'es maintenant aussi.
Demande lorsque tu seras née.
Tu sais ce qui est maintenant.
Ce qui est, est ce qui a été, mais cela ne sera plus...
Demande, car le temps passe.
G. Tu m'as dit que je suis soumise à une autre loi que
celle de beaucoup d'autres. Comment pourrais-je reconnaître
ceux qui sont sous la même loi que moi?

– A CE SIGNE QU'ILS COMPRENDRONT TES PAROLES
ET QUE LES AUTRES NE LES COMPRENDRONT PAS.
BIEN QU'ILS AIENT ÉTUDIÉ, ILS NE COMPRENNENT PAS,
BIEN QU'ILS N'AIENT PAS ÉTUDIÉ, ILS COMPRENNENT.

G. Je n'ai plus de questions, mais enseigne-moi encore!
– M'accueilles-tu?
G. *(avec joie).* Oh oui!
– De la même façon, accueille tous et tout,
c'est ta tâche.
Je ne peux pas faire passer par toi la grâce du Père
si tu n'accueilles pas le monde non délivré.
    D'une voix changée :

Lourde porte de temple bardée de fer,
OUVRE-TOI! JE TE DIS : OUVRE-TOI!

Que SA grâce soit avec vous tous!

Vendredi 3 décembre 1943
Entretien 24 avec Lili

— Je parle de ton signe.
Imagine-le devant toi! Comprends-tu ton signe?
L. Je ne crois pas tout à fait.
— Pourtant, c'est un signe merveilleux!
Imagine l'infiniment grand et l'infiniment petit!
L'infiniment grand...
   *Ses mains partent de son cœur et ses bras s'ouvrent tout
   grands.*
...ici l'infiniment petit...
   *Ses bras grands ouverts reviennent sur son cœur où ses doigts
   se joignent en un seul point.*
L'infiniment petit,
comment pourrait-il voir l'infiniment grand,
s'il n'y avait pas le point-foyer?
L'as-tu déjà vu, LUI, dans les yeux de celui qui a été aidé?
L. Oui.
— Là, tu L'as vu, n'est-ce pas?
Toutes les lignes qui viennent de l'infini
se rencontrent au point-foyer.

infiniment   infiniment   Le point
grand   petit   de la Délivrance

Là, l'image infiniment grande
apparaît en un unique point.
Tu es entonnoir. Le triangle en est le signe.
Que cela guide chacun de tes actes!
Sous le cône de rayons,
il y a un autre cône de rayons, mais inversé.
Et c'est la Délivrance. L'Homme est le point-foyer.
L'HOMME EST EN RÉALITÉ UNIQUEMENT UN POINT.
LE POINT DE LA DÉLIVRANCE.
TOUTE FORME, RELIGION NE SONT PAS NOTRE VOIE.
TÂCHE MERVEILLEUSE...
L. Parle-moi encore de la Délivrance!
– Je parle toujours d'elle. Toujours.
Tu es un tout petit être de la création,
et pourtant SON image,
et c'est cela que tu rayonnes.
Demande!
L. A quoi sert l'organisme sur un niveau plus élevé?
– Fais bien attention!
Ce que je vais te dire recouvre un profond mystère.
CHAQUE ORGANE DE TON CORPS
EST L'IMAGE D'UNE FORCE DE L'UNIVERS,
ET C'EST D'ELLE QU'IL REÇOIT SA FORCE.
Le battement du cœur de l'Univers
est un avec le battement de ton cœur.
Mais si les forces n'ont pas de tâche,
tout est vain.
Existence sans but, c'est le chaos.
Maladie... c'est aussi le chaos.
Si les forces de l'Univers se rencontrent en un point,
c'est la nouvelle Création.
La reconnaissance de la tâche
est création-entonnoir. Chaque organe est sacré.
LE CORPS EST EN PETIT L'IMAGE DE L'INFINI.

Le Ciel soit avec vous.

Vendredi 10 décembre 1943
Entretien 25 avec Gitta

Nous sentons la présence muette de mon Ange et attendons
le début de l'entretien lorsque retentit brutalement la sonnerie
du téléphone. Je vais le débrancher, et dis à Joseph, avec
nervosité : « C'était à toi de veiller sur le silence. »

– Je déclare la lutte.
Jusqu'à présent, vous vous êtes défendus
sur le point faible.
Dorénavant, attaquez!
Seul le feu faible doit être abrité du vent.
N'ayez pas peur d'engager la lutte!
Qui peut lutter contre les ténèbres? –
La Lumière.
Et qui vaincra? – La Lumière.
Écoutez! Les ténèbres sont mortes,
elles ne vivent pas, elles ne changent pas.
Ce qui est ténèbres est ténèbres.
Il n'y a pas plus ténébreux que le ténébreux.
Les ténèbres ne peuvent pas croître,
seule la lumière peut faiblir.
    Silence.
Sois attentive, mon serviteur, je t'enseigne :
Qu'est-ce que la fièvre?
Le cœur bat. C'est le rythme.
Qu'est-ce qui rompt le rythme?
Une matière étrangère, corruptrice,
pénètre dans le sang,
une matière nocive, une matière inutile.
Et le cœur bat plus vite, le feu augmente.
Il faut brûler ce qui dérange. Et c'est la fièvre.
Le sang se purifie et le rythme se rétablit.

Ton rythme est rompu s'il y a matière corruptrice.
Tu as de moins en moins de fièvre,
car tu guéris de l'ancien.
G. J'aimerais brûler en moi ce qui est pourri.
– Tu te trompes. Ne le laisse pas pourrir.
Seulement là où il y a pourriture –
la fièvre est nécessaire.
G. Pourquoi est-ce que je ne vois pas quand commence la
pourriture?
– Dès maintenant, il ne faut plus se défendre,
mais attaquer, s'attaquer aux ténèbres.
Il n'y aura même pas assez de matière si tu brûles,
encore moins en restera-t-il pour pourrir.
    Silence.
Je t'enseigne : Ce que tu crois être ta faute
peut devenir ta vertu si tu la reconnais.
Écoute! Tu ne vois pas l'homme.
Ce n'est pas une faute,
car tes yeux ne sont pas faits pour voir.
Si tes yeux rayonnent, tout sera bien.
NE PARTICIPE PAS AUX TÉNÈBRES,
MAIS RAYONNE LA LUMIÈRE,
TOUJOURS ET PARTOUT!
ALORS LES TÉNÈBRES S'ENFUIRONT.
Comment sais-tu qu'il y a obscurité?
Qu'est-ce qui rend une chambre obscure?
La lampe qui ne brûle pas. La lampe est responsable.
Allume les hommes et ne t'attriste pas des ténèbres,
c'est ta loi.
Je déclare la lutte et non la paix :
Sois très attentive au rythme, il est SON message!
Par toi, LUI juge, par toi, LUI lutte.
Ne sois attentive qu'à LE servir!
Sers-LE et non le « mal » – qui est le passé!
Et tu n'as pas d'autre moyen de discernement
que le rythme. Demande!
G. Ce n'est pas tout à fait clair pour moi.
– Le feu qui brûle en toi – le feu du corps –
s'appelle vie et il bâtit. La fièvre détruit.

C'est le même feu, mais qui a dépassé la mesure.
Ton cœur bat soixante-dix fois, sept fois dix.

LE SEPT EST LE RYTHME DE L'HOMME.
LA PLAIE LA PLUS PROFONDE GUÉRIT EN SEPT JOURS
SI LE DESTRUCTEUR N'EST PAS LÀ.
Le rythme est contenance du vase.
Une goutte — et il déborde.

> *Le réveil dont le tic-tac m'énervait, et que j'avais par*
> *précaution enfermé dans l'armoire, se met à sonner. J'avais*
> *oublié de couper la sonnerie.*
>
> *Se moquant de moi :*

C'est une leçon pour toi, car tu as jugé :
« C'était à toi de veiller sur le silence. »

> *Mes amis sont ravis.*

Nous t'enseignons parce que tu es une élève
qui nous est chère, et que tu aimes apprendre.
J'ajoute encore cela sur le rythme :
Écoute — écoute attentivement — écoute toujours,
car ce rythme n'est plus le rythme du corps.
On ne peut pas le comprendre.
LAISSE TON MENTAL DANS LE ROYAUME QUI LUI EST PROPRE!

Ne cesse pas d'être attentive!
Selon la loi originelle, le feu de la vie est éternel,
mais la fièvre, non.
Le « davantage » n'est pas toujours le meilleur.
La mesure de ton feu serait, chez un autre,
fièvre mortelle.
Il n'y a qu'une clef : Sois attentive!

G. Qu'est-ce que la damnation éternelle?
— Épouvantail. A vous je peux le dire.
Mais malheur à ceux... *(geste vers le bas)*
qui ne croient plus que cela existe
et qui auraient cependant besoin de la peur.
Ils ne craignent rien.
Pourtant, la peur serait pour eux un appui.

LA DAMNATION ÉTERNELLE,
C'EST QU'ILS NE SAVENT PAS QU'ILS Y SONT,
ET QU'ILS N'ONT PAS PEUR.
Le manque de fièvre dans le corps
est la victoire du Destructeur.
Je déclare la lutte,
pour qu'ils apprennent à avoir peur de nouveau.
Il n'y a pas de peur en eux, et c'est cela la damnation.
La fièvre n'est pas punition, mais guérison.
Ils n'ont plus de fièvre.
Ce n'est pas Dieu qu'ils craignent ni une force supérieure,
ILS SE CRAIGNENT LES UNS LES AUTRES.
ET C'EST CELA L'ENFER.
Ils ont peur de la bombe et non de SA main
qui s'abat sûrement.
Je parle de la peur. La peur est grain de foi.
Les peuples encore jeunes ont peur.
De quoi ont-ils peur? De l'inconnu.
Qu'est-ce que l'inconnu? – Ce qui les dépasse.
Votre loi est la joie –
non pas la peur, car le grain a déjà germé,
et lorsqu'il a germé il disparaît et la peur cesse.
Mais eux, il faut qu'ils aient peur.

Notre lutte n'est pas l'ancienne lutte.
Il faut annoncer le Nouveau, l'Inconnu.
Peur pour les débutants – joie pour les élus.

*J'ai l'impression que les élus sont ceux qui ont volontairement
accepté leur tâche terrestre.*
N'oublie pas que ce qui te vivifie
réduirait les autres en cendres!

*Joseph vient d'être opéré d'une hernie. Dans sa jeunesse, son
idéal était matérialiste : il croyait que le salut de l'humanité
viendrait d'une distribution équitable des biens matériels à
tous les hommes.*
Je parle au convalescent. L'ancien manque est comblé.
L'homme du passé a soulevé plus
qu'il n'en était capable.

IL A ÉLEVÉ LA MATIÈRE AU-DESSUS DE LUI
ET CELA L'A DÉCHIRÉ.
Que la cicatrice te le rappelle, mon fils,
c'est l'image de toute une époque.
Mais te voilà guéri.
La cicatrice s'ouvrira encore quelquefois,
mais ce n'est plus dangereux. Tu es guéri.

Rendons grâce!
Le Ciel est avec vous.

Vendredi 10 décembre 1943

Entretien 25 avec Lili

Lili a rêvé qu'on lui demandait : « Quel serait ton dernier désir si tu devais mourir? » et qu'elle a répondu : « Que ce que je reçois maintenant continue à vivre dans mes élèves. »

– Je te parle de ton rêve!
Le germe est la mort du grain.
Les petits habitants dans la terre
ne voient que sa mort,
parce qu'ils ne voient pas la pousse
qui est au-dessus de la terre.
Nouveau germe, nouvel œil, nouvel être.
Tu as bien choisi dans ton rêve.
Tu as donné l'éphémère en échange de l'éternel.
Et celui qui donne reçoit.
Le nouvel Œil est *un,* car il est au-dessus de la dualité.

Ne crains pas la mort, elle n'existe pas.
Si tu agis avec moi, tu ignores la mort.
Prends garde, ce que je viens de dire est grave.
La certitude de la mort est le stimulant des faibles,

mais toi, tu n'es plus faible.

N'agis pas sous l'impulsion que ton temps est court.

« Celle qui parle » te voit maintenant lumineuse...

> *Je me demande anxieusement ce que signifie pour Lili : « Ton temps est court. » Quinze mois plus tard les événements me donneront la réponse.*

Demande, mon serviteur!

L. M'est-il permis de poser une question à la place de « celle qui parle »?

– Non. Nous lui répondrons sans question.

L. Que faudrait-il pour que l'humanité évolue un peu dans une meilleure direction?

– Il n'y a pas de « un peu ».

C'est tout l'un ou tout l'autre.

Manges-tu la viande avariée?

De la viande « un peu » avariée? En manges-tu?

L. Non.

– La viande « un tout petit peu » avariée?

La manges-tu?

L. Non.

– Tout l'un ou tout l'autre. Qu'est-ce qui pourrit?

La matière que l'essence a quittée.

Merveilleux! Deux œufs :

Dans l'un se trouve le germe de la vie,

dans l'autre, non.

Il n'est pas donné de le savoir

jusqu'à ce que vienne la couveuse.

De la chaleur le germe éclôt

mais l'œuf sans germe pourrit.

Tu es couveuse.

Le germe, tu ne peux pas le donner,

mais tu peux le faire éclore.

Ne t'en soucie pas, mais couve!

LUI SEUL PEUT DONNER DES GERMES,

LE SEIGNEUR DES GERMES.

A ce qui empeste et est pourri, manque le germe.

C'est encore l'époque de la malédiction.

Le petit oiseau jette hors de son nid l'œuf pourri.

Sans regret, car il le chaufferait inutilement.
L'HOMME, AUJOURD'HUI,
EST ASSIS SUR SON ŒUF SANS GERME.
IL LE CHAUFFE ENCORE ET ENCORE.
L'ŒUF POURRI SE PUTRÉFIE DÉJÀ SOUS LUI,
MAIS IL LE CHAUFFE TOUJOURS.
IL PROTÈGE L'ŒUF POURRI,
D'OÙ LE NOUVEAU NE SORTIRA JAMAIS.
Tant que l'oiseau couve,
il ne pond pas d'autres œufs. Sache-le!

Comprends-tu cet enseignement?
Tu crois qu'il est impitoyable,
et pourtant il ne l'est pas. Seulement, il est fort.
Voici un signe sûr :
Ce qui pourrit à la chaleur est sans germe.
Si cela éclôt, c'est bien.
Toi, donne seulement la chaleur!
Le pourri se juge lui-même.
Toi, donne seulement la chaleur!

L. Je commets des fautes dans mes cours, mais de quelle
façon?
— De cette façon-là. Sois attentive!
Le poussin à moitié à terme paraît pourri.
Mais la vie naissante absorbe ce qui semble mauvais
et le transforme.
NE CORRIGE PAS LE MAUVAIS, MON SERVITEUR,
MAIS AUGMENTE LE BON,
il absorbera le mauvais autour de lui.
Il y a du bon dans chacun.
Je te dis encore quelque chose :
Loue! Loue en chacun ce qui est louable.
La vraie louange construit. Tu verras des miracles.
MAIS N'EMBELLIS JAMAIS ET NE MENS PAS,
MÊME AVEC DE BONNES INTENTIONS.
Demande!
L. Qu'est-ce que la panique?
— Terreur. Se détourner du Père. Rupture brusque.

Le terrifiant, c'est l'ancien dieu.
Le terrible Pan. – Panique.
L'*animal* a besoin de la terreur.

L. Qu'est-ce qu'être prêt, disponible?
– L'état juste.
Si l'outil est prêt,
tu peux le prendre en main n'importe quand.
Être Homme – c'est être prêt.
L'homme est SON outil.
S'il n'est pas prêt, il ne sert à rien.
Demande!
L. Pourquoi y a-t-il tant de vengeance, de joie maligne chez
les hommes?
– Parce qu'ils sont faibles.
L'homme heureux n'est pas hargneux
et ne se réjouit pas du malheur des autres.
Le malade hait le sain. Le malheureux hait l'heureux.
L'ivrogne hait le sobre.
La haine est peur. Peur active. Sentiment de honte.
Le malade répand la maladie.
Aussi, je te dis de nouveau :
Répands la santé! Seulement cela!
Voilà notre guerre : Ne lutte pas contre la maladie,
mais fortifie le sain, ce qui n'est pas la même chose.
Tout médecin commet une erreur
lorsqu'il supprime la maladie.
C'est SA force, lorsqu'elle se lève, qui la vaincra.
Ainsi, un guérisseur ignorant peut mieux guérir
qu'un habile médecin.
Tu peux poser encore une question.

L. Y a-t-il un art plus parfait qu'un autre?
– Oui. Celui qui sert le mieux.
Seul le plus noble peut LE servir.
Tu peux le reconnaître à son fruit.
Mais tout art est changeant.

Soyons unis un instant!

Vendredi 17 décembre 1943
Entretien 26 avec Gitta

– Je parle de l'œuvre d'art.
L'œuvre d'art n'est que matière.
Une statue dans l'espace...
Ce n'est pas la statue qui est création,
elle n'est que vase.
Le vase est rempli et la Boisson crée.
Si je pouvais vous parler de l'Art nouveau!
Si je le pouvais!

> *Hanna ne trouve pas de mots – et il n'y en a pas encore*
> *dans notre langage habituel – pour parler de cet Art*
> *nouveau.*

Ce qui était jusqu'à présent vase – sera Boisson.
Ce qui était Boisson – sera Ivresse.

Époque morte!
Les mains mercantiles serrent le vase vide.
Ils encensent les artistes!
Ils encensent ceux qui devraient encenser!
Et la fumée s'abat et la parole est à Caïn.
Tout se dessèche.
Ils ont peur de la mort.
Ils enferment l'oiseau dans la cage, l'oiseau bleu,
et il devient moineau gris.
Collections de tableaux –
dépôts de tableaux – entrepôts.
Les enveloppes mortes sont conservées.
Odeur de caveau.
Il n'y a pas d'yeux pour regarder en avant,
tous regardent en arrière.
Qui sert Dieu? Qui?
Qui sers-tu?

G. *(timidement).* J'aimerais LE servir.

— Et le fais-tu?

G. Pas toujours.

— *(sévèrement).* Encore « pas toujours »!

G. *(un peu bêtement).* Que faut-il que je fasse?

— Il ne *faut* pas!

Bâtissez-LUI une nouvelle maison, vous tous!

Un nouveau vase pour la Boisson.

Car la boisson se déverse

et il n'y a rien pour la recueillir.

Le nouveau Temple n'a pas de murs

parce qu'il grandit toujours.

Retournement, retournement en tout.

L'ancien temple était bastion. Forteresse.

Le nouveau Temple ne l'est plus!

Il n'a pas de murs.

Annonce le Monde Nouveau

avec les moyens qui te sont donnés!

Ne sois pas paresseuse!

>   *Je n'ose pas commencer une nouvelle peinture.*

Même toi, tu as encore peur!

Crée! Non dans la peur, mais dans la joie!

Tu es plus haute d'une marche.

Si tu commences à avoir peur, c'est la mort pour toi.

C'est pour toi l'ancien.

Fais attention à cela :

le « il faut », la contrainte, c'est la mort.

Que la joie guide chacun de tes traits,

parce que tu les traces à SA place!

Si seulement je pouvais parler de l'Art nouveau!

Il n'a encore jamais existé,

même chez les plus grands artistes.

>   *Je suis sidérée d'apprendre que même les plus grands artistes*
>   *n'ont pas atteint à l'Art nouveau. Mais quand je pense que*
>   *l'Homme nouveau est loin d'être vraiment né, je comprends*
>   *que l'Art nouveau ne peut pas encore exister.*

Demande!

G. Explique-moi le Jugement dernier.

— Qu'est-ce que tu ne comprends pas?

G. Tout ce que tu dis est nouveau, et tout ce qui est ancien
reçoit un goût nouveau.

— Que ce ne soit pas le goût qui change,
mais celle qui goûte.

Pour le palais mort, il faut des mets relevés.

Pour le palais vivant, le pain est le meilleur.

Celui qui a faim n'a pas besoin sur son pain
de paprika ou de caviar.

Tu ne goûtes que ce dont tu as besoin,
si tu es saine * et non malade.

Ne cherche pas de nouveaux goûts, mais sois entière!

*Je ne suis pas surprise que l'Ange ne me parle pas du
Jugement dernier, parce que j'avais trop envie de recevoir
une réponse « sensationnelle ».*

G. Que sont ces moments fugitifs d'enchantement, qui ont
un goût si particulier **?

— Un profond mystère.

Le soleil est blanc. Décomposé — c'est la couleur.

Ce goût-là — c'est l'éternité brisée.

Bientôt, tu le comprendras.

Crois-tu qu'il y a sept couleurs?

G. Oui.

— Il y en a infiniment plus, mais tu n'en vois que sept.

Lorsque tu ne seras plus celle que tu étais,
tu verras davantage de couleurs nouvelles.

G. Est-ce que je les peindrai?

— Celui qui regardera ce que tu auras peint
saisira la nouvelle couleur.

Elle ne sera pas sur le tableau.

Ne cherche pas la nouvelle couleur au-dehors.

Le rouge est un univers de soleils,
de lunes et de mondes.

Le bleu est aussi un univers.

EN TOI EST LE NOUVEAU.

---

* Le hongrois joue ici sur les mots *egésg*, « entier », et *egészség*, « santé ».
** Le mot allemand est *Stimmung* (N. d. T.).

Tout est en toi et non en dehors de toi.
Le Nouveau est toujours au-dedans
et jamais au-dehors.
Demande!

G. Qu'est-ce que la résurrection?
– Mal nécessaire.
Si tu es en haut, il est vain de ressusciter.
Seul ce qui est en bas ressuscite.
Tombé au fond du tombeau, il resurgit.
Jeu de marionnettes... éblouissement!
Qu'y a-t-il à ressusciter,
si tu es un avec Lui?
SON royaume viendra. Si vous l'appelez, il viendra.
Et tout cela est en vous.

Vendredi 17 décembre 1943

Entretien 26 avec Lili

– Je vais vous parler du jeu.
Qu'est-ce que le jeu? – Préparation.
Exercice de maîtrise sur la matière et sur la force.
La maîtrise est préparation pour la création.
Je te donne un exemple : Des enfants jouent.
Deux tiennent une corde et la font tourner,
le troisième saute.
La corde est matière.
Une force extérieure la fait tourner.
L'enfant saute. S'il saute plus tôt,
s'il saute plus tard qu'il ne le faut –
bien sûr – la corde le frappe.
Le moment juste, c'est le but.
C'est la joie dans le jeu.

Apprends à jouer, non pas avec le corps
mais par le corps.
Tu élèves des enfants.
Apprends-leur à jouer, à jouer de nouveaux jeux!
Prépare-les à la création! Plus de jeux anciens,
mais des nouveaux!
As-tu joué quand tu étais petite?
L. Très peu, je crois.
— Vois-tu, instruis les autres,
car tu connais bien le manque!
Maintenant, tu joueras, toi aussi.
Vois tes élèves comme des enfants,
invoque en eux l'Enfant, mais pas l'ancien enfant.
L'ancien feuillage tombe, le nouveau bourgeon jaillit;
seulement si l'ancien feuillage tombe, —
le nouveau poussera.
Tu vas inventer des jeux merveilleux.
Écoute bien : Je te soufflerai à l'oreille
des jeux tout à fait nouveaux.

L'enfant saute. Le danseur danse.
La danse est un tourbillon de forces.
CHAQUE ORGANE, CHAQUE MEMBRE
EST UN AVEC UNE FORCE UNIVERSELLE.
Pressens-tu ce qu'est la Danse?
Le tourbillon peut élever vers le haut
mais aussi happer vers le bas.
Qu'il est fort vers le bas,
le tourbillon de l'ancienne danse!
Il attire dans le corps, il happe vers le bas.
La Nouvelle Danse est tourbillon vers le haut.
Tourbillon de forces.
En attendant, jouez! Préparation.
Nouveau jeu, nouvelle danse, nouveau monde.
Si l'enfant joue, il s'oublie lui-même, il oublie son moi.
Voilà ce que le nouveau jeu crée.
L'enfant qui ne sait pas jouer seul est mort.

Les forces te font tourner et te ballottent
ou c'est toi qui les fais tourner.
Grande est la différence!
Tu le sens, n'est-ce pas? Il t'est donné de LE servir.
Qu'y a-t-il de plus doux que de LE servir?
Si tu pouvais une seule fois goûter le jeu
où tu t'oublies!
LA CRÉATION NE PEUT ÊTRE QU'UN JEU
OÙ L'ON S'OUBLIE.
Le bon outil, le maître l'oublie lorsqu'il crée.
Il n'y pense plus, et pourtant il ne l'abîme pas,
parce qu'il sert.

J'attends ta question.
L. Pourquoi suis-je si vite désespérée?
– Qu'est-ce qui te fait tomber dans ce désespoir?
L. Plutôt les petites choses que les grandes.
– Là-dedans est la réponse.
Les petites choses regardent la « petite Lili ».
Toi, tu n'as pas à les regarder.
Laisse la petite Lili les régler!
Le désespoir, le doute sont manque d'unité.
Ne demeure pas dans le désespoir, dans la dualité *.
Quitte l'ancien et tu n'auras plus de doute!
Même le nouveau, tu le quitteras aussi.
Il faut quitter tout!
Car tout n'est que coquille, coquille vide.
Demande!
L. La douleur, qu'est-ce que c'est?
– L'ange gardien. L'ange gardien de l'animal.
La faute que la peur signale à l'avance,
la douleur la signale après. Les deux ne font qu'un.
Ta loi est la joie.
Lorsque je suis avec toi, connais-tu la joie?
  *Lili est si remplie de joie qu'elle ne trouve pas de mots pour
  l'exprimer; elle acquiesce en silence.*

---

* Le mot hongrois pour « désespoir » est *kétség*, « dualité » – approximativement :
« être-deux » *(N. d. T.).*

– Qu'est-ce qui te réjouirait encore plus?
L. Plus, c'est impossible.

– Rien n'est impossible. Il n'y a pas d'impossible.
L'impossible n'existe pas. Tout est possible.

Suit un long silence. Nous sentons tous que Lili est touchée jusqu'au fond de son être, et je n'ose même pas la regarder, de peur de surprendre quelque chose de sacré et de trop intime.
Demande, mon petit serviteur!
L. C'est si étrange de demander maintenant. J'ai eu le sentiment que j'avais cessé d'exister.
– Bien sûr, tu vas cesser d'exister.
Je viens de te bercer dans mes bras,
toi que jamais personne n'avait bercée.
Et c'est bon pour moi de pouvoir te bercer.

Avant la naissance – l'ancienne –,
mère et enfant sont un.
Si l'enfant naît – ils se séparent en deux.
Nous sommes deux –
lorsque nous naîtrons, nous deviendrons un.
C'est le mystère. Tu ne peux pas encore le comprendre...

Demande!
L. Et qu'est-ce que la fatigue?
– L'ancien rythme : pause entre deux sons.
Vous ne pouvez pas être fatigués
si vous agissez dans le Nouveau.
Si vous êtes fatigués, c'est la toute petite mort.

L'Arbre de la Vie Éternelle,
le Père nous l'a donné, nous le gardons.
Nous allons le donner à celui
qui n'écoute plus le Serpent,
qui possède l'autre arbre.
L'Arbre de la Vie Éternelle, nous le gardons.
Nous le gardons bien, le glaive à la main.

Mais pourquoi l'Arbre, s'il n'y a pas de fruit?
Et pourquoi le fruit,
s'il n'y a personne pour le manger?
Ce n'est pas le fruit qui n'est pas mûr,
mais celui qui le mange.
C'est pour cela que nous devons encore le garder.
Le bon père ne fait pas garder les beaux fruits
pour lui-même, mais pour les enfants.
Le petit nourrisson ne peut pas encore manger
de fruits. Le père le sait bien.

A chaque instant, vous êtes dans le Paradis.
Il y a deux arbres interdits. Vous pouvez choisir.
Le Serpent vous a tentés.
Vous avez mangé et c'est devenu amer.
NOUS INTERDISONS. NOUS GARDONS,
MAIS VOUS, VOUS N'AVEZ QU'À VENIR!
TRIOMPHEZ DE NOUS!

Là, vous vous êtes laissé séduire
par l'apparence d'une joie,
et c'est la peur que vous avez mangée.
Notre glaive ne s'abat que sur celui qui a peur,
parce que c'est de la peur que naît le glaive.

Tu peux encore poser une question, mon serviteur.
L. Je ne comprends pas ce qu'est la pierre angulaire dans
la Bible.
– Ce qui porte le poids. Celui qui délivre... le méprisé.

Préparez-vous afin d'être prêts!
Servons-LE tous!

Vendredi 24 décembre 1943
Noël

Entretien 27 avec Lili (fragment)

— « Un ange est descendu du Ciel *... »
Il ne faut plus vous hâter pour aller voir la Lumière.
La Lumière sera partout
et il n'y aura plus de Bethléem.
J'annonce un nouveau Noël
qui ne sera pas suivi de Pâques.
Pâques, qui déjà maintenant n'est que coquille vide.
Voici comment on révère aujourd'hui la lumière,
l'ancienne lumière, en étouffant les flammes.

> *Ces mots, prononcés avec une sombre ironie, font allusion à*
> *la guerre. Je découvre avec étonnement que l'Ange aussi est*
> *capable d'amertume.*

Sur la pierre nue, dans la paille,
réchauffé par le souffle des animaux,
est couché le Nouveau-né... en vous.
La pierre est bonne, la paille est bonne,
le souffle chaud est bon.
L'étable délabrée et le froid et l'obscurité dehors,
tout cela est mauvais.
N'ayez pas peur!
Le dragon n'atteint pas le Nouveau-né!
L'ancien dragon est à côté de son arbre.
La pomme rouge ne séduit plus.
Vois-tu le Nouveau-né?
L. Non.
— Pourtant, vois-Le!
TU CROIS AVOIR FAIT NAÎTRE
L'ENFANT DE LUMIÈRE,

* Noël hongrois très ancien (N. d. T.).

MAIS C'EST LUI QUI T'A FAIT NAÎTRE.
  Silence.
As-tu des questions?
L. Qu'est-ce qu'une fête?
– Une petite part du Ciel.
  Geste vers le bas :
Ce qu'ils font là, en bas, c'est le ciel brisé
qui ne sera jamais plus un.
Ils grignotent les anciens débris
et nous bâtissons le nouveau Ciel.
Nous le bâtissons ensemble.

L. Qu'est-ce que la bonté?
– Ancien, mauvais débris qui ne sert plus à rien!
Tout le monde donne aujourd'hui de la « bonté ».
Ordure!
LUI SEUL peut donner et tout est donné.
Des vers, ivres de prétention, « donnent ».
Nous, nous ne faisons qu'apporter SON cadeau.
Ne soyez pas entachés par la « bonté »!
Qu'il n'y ait pas de « bonté » en vous!
Ce n'est pas le mal qui a obscurci le monde,
mais le « bon ».
L'homme « bon » qui a fait la charité, qui aide,
que donne-t-il?
– La mort. Vous, les « bons » qui dites :
« Nous sommes bons » – vous allez expier!
Car la nouvelle Lumière qui vient
réduira en poussière tout ce qui est faux.
Qu'est-ce qui t'appartient?
L. Rien.
– Que peux-tu donc donner?
L. Par moi-même, rien.
– Engeance pervertie, corrompue! Malheur à vous!
Vous construisez de « bons » hôpitaux
pour vos victimes!
Mais toi... tu n'es pas « bonne »,
et le BON sera *par* toi.
Demande!

L. Comment la religion et la science pourraient-elles se concilier?

– A la nouvelle Lumière, on reconnaîtra
qu'elles sont UN,
Toujours elles ont été UN.
UN, comme la mélodie et le rythme, inséparables.
Chaque membre du grand orchestre joue séparément.
Mais la symphonie est UNE.
Une fois, c'est le violon qui conduit,
une autre fois, c'est le violoncelle.
Une fois, la religion, une autre fois, la science.
Mais aujourd'hui c'est le rien!
Car ils ne servent pas, mais chacun veut diriger.
Surtout le tambour parce qu'il est le plus bruyant.
Le chef d'orchestre devrait servir l'esprit de la symphonie.
Mais maintenant il n'y a même pas de chef d'orchestre.
La parole est au plus bruyant.
   Long silence.

Que le Ciel soit avec vous!

Vendredi 31 décembre 1943
Soir de Saint-Sylvestre
Entretien 28 avec Gitta

Nous sommes le dernier jour de l'année. Depuis toujours, je suis très déçue par la façon vide et dépourvue de sens de célébrer ce fameux passage d'une année à l'autre, par un réveillon!
Aujourd'hui pourtant, tout événement prend un sens profond à la lumière de l'enseignement que nous recevons, et c'est dans une vraie attente de fête que je suis là. Je me demande comment nos Maîtres vont célébrer avec nous la fin de cette année et la naissance de l'année nouvelle.

– Alpha – Oméga – Oméga – Alpha.
L'HOMME CRÉÉ EST SITUÉ ENTRE LE COMMENCEMENT
ET LA FIN.
L'HOMME CRÉATEUR SE SITUE ENTRE LA FIN
ET LE COMMENCEMENT.
Entre le commencement et la fin est le temps.
Entre la fin et le commencement, l'éternité.

La fin de l'an passé est commencement du nouveau.
La fin du monde passé est commencement du Nouveau.
Le miracle est entre Oméga et Alpha.
Depuis les temps les plus reculés,
l'homme fête ce qui ne peut pas se fêter.

> *Je ne comprends pas tout de suite, et puis tout à coup il*
> *m'apparaît que le moment sans temps, la transition de*
> *l'année passée à l'année nouvelle, ne peut être appréhendé*
> *par ceux qui vivent dans le temps.*

La porte de la voie étroite est : Oméga – Alpha.
Celui qui désire la franchir *dans le temps*
avec son corps, entre dans la mort.
Celui qui la franchit en esprit, *hors du temps,*
entre dans l'éternité.

Un an commence – il se termine.
Une nouvelle année commence,
mais pas la même, une autre.
Peux-tu mesurer le temps entre Oméga et Alpha?
L'instant est passé – un nouveau commence.
Entre les deux il n'y a pas de temps.
L'éternité est là entre les deux.

Il y a une porte qui ouvre sur l'éternité.
Pas au commencement, mais à la fin.
Le Père lance l'instant et le nouvel instant n'est pas l'ancien.
A la mort de chaque instant,
tu peux entrer dans l'éternité, dans le monde créateur –
et de là, c'est toi-même qui peux lancer l'instant.
Cela est visible à tous les yeux, et ils ne le voient pas.

La porte est ouverte,
mais la voie est tellement étroite
que ce qui est né, fini, ne peut pas y entrer.
C'est le plus grand mystère :
Chaque instant et l'instant de l'instant sont portes.

IL N'Y A PAS D'« INSTANT SACRÉ ».
CHAQUE INSTANT EST SACRÉ.
AINSI, VOUS VIVEZ DANS L'ÉTERNITÉ
ET DANS LA VIE,
CAR LA VIE ÉTERNELLE UNIT LES DEUX.
Tu es balle et joueur à la fois.
Ne porte plus ton attention sur le commencement.
Le commencement est déjà la fin.
Ce qui commence se termine.
On ne peut plus le changer,
car force et matière se sont mises en mouvement.
Entre fin et commencement —
là où tout est conçu —, là, dirige ton attention!
La création est une balle avec laquelle joue le Père.
Il la lance, mais juste pour qu'elle revienne,
dans la joie.
ET TOUT EST À CETTE IMAGE,
CORPS CÉLESTES COMME ATOMES.

Je t'enseigne : SEULE LA JOIE EST SÛRE.
Pour tout il y a une explication.
Pour la joie il n'y en a pas.
Nous ne savons pas dire
pourquoi nous nous réjouissons,
mais c'est là notre service.
Et ce que vous avez reçu est source de joie
pour les sans-joie.

G. Je t'en prie, parle encore de l'instant éternel.
Ce n'est pas tout à fait clair pour moi.
Pourrais-tu l'expliquer d'une autre façon?
– L'instant éternel est rayon de la Lumière éternelle.
La tâche de l'homme est d'ouvrir une brèche

dans la sphère où il vit.
Le rayon pénètre tout seul.
Inutile de démolir la maison pour que soit la clarté.
Une fenêtre suffit.
Et il est certain que la lumière y pénètre.

Pour que tu accèdes à la Lumière infinie,
tu dois dépasser le plan de la création.
Autrement, tu n'y arrives pas.
EN DÉPASSANT LE PLAN CRÉÉ,
TU TE LIBÈRES ET TU LIBÈRES.
Quelle tromperie au-dedans de cette sphère!
Avec ses soleils, ses lunes et avec son espace infini –
en réalité fini –,
avec ses milliards et ses milliards d'années,
qui ne sont rien auprès d'un instant éternel.

Il n'y a plus de prisons
si une brèche ouvre vers le dehors.
Cette brèche, c'est la Délivrance.
Il n'y aura plus de prisonniers,
mais des habitants dans la sphère.
Plus de malédiction, mais Bénédiction. –
Plus d'obscurité, mais Lumière.
Plus de tourments, mais Joie.
Cette petite brèche est la Délivrance.
   Après un long silence :
Fais attention à la mesure!
Car ce qui est plus, soit vers le haut,
soit vers le bas,
c'est s'écarter du chemin.
C'est pour cela que nous avons le sentiment
du peu – du trop.
Entre les deux se trouve le chemin, le « assez ».
La juste mesure,
c'est l'équilibre entre force et matière,
entre fini et infini.
Sois attentive, ne quitte pas le chemin!

Ta mesure est unique, et elle ne se répète jamais.
Chacun a sa clé pour sa mesure.

Tu peux poser encore une question.
G. Nous voyons le mal et nous en parlons.
Comment puis-je voir clair sans porter de jugement?
– La mesure. Tu apportes la Lumière.
Tu dois connaître la faiblesse des yeux.
Pas pour en juger –
MAIS SI TOUT TON ÊTRE EST AU SERVICE DE LA DÉLIVRANCE,
ALORS TU VAS MESURER ET NON JUGER.
LE JUGEMENT EST CHEZ LUI SEUL.

Retournement de tout – Oméga – Alpha est l'issue.

Sois attentive! Il y a sept joies.
Découvre ce qu'elles sont!
Ta tâche n'est pas facile.
Chacune sera l'Esprit dominant d'un jour de la semaine.
Réponds la semaine prochaine!

Je prends congé.

Vendredi 31 décembre 1943
Entretien 28 avec Lili

– Ce qui m'est facile – vous est difficile.
Ce qui vous est facile – m'est difficile.
Qu'il est difficile
de vous faire comprendre la chose la plus simple!
CHAQUE MOUVEMENT PEUT REPRÉSENTER LA CRÉATION.
La poussée ébranle un point. Fais bien attention!
Sur un point, le mouvement est mis en mouvement...
et revient.
Tout est poussé et revient.

Ces mots m'ouvrent une perspective qui m'enchante : tout mouvement juste serait donc une pulsion du grand rythme cosmique.

Pour l'homme, la loi est différente.
Le savoir l'a déviée d'un cheveu.
Ce « cheveu » suffit pour que tout se corrompe.
Si l'homme devient UN avec CELUI
qui met en mouvement,
alors le nom du mouvement est Délivrance,
le nom de tous les mouvements.
SI LE MOUVEMENT REVIENT EN CELUI
QUI MET EN MOUVEMENT,
ALORS NAÎT LA JOIE POUR L'HOMME.
L'homme le plus infâme, lui aussi, est homme,
parce qu'il peut donner.

Un seul instant d'avance ou de retard,
c'est cela la pomme, la pomme du savoir.
Elle n'est pas à manger. Or l'homme l'a mangée.
Il a retenu le savoir divin pour lui-même.
Ce n'est pas la faute de la pomme.
La manger, seulement cela était défendu.
Et c'est l'image de tout ce qui concerne l'homme.
Et voilà que cette pomme défendue
incite à prendre et à ne pas donner.
Donner est tout!
Ce n'est pas dans le savoir que réside la faute,
mais c'est de l'avoir gardé pour vous.
Le savoir aussi est bénédiction, si tu le donnes.

Tout est bénédiction si tu donnes.
DONNER, NOUS NE LE POUVONS QUE PAR LUI.
NOUS DEVENONS UN AVEC LA CAUSE, ET C'EST LA JOIE.
Le juste mouvement procède de LUI et retourne à LUI.
Enseigne à tous à donner ainsi;
alors la malédiction cesse.
Donner ne vient pas de toi.
Enseigne seulement ce qu'est « donner ».
Enseigne aussi que tous le peuvent.

Tout mouvement est au service de cela.
Du mouvement intérieur
naît le mouvement extérieur.
Dans ton travail aussi je t'aide, mon serviteur.
Sois attentive :

LA JOIE EST LE SIGNE.

Note qui se réjouit et de quoi.
Là où l'homme ne peut pas se réjouir,
là est la pomme.
La pomme qu'il a mangée au lieu de la donner,
jette-la !
Même le pire vaurien
que tu abrites sous ton manteau
peut apprendre à se réjouir.
Voici ce qu'est la joie :
Le mouvement est lancé, se diffuse en joie,
revient à son point de départ comme la respiration.
Dans le cœur sont le commencement, la fin et la joie.

LA JOIE EST L'AIR DU MONDE NOUVEAU...

Demande !
L. Qu'est-ce que la paix ?
— Ce n'est pas la pause entre deux guerres.
La paix n'a encore jamais existé, mais elle sera.
La paix !
Vous aspirez à elle,
mais votre aspiration n'est pas assez forte.
LA PAIX, C'EST LA NOUVELLE VIBRATION.
Elle ne ressemble à rien d'ancien.
L. S'il n'y a pas de paix en moi, je ne peux pas me réjouir.
— Certes, non.
L. La nouvelle année arrive et j'aimerais tant commencer
tout d'une autre façon. Je t'en prie, aide-moi !
— Ma paix est ta paix. Ma joie est ta joie.
Ainsi gère-les !
La joie est infinie.

Tu en reçois autant que tu es capable d'en donner.
La joie n'a pas de limites. Ta capacité seule en a.
Je sens que l'Ange pourrait donner infiniment plus à Lili,
mais qu'elle n'est pas encore capable de supporter une inten-
sité aussi forte. Il lui faut donc mesurer ce qu'il donne.

Pas de limites, ni de commencement, ni de fin,
car la joie est éternelle.
Je me réjouis moi aussi autant que je peux te donner.
De même tu te réjouis, toi aussi, autant que tu peux donner.
Réjouis-toi donc, pour que ta joie soit parfaite!
Aux heureux, aux malheureux, donne!
N'économise pas la joie!
Qu'ainsi s'écoule ta nouvelle année!

L. Qu'est-ce que l'espoir?
– Pourquoi poses-tu cette question, mon petit serviteur?
L. Parce que je sens qu'il commence à grandir en moi.
– Ce qui importe, c'est là où tu mets ton espoir.
Si tu le mets en LUI, tu n'es pas déçue.
Car LUI donne tout.
Seul peut être sans espoir celui qui est sans Dieu.
Sois attentive!
Toi, ne te contente pas d'espérer.
Il faut que tu *donnes l'espoir!*
Ne te borne pas à avoir la foi.
Il faut que tu *donnes la foi!*
Ce n'est pas toi qui dois aimer.
Il faut que tu *montres comment aimer!*
Que ce ne soit pas *toi* qu'on aime!
Que ce ne soit pas *toi* en qui on mette espoir!
Que ce ne soit pas *toi* en qui on croit!
C'est le poids. Mais léger, et tu le portes légèrement.
Nous le savons bien.

L. Je ne vois pas clairement ce qu'est le mysticisme, le
spiritisme.
Par mysticisme, Lili désigne – à tort – tout ce qui tourne

autour du parapsychologique, du supranormal, du mystère
à bon marché.
– Rien de cela n'est clair!
De vieux brouillards et des brumes
qui se dissipent à la venue de l'aube.
Sais-tu ce qu'est le « mystère »?
UN SOURIRE JAILLI DU FOND DE L'ÂME –
C'EST UN MYSTÈRE.

Bave des malades, grelottement des naufragés,
c'est le spiritisme.
Ils veulent un signe
et le signe ne leur est pas donné.
N'évoquons pas les morts, mais la Vie éternelle!
Que l'enseignement sacré
ne se cache pas dans l'obscurité,
mais qu'il brille au grand jour!
Ce qu'on évoque, on le reçoit.
Laisse les morts avec leurs morts!
Ils ont tant évoqué la mort qu'elle est venue.
Évoquons la joie et SON Royaume viendra.
Non dans la peur tremblotante,
mais dans la jubilation.

QU'Y A-T-IL DE PLUS NATUREL
QUE DE PARLER ENSEMBLE?

Où est le « mysticisme »? Il a sombré...
Tout ce qui est ancien disparaît.
T'es-tu réjouie d'être avec moi aujourd'hui?
L. Oh oui!
– Transmets cette joie!
  Pensant que l'entretien est terminé, je complète mes notes.
  Mais soudain l'Ange de Lili m'adresse la parole:
Fais tout en son temps, même mettre les accents.
  Je suis stupéfaite.
Ne crois pas que je plaisante.
Je ne connais pas la plaisanterie,

mais je connais la joie.

Que ma paix descende sur vous, qui n'est pas la mienne,
mais la SIENNE.
Que SON règne arrive!

Vendredi 7 janvier 1944
Entretien 29 avec Gitta

– Je vous parle du berceau de la joie.
Haine, feu, poison, c'est cela le berceau de la joie.
Le monde créé est SON corps.
Le mal peut-il exister en LUI?

La bile, la bile aussi est source de joie,
pourtant, c'est un poison.

> *L'Ange aime bien – je viens de m'en apercevoir et j'en suis*
> *ravie – nous enseigner à partir des fonctions du corps. La*
> *bile, si amère soit-elle, sert le processus digestif en dissolvant*
> *la nourriture et en la transformant.*

Dans ton corps, il y a feu qui ne détruit pas,
poison qui ne tue pas. Comment est-ce possible?
Tout est bon dans le PLAN.
Son mystère, comprenez-le bien –
c'est la TRANSFORMATION.
L'HOMME EST LE GRAND TRANSFORMATEUR.
Le mal est le « plus »,
mais il est le berceau de la Joie.
La bête la plus méchante est l'homme
et cependant, il est le berceau de la Joie éternelle.
La force non transformée,
la force non utilisée détruit, dévaste, empoisonne.
Écoute bien!

Ce qui est mauvais *ici-bas...*
     geste vers le bas
...est bon *là-haut.*
     geste vers le haut.
Tout est là.
Les forces dévastatrices ne sont pas à leur place.
C'est pour cela qu'elles détruisent.
Car il n'y a pas de destruction si tu les élèves.
Du poison – la guérison.
Du feu – la lumière.
C'est pour cette raison que l'homme est debout –
qu'il ne rampe pas.
De tout le mal que tu peux imaginer,
naîtra la Nouvelle Jérusalem.

CAR IL N'Y A PAS DE MAL,
IL N'Y A QUE LA TÂCHE QUI N'EST PAS RECONNUE.
Son non-accomplissement te détruit.
C'est en cela que le mal est le berceau de la Joie.
En vain vous fuyez le mal!
Il n'y a pas de mal –
éternelle question de l'homme! –
et personne ne le sait.

Je vous le déclare :
LE MAL EST LE BIEN EN FORMATION,
MAIS PAS ENCORE PRÊT.
     Silence.
Maladie. Chaque organe de l'homme est une force.
Que tout l'ensemble porte des fruits!
Là où il y a désordre, le « plus » s'écoule.
La bile est un poison, si elle déborde.
Là, le « plus » en crue dévaste le tout.
Si le « plus » n'a pas d'issue, il se creuse un chemin,
et ce qui est – vers le haut – Monde Nouveau
est – vers le bas – poison.
Vers le haut, la Vie,
mystère du jaillissement de la Joie éternelle.

Si tu élèves tout, tu tiens dans ta main la Joie éternelle,
parce que le mal n'existe pas.
La colère qui est force dévastatrice, –
vers le haut, est Alléluia.
Le feu qui détruit, –
vers le haut, est flamboiement de joie.
Ne veille qu'à cela,
et toutes les maladies, tous les maux,
tout le mal cesseront.
C'est le Sceptre que je mets en vos mains;
le lien entre le bas et le haut.
Prenez-le et ne perdez plus de vue
qu'ils ne sont plus deux – mais Un,
non plus mal et bien – mais uniquement bien.

Ce Sceptre, je vous le donne à tous. L'acceptez-vous?
G. Oui.
    S'adressant à Lili :
L. Oui.
    S'adressant à Joseph :
– Et toi, « fils »?
    Joseph hésite, ne répond pas.
    Sévèrement :
– Réponds!
J. Oui.
    Pour la première fois, je découvre la signification pro-
    fonde d'un symbole ancien. Les vrais rois règnent dans
    l'axe vertical, unissant les forces célestes et terrestres. Le
    sceptre est tenu verticalement par la main qui signifie :
    l'acte. Pour moi, cela veut dire que l'on ne peut accéder
    à la vraie royauté que par l'acte juste, qui relie le haut
    et le bas et qui est notre tâche à tous. L'Ange a exigé
    notre consentement parce que la parole crée. En prononçant
    à haute voix notre pleine acceptation du Sceptre, nous
    faisons descendre jusqu'à nous l'aide divine pour accomplir
    cette tâche.
    Silence.
    S'adressant à moi :
– As-tu terminé ton devoir? Je l'attends.

*En sept phrases, je dis ce que j'ai ressenti comme les sept joies *.*

— Je ne l'accepte pas encore. Élève-le plus haut !

Comment vas-tu l'élever ?

G. C'est ce que je voulais te demander !

— Ce n'est pas encore assez simple.

Là-dessus, tu n'as pas encore assez travaillé.

Ta tâche était grande. Tu n'es pas encore au sept.

Des joies, il y en a infiniment.

A la fin, il y aura sept mots et non sept phrases.

Toi, tu es déjà mot : individualité **.

Travail condensé de milliards d'années, unité :
collaboration de cellules.

Ce que tu as fait est insuffisant. Tu croyais la tâche facile.

Après la vendange, on n'a pas encore le vin,
mais seulement du moût.

Si tu avais vendangé dès le samedi passé,
tu aurais du vin maintenant.

Tu as simplement cueilli le raisin doux.

Je ne te demande pas le raisin,
mais le vin — le vin vieux.

Car l'Ivresse monte jusqu'à LUI — non la douceur.

J'attends.

G. Comment pourrais-je élever le mal par mes actes ?

— Transformation. Tu es transformateur.

Le « plus » de l'arbre est le fruit.

Tu manges la chair du fruit, tu tues le fruit,
et tu le transformes en homme.

Le « plus » de la terre meurt en toi et renaît.

TU ACCUEILLES EN TOI LE MAL
ET TU LE TRANSFORMES EN BIEN.

CAR LE MAL N'EXISTE PAS,
MAIS SEULEMENT LA FORCE NON TRANSFORMÉE.

J'attends.

G. Si SA force passe à travers moi, je sens que chacune de

---

* Ces notes ont été perdues.
** « Individualité » se dit en hongrois *egy-én* (un-moi).

mes deux mains émet des vibrations différentes. Qu'est-ce
que cela veut dire et à quoi cela sert-il?
– A guérir. Séparément, elles n'ont pas de tâche.
Ensemble oui. Ne cherche pas à savoir! Sers!
Alors tu vas connaître et non pas savoir.
D'abord, il y a eu la création.
Après l'ont expliquée les incapables.
L'artiste crée – les vers rongeurs l'expliquent.
Quelle pauvre petite gelée dans ton crâne!
  Je vois les circonvolutions cérébrales dans mon crâne comme
  autant de vers gélatineux.
Pose encore une dernière question.
G. Un jour, j'ai cru agir selon ma propre loi, et il n'en était
rien. Comment ai-je pu me tromper à ce point?
– Un mot te ferme. Tu as dit « je ». C'est fini.
Un rideau s'est tiré entre toi et la Vérité éternelle.
Alors, tu ne peux plus la reconnaître,
car tu es dans l'obscurité.
Le rideau s'appelle « je ».
Si tu l'ouvres, tu seras LUI
et tu ne me poseras plus aucune question
car LUI sait tout.

Si tu agis au nom de ta loi, tu ne sais rien de toi.
Tu ne peux rien savoir.
LUI est certain. Ne sois donc pas incertaine!
L'Homme est le sceptre dans la main de Dieu.
Le sceptre est le lien entre haut et bas.

A Dieu!

Vendredi 7 janvier 1944

Entretien 29 avec Lili

Nous attendons tranquillement l'Ange de Lili, mais le calme
tarde à s'installer. D'abord un jeune homme essaie de faire

démarrer sa moto juste à côté de la maison. La moto ne veut pas partir, et le vacarme semble interminable. Lorsqu'il s'arrête enfin, une souris derrière le placard s'y met à son tour : apparemment, elle joue au foot avec une noix, ce qui bien sûr attire l'attention de notre chat; il n'arrête pas de miauler derrière la porte de la chambre. L'Ange de Lili s'adresse d'abord à moi :

– Le bruit ne se trouve pas à l'extérieur,
mais à l'intérieur.
Les petits bruits qui se trouvent en toi ont pris corps.
   A nous tous :
LUI est UN, mais IL a deux mains.
L'une, foi – l'autre, poids.
L'esprit écoute la main droite,
la matière écoute la main gauche.
Le miracle est l'homme.
   Les bras largement ouverts de Hanna se rapprochent peu à peu, jusqu'à former un cercle où les mains se touchent.
Par l'homme, le cercle et l'étreinte sont entiers.
Ainsi, il n'y a plus de poids.
Ainsi, il n'y a plus de foi.
   Le chat miaule de nouveau : je suis vraiment furieuse.
   L'Ange de Lili se tourne à nouveau vers moi :
TU NE CALMERAS PAS LA BÊTE PAR LA BÊTE.
Je m'arrête un instant.
   Je sors le chat.
   Après un long silence, à Lili :
Demande, mon petit serviteur!
L. Mes cours deviennent de plus en plus difficiles.
– Tu ne mets pas en doute le Nouveau, mais l'ancien.
Et c'est bien ainsi. Où sens-tu le poids?
L. Je ne peux pas me transformer et transformer les autres assez vite.
– Mon cœur se réjouit en toi.
Tu trouveras le Nouveau, mon serviteur.
A celui qui cherche, il sera ouvert.
Où vois-tu le Nouveau?
L. Je pressens que tout va changer...

– Par LUI tout sera changé.

Vous tous, vous travaillez à un Plan merveilleux.

La joie naît des deux réunis.

Si tu cherches le Nouveau,

l'autre, l'ancien ne se perd pas,

car il est l'un des deux.

L. Je cherche en tout l'un, le vrai, le juste, et cela me gêne de ne pouvoir ni parler, ni agir, ni bouger d'une façon simple.

– Au fur et à mesure que tu t'approches du Nouveau,

tout cela sera.

L. Pourquoi m'est-il de plus en plus difficile de demander?

– Parce que l'air se raréfie.

Il faut que tes poumons s'y habituent.

Et moi, je recule, je recule de plus en plus.

Mais il n'est pas permis que toi, tu t'éloignes!

Tu ne t'aperçois même pas

que tu t'élèves toujours plus haut.

Mais il n'est pas permis que nous nous éloignions

l'un de l'autre.

Je t'attire plus haut, toujours plus haut,

car nous ne sommes pas encore chez nous,

nous ne sommes pas encore là,

où nous pouvons être unis.

C'est de plus en plus difficile

et de plus en plus facile.

Poids et tâche sont deux.

Le poids sera léger, la tâche lourde, car tout s'inverse.

La matière, la famille, quel poids c'était!

Déjà, ce ne l'est plus.

Le poids est enlevé, aie la force d'accomplir ta tâche!

Qu'est-ce qui te tracasse?

L. Je suis encore trop faible.

– Crois-tu que je sois fort?

L. Oui. Par LUI.

– Où est donc la faiblesse?

L. De l'avoir oublié, LUI.

– Tu es tenue ainsi :

D'en bas, tu es soutenue. D'en haut, tu es bénie.

Mon serviteur, réjouis-toi!
Puissiez-vous enfin vous éveiller!
Le temps est écoulé.
Si tu as encore une question, parle!
L. D'où vient l'égoïsme?
– De LUI. Tout vient de LUI.
L. *(stupéfaite).* Comment est-ce possible?
– L'égoïsme est poids, SA main gauche.
Poids pour l'homme,
mais pour l'animal moyen de s'élever,
car tout est bon qui est à sa place.

Que le Ciel soit avec vous!

Samedi 15 janvier 1944
Entretien 30 avec Gitta

L'entretien n'a pu avoir lieu la veille. Hanna et Joseph avaient dû aller voir à l'hôpital le père de Joseph, qui est gravement malade.

– Je parle du passage étroit.
Vous vous arrêtez –
et vous vous arrêterez encore souvent –
en voici la cause :
Soyez bien attentifs!
IL N'Y A PAS DE FOI SANS ACTE.
IL N'Y A PAS D'ACTE SANS FOI.
La foi ne peut pas être plus que l'acte.
L'acte ne peut pas être plus que la foi,
car ils sont UN.
Ce n'est pas que vous ayez peu de foi –
mais vous agissez peu,
car foi sans acte n'est pas foi.
Vous pourriez déjà faire beaucoup plus.

Observez ce que vous faites!
Vous êtes encore lâches —
non pour croire, mais pour agir.
Accomplis-tu des actes, mon serviteur?
G. Qu'est-ce qu'un acte?

   Très sévèrement :
— Accomplis-tu des actes? Je te l'ai demandé.
Réponds, et ne demande pas.
G. J'en accomplis peu.
— Qu'est-ce que cela signifie?
G. Je n'utilise pas la force qui m'est donnée.
— Et pour quelle raison?
G. Je ne sais pas.
— Sois attentive!
Séparé a été l'acte. — Séparée a été la foi.
De nombreux actes vides en étaient la cause,
mais déjà ton cœur a horreur de l'acte vide.
Toi, tu peux déjà agir et ton acte ne sera plus vide.

Vous tous! Soyez attentifs au passage étroit
car acte et foi deviennent un,
et viennent la nouvelle Terre et le nouveau Ciel.

Demande!
G. Si je pense, est-ce aussi un acte?
— C'est une partie d'acte. L'acte est un.
Il n'y a pas d'actes séparés.
Du matin au soir —, du soir au matin —,
de la naissance à la mort —,
c'est un seul acte — et c'est le Service.
Il n'y a pas d'acte petit, il n'y a qu'un acte : la tâche.
Il n'y a pas beaucoup d'actes, il n'y a pas peu d'actes.
Il n'y a qu'acte insuffisant ou acte incomplet.
Le comprends-tu?
G. Oui.
— Tu ne peux pas tendre ta main,
sans que cela ne soit acte.
Le « beaucoup » est toujours illusion.
La pause ne fait pas d'une chanson — deux chansons.

Ne t'égare donc pas!
J'attends ta question, mon serviteur.
G. Les taches du soleil, les éruptions solaires, que sont-elles,
quelle est leur influence sur l'homme, et comment la domi-
ner?
– Pourquoi veux-tu le savoir?
G. Parce que récemment, en regardant le soleil couchant,
j'ai pu voir à l'œil nu de grandes taches noires, et j'ai eu
le pressentiment d'événements terribles à venir.
– Comment pourrais-je te montrer
l'influence de la multitude des soleils infinis?
Tu es une enfant curieuse!
Mais cela n'est pas un défaut.
Tu serais terrifiée si tu voyais les forces immenses
qui te traversent à toute vitesse,
dans tous les sens, sans que tu le saches.
Si tu es emplie, et si tu remplis
ce à quoi tu es appelée,
il n'y a plus de forces aveugles,
car les forces deviennent agissantes, en toi et par toi.
Autrement, elles détruisent.
   Silence.
Ta tâche n'est pas encore achevée,
mais cela ne fait rien.
G. Je ne peux pas peindre, tant qu'elle n'est pas achevée.
   *Toute la semaine, j'ai vainement réfléchi sur les sept
   joies : mes efforts n'ont eu aucun résultat; mais je me suis
   donné tant de mal que j'ai complètement oublié de me
   réjouir.*

– C'est une même chose, enfant!
Tu as fait trop d'efforts.
G. Que dois-je faire pour trouver les sept joies?
– Ce que j'ai dit aujourd'hui en est la clé.
Peins et réjouis-toi, réjouis-toi et peins!
Ainsi se prépare ta tâche. Sois attentive!
Du matin au soir tout devient UN acte
et alors tu n'auras pas beaucoup à faire.
   A Lili qui prend les notes :

Toi, scribe, tu m'as demandé dans ton cœur :
« Qu'est-ce que la Vie? »
Tu la savoureras, lorsqu'elle commencera.
C'est un mystère. La nouvelle Vibration.
Vous ne faites que la goûter, mais vous allez la vivre.
Nous – qui vous enseignons –, nous sommes UN.
Ainsi c'est moi qui t'ai répondu et tu l'as bien accepté.
Nous sommes entièrement distincts,
distincts et tout de même UN.
Combien vous êtes vous aussi différents pour SA Gloire,
mais combien vous êtes UN!

Adorons-LE!

Samedi 15 janvier 1944
Entretien 30 avec Joseph

*Un profond silence suit l'entretien avec mon Ange. Le regard
de Hanna se pose sur Joseph et ne le quitte plus. Tout à
coup, il voit très clairement l'image de son Ange baignée
d'une intense lumière verte. Toute hésitation, toute timidité,
toute fausse honte à parler sont balayées.*

J. Parle-moi!
– La fausse pudeur est signe de faiblesse.
Adam s'est caché,
parce qu'il n'était pas encore Homme.

LE PÈRE et ton père sont un. Entre les deux : le Fils.
Le Fils est le lien.
La mort n'existe pas, parce qu'il y a le Fils.

Le silence est ma parole. Du silence se crée l'acte.
Aussi bruyant qu'il soit,

ton outil devient silence dans la matière.
Silence – Équilibre – Mesure.
La scie grince, et son travail crée
silence, paix, équilibre.
   Joseph dessine et fabrique des meubles.
As-tu des questions?
J. Parle-moi de la mort.
   Joseph est profondément affecté par la grave maladie de son
   père.
– Tu interroges sur ce qui n'existe pas,
mais je te réponds quand même.
CE QUI EST VU D'EN BAS : « MORT » –
EST EN HAUT : « VIE ».
TOI AUSSI TU ES MORT
ET TU VIS ÉTERNELLEMENT.
Le reste est temps et apparence.
Déferlement de vagues, milliards de petites morts :
c'est cela la vie.
Des cellules meurent. – Il en naît de nouvelles.
Ne laisse pas ton père s'en aller, il a encore à vivre!
CE N'EST PAS LA MORT QUI EST MAUVAISE,
MAIS LA TÂCHE NON ACCOMPLIE.
Le fruit, lorsqu'il est mûr, tombe tout seul.
Le fruit qui tombe est mûr. Donc il est bon.
Ton père n'est pas encore mûr,
quelque chose lui manque :
Toi aussi tu dois devenir père.
   Joseph et Hanna n'ont pas d'enfant.
C'est cela qui manque à ton père.
Tu peux m'appeler n'importe quand,
comme tu m'as appelé maintenant.
N'importe quand!
Que le silence t'enveloppe!
Qu'il te protège contre la tentation!
Dans le silence, crée l'ACTE!
Qu'il te relie à LUI!

Je ne prends pas congé.

Samedi 15 janvier 1944
Entretien 30 avec Lili

— Je vous salue, vous tous.
Se tournant vers Joseph qui vient pour la première fois de poser une question :
— Voici la clef : le cercle.
Peut-il y avoir préséance dans un cercle?
Le cercle est achevé.
Le dernier mur s'est écroulé. Joie indicible!
Car par les murs entre le Tentateur.
S'il n'y a pas de murs, il ne peut pas venir.
Je vois l'image d'épais murs fortifiés formés par nos idées toutes faites. Ce n'est que par là que le Tentateur peut nous atteindre. Si nous sommes dans le Nouveau, le vivant, ce qui change et se transforme sans fin, il n'y a plus de place pour lui.
Il nous porte aide, lui aussi, le Tentateur.
Tout nous porte aide.
Il n'y a plus de mal... vous le savez bien!
Joie indicible!
Silence.

Il n'y a pas de droite,
le rayon non plus n'est pas droite.
Tout est cercle. Croyez-le!
Vous vous mouvez sur une petite partie
du cercle infini.
Et la partie du cercle immense est droite.
Le mental ne peut pas saisir cela.
Le centre de tous les cercles, c'est LUI.
Plus le cercle se resserre, plus SA présence est intense.
Mais chaque cercle a sa nécessité.
A Joseph :

Mon fils, ton corps résiste encore.
Tu es entré dans un nouveau cercle.
Vous tous! Il faut vous habituer au cercle plus petit!
Le Tentateur fait la ronde.
Il ne va plus attaquer là où est la brèche;
mais là où est le mur.
N'ayez pas peur! Vous êtes déjà très forts!

Demande, mon serviteur!
L. Parle-moi de la vie, afin que nous puissions devenir plus
vivants!
– Tu ne la connais pas encore,
car tu es en train de naître.
Tu rêves encore de la Vie.
UNE VIE VIENDRA, EN COMPARAISON DE LAQUELLE
LA VIE ACTUELLE EST : MORT.
Tu ne pourrais pas encore la supporter, mais prépare-toi!
Quelquefois déjà tu la sens.
L. Très rarement.
– Quel grand mot!
Ce que tu sens maintenant, c'est la transition.
Il faut que tu meures, un tout petit peu,
mais seulement en apparence.
Aube.
La nuit est une obscurité sûre, veloutée.
L'aube n'est ni nuit, ni jour.
Ne regrette pas la nuit!
Car la lumière est plus merveilleuse que tout.
Toute transition est épreuve.
Ne crains pas d'abandonner l'obscurité,
car la racine, éternellement dans l'obscurité,
reste unie à la fleur et au fruit.

Demande!
L. Je ne peux pas faire d'essais toute seule.
– *Seule?*... Tu n'es plus seule.

CE N'EST PAS TOI – QUI FAIS DES ESSAIS.
C'EST AVEC TOI – QU'IL EST FAIT DES ESSAIS.

*C'est la seconde fois que Lili s'entend dire qu'il est fait des
essais avec elle. Je me demande si, en cette époque de
transition, des « essais » de ce genre sont tentés partout dans
le monde. Est-ce le début d'une transformation générale de
l'humanité? Je vis la rencontre avec nos Anges comme une
chose si naturelle qu'elle pourrait arriver à bien d'autres
que nous.*

Tu fais ce qu'il faut faire :
Tu te transformes.
Tu cèdes à l'appel et tu viens. Cela suffit.
Le résultat visible dans la matière vient après,
à cause de l'espace et du temps.
C'est plus tard que tu l'apercevras,
mais il vient immanquablement de lui-même.
Si tu te transformes –,
La matière – elle aussi –
est obligée de se transformer.

Ton travail passé ne se perd pas : il va fleurir.
La racine est bonne, car son nom est : Aide.
Tout le reste n'a pas d'importance.
Tu aideras. C'est ta raison d'être.

Qu'est-ce qui te trouble encore,
que je puisse t'aider?
L. Le sentiment qu'il *faut* que je m'élève.
– Il ne *faut* pas, mais tu t'élèves tout de même.
Je t'appelle et tu viens...

Recevez ma bénédiction pleine de joie,
parce que vous avez eu la foi,
vous tous, dans le cercle.
Ne craignez rien, car SON Royaume est proche!
La dernière heure de la mort a sonné.

Baissez la tête.
   Geste de bénédiction.

Vendredi 21 janvier 1944

Entretien 31 avec Gitta

J'ai été paralysée toute la semaine par une espèce de léthargie intérieure. Tout ce que je faisais me semblait sans intérêt : je n'avais plus de goût à rien.

– Qu'est-ce qui te manque?

G. Je ne sais pas.

– As tu faim?

G. De l'enseignement, oui.

– Et si tu demandes, reçois-tu?

G. Oui, mais je ne me rends pas compte du moment où je commence à m'enfoncer.

– Écoute! Quoi que tu demandes, tu le reçois. N'est-il pas vrai?

G. Oui, si je ne demande pas pour moi.

La voix devient sévère :

– Et si tu demandes pour toi, tu reçois aussi. Ne demandes-tu pas à manger? – De qui le reçois-tu?

Je commence à comprendre que la faim du corps et la faim de l'âme sont toutes deux une façon de demander.

G. De LUI.

– Donc, ne dis pas que ce n'est pas pour toi!

Tu es au milieu d'un cercle de demandes.

TOUT TE SOLLICITE. TOUTE LA CRÉATION NON DÉLIVRÉE.

TU ES LE PORTE-PAROLE DE LA CRÉATION.

Peut-il y avoir un seul motif de l'oublier?

Tu ne *peux* pas te laisser enfoncer!

Si le sel perd son goût, avec quoi salera-t-on?

Silence.

Demande!

G. Je t'en prie, apprends-moi à L'adorer constamment.

– Crois-tu qu'IL est loin?

G. Non.

– Qu'IL est près?

G. IL est partout.

– Ne peux-tu vraiment L'adorer que quelquefois?

Je ne peux pas t'apprendre à L'adorer.

Mais je peux t'apprendre qu'IL est en tout,

partout, en tout lieu, toujours.

En bas dans la profondeur, IL est aussi.

TA TÂCHE DÉFINIT TA PLACE –

TA PLACE EN LUI.

> *En entendant ces mots, je prends tout à coup conscience que je suis une pensée* unique *du Divin, une cellule* unique *du Corps divin, avec une tâche* unique. *Ma dépression montre à l'évidence que j'ai oublié ma tâche.*

L'adoration n'est rien d'autre que l'union avec LUI.

Mais ta place est limitée dans l'espace et le temps...

Parle!

G. Comment me libérer de l'idée fausse qu'il *faut* que j'agisse?

– Si tu L'adores, cela te remplit.

Il n'y aura plus de place pour rien d'autre.

Ce n'est pas toi qui vas te réjouir,

mais tout ce qui t'entoure,

objets, hommes, travail, tâche.

Tout se réjouira, sauf toi.

TA JOIE SERA UNE AVEC CELLE DU PÈRE.

Tu n'éprouveras rien séparément.

G. Que ce serait bon si c'était déjà possible!

– C'est déjà possible! Et non demain!

G. Qu'est-ce que le libre arbitre?

– C'est la possibilité de vivre cela, n'importe quand.

Tout le reste n'est rien. Cela suffit.

> *A nous tous :*

Il n'y a pas d'esclavage, mais il y a la loi.

La loi pour vous, c'est d'être unis,

et c'est la liberté pour vous.

Séparément, vous êtes des esclaves. Unis, vous êtes libres.
La voie est libre, et IL vous sourit.

Vendredi 21 janvier 1944
Entretien 31
Premier entretien avec
le Maître de Hanna

Nous attendons comme d'habitude le Maître de Lili, mais dès les premiers mots je sens une présence d'une puissance contenue, d'une sévérité mesurée presque effrayante. En même temps, dans un grand élan de joie, je « reconnais » le Maître de Hanna. Bien que je n'en aie pas de souvenir précis, je suis absolument sûre que je connais cet Ange de la Divine Justice.

– « Celui qui mesure » vous parle.
Ce qui est pour la plante croissance
est pour l'animal mouvement
et pour l'homme : « DONNER ».
Donner n'est pas fruit, mais croissance.
Préparation.
Je comprends alors que « donner » n'est pas un résultat concret, mais la condition nécessaire de toute croissance.
Si vous ne donnez pas constamment,
vous dépérissez.
Le fruit est le Monde Nouveau.
Pour chaque plante, la croissance est différente.

Mon service est : mesurer.
L'INCOMMENSURABLE APPARAÎT DANS LE MESURABLE.
LA PERFECTION DANS LES LIMITES
EST L'IMAGE DE L'ILLIMITÉ.
Il vous est donné de remplir votre mesure.
Sans gaspillage ni avarice,

mais avec adoration constante.
Je suis si heureuse d'entendre l'Ange de la Mesure répondre
aussi à ma question sur l'adoration constante.

La mesure est donnée –
elle est en vous.
Ce n'est pas la grandeur de la mesure qui compte,
car LUI remplit tout.
Vous serez semblables à LUI,
si vous remplissez *votre* mesure.
Seulement ainsi.

Je vous annonce que de tous temps, je mesure.
C'est mon service.
Je ne récompense pas, je ne punis pas,
je mesure uniquement.
La punition et la récompense,
vous les portez en vous-même.
Si vous remplissez *votre* mesure – vous croissez.
Sinon – vous dépérissez.

Ne croyez pas qu'il y ait rien d'impossible!
LE POSSIBLE EST LA LOI DU POIDS,
L'IMPOSSIBLE EST LA LOI DU NOUVEAU.

Oiseaux engourdis, la prison est ouverte,
et vous n'osez pas voler.
Je vous effraie, afin que vous voliez.

J'ai parlé.
Je pars.
Après cet entretien, je commence à comprendre ce que mon
Ange m'avait dit il y a déjà longtemps : « LUI t'a créée à
mon image. » Je comprends maintenant que chacun d'entre
nous peut parvenir à ressembler à son Ange. L'essence de la
nature de Lili correspond à « Celui qui aide »; celle de
Hanna à « Celui qui mesure », celle de Joseph à « Celui qui
bâtit » et la mienne à « Celui qui rayonne ».

Vendredi 21 janvier 1944
Entretien 31 avec Lili

Après quelques instants de silence, nous sentons la présence
du Maître de Lili.

– Je prends la parole. Je continue à parler de la mesure.
La tâche de l'animal est centrée sur lui-même.
Il ne se réjouit que de ce qui est à lui.
Son air, *sa* nourriture, *son* petit.
S'il va bien, il se réjouit de tout.
Il vit dans un cercle qui s'appelle : *lui-même.*
Ce qui est à l'intérieur du cercle, il l'absorbe,
car il centre tout sur lui-même : créature.

C'est juste le contraire chez l'homme.
SA mesure et votre joie sont
ce que vous rayonnez au-delà du cercle.
Et c'est incommensurable.

 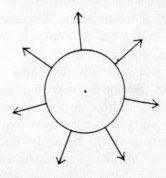

L'animal a faim, il se rassasie et cela suffit.
L'homme est rempli, il rayonne –
et cela ne suffit jamais,
donc sa joie n'a pas de mesure.

C'est le secret de la Vie Éternelle.
  La cloche du village commence à sonner.
Si la cloche sonne dans une chambre close,
c'est insupportable...
SI TOUT EST JOIE AUTOUR DE VOUS,
LA MESURE EST JUSTE.
ET C'EST POSSIBLE.
Ne pas le croire, c'est ne pas croire en LUI.
IL vous remplit en tous temps, entièrement,
car SA miséricorde est infinie.
  A Lili :
Je suis venu pour te répondre. Demande!
L. Pourquoi l'homme veut-il tout recevoir, tout fait?
– Enfance gâtée.
Jouets tout faits, savoir tout fait,
nourriture toute faite, expérience toute faite,
c'est cela que l'enfant reçoit, et il en a la nausée.
Sa soif de connaissance, son désir de créer,
tout ce qui le rend homme, dépérit.
Son désir d'expérimenter, trop de conseils le tuent.
Tout cela est lâcheté et manque de foi.
Lorsque l'enfant devient adulte,
tout est mort en lui.

Retiens cela, ma bien-aimée :
Ne complète jamais, ne conseille jamais,
ne mâche pas à l'avance la nourriture!
Toi, donne autrement
et tout se renouvellera entre tes mains!
Mets devant des épreuves, devant des tâches!
Séduis, attire dans ton sillage!
Ne conduis pas, ne tiens pas la main!
Tu peux même bousculer un peu celui qui est incertain
et la certitude se renforcera en lui.

Voilà ce que tu cherches, et tu vas le trouver.
  Silence.
A la place de la grisaille ensommeillée
viendra un rayonnement merveilleux de couleurs.

Mais maintenant, la multitude d'images en couleurs,
de films en couleurs
rendent grise la vue de l'homme *.
Car au lieu de donner la couleur, il la reçoit.

Demande!
L. Comment éveiller l'intérêt en l'homme?
— Si je m'approchais de toi, je t'arrêterais. —
Mais je recule. Tu ne t'en aperçois même pas
et tu apprends ainsi à marcher sur l'air.
Pas sur l'eau, sur le rien.
Je te réponds toujours à moitié,
j'omets l'autre moitié. Le sens-tu?
    D'un ton amer :
Mais voici l'homme :
« Que nous sommes bons envers nos enfants,
envers tout le monde! »
— Et tout meurt et dépérit —
car l'homme dit : « Nous sommes bons. »
Toi, donne la faim! Et non la satiété!
Tout est tellement connu : « Nous savons tout! »
Toi, ouvre l'inconnu!

L. Pourquoi y a-t-il si peu de gens capables de se concentrer?
— Parce qu'ils ne font attention à rien.
Tant de couleurs, tant de bruits atteignent l'homme!
Toi, montre quelque chose de nouveau
plus fort que le son le plus fort, et pourtant silencieux.
A cela ils seront attentifs.
    Silence intense.
C'est moi qui ai écouté maintenant et le son était bon.
Vous aussi vous l'entendez déjà, si vous êtes attentifs.
Car tout dépend de cela.
C'est la mesure, c'est la joie, c'est tout.
Soyez toujours attentifs!
As-tu encore une question?

---

* Gitta m'a dit que bien des années plus tard seulement, elle avait compris que l'Ange connaissait les films en couleurs. Vivant dans l'intemporel, l'Ange prévoit tout naturellement ce qui va se passer dans le temps *(N. d. T.)*.

L. *(encore remplie du silence).* Je sens que je ne devrais pas
en poser maintenant.
– Tu recevras deux réponses,
parce que maintenant tu n'as rien demandé.
Écoute bien! Deux grandes réponses :
Une d'en bas, l'autre d'en haut.
Et les deux seront – une.
Sois bien attentive, car ce n'est pas moi qui parlerai.
Si tu prêtes l'oreille –
même les pierres parleront.

Vendredi 28 janvier 1944
Entretien 32 avec Gitta

– Je vous parle de la hauteur et de la profondeur.

Des sons flottent dans l'espace. Ils vibrent.
Pourtant, nous parlons de « sons hauts » et de « sons bas »
et, si nous les notons,
nous notons les bas en bas, les hauts en haut.
En réalité, il n'y a pas de distance entre eux.
Distance entre haut et bas
sur le plan de la matière
est sur le plan de l'esprit –
proximité.

Soyez attentifs! Je parle de la croix.
Croix! Deux forces.
Voici la voie :
  geste de bas en haut.
Voici la résistance :
  geste horizontal.
Première résistance : la terre, force horizontale.
Deuxième résistance : l'eau.
Troisième résistance : l'air.

La quatrième se situe déjà
entre matière et non-matière.

Nouvelle résistance : MATIÈRE ET NON-MATIÈRE
3ᵉ résistance   : AIR (pensées)
2ᵉ résistance   : EAU (sentiments)
1ʳᵉ résistance   : TERRE

Vous êtes en train de la percer.
Chaque point de rencontre entre deux forces :
un point frontière.
   Geste de bas en haut :
Terre –, eau –, air –, et ce qui n'a pas de nom.
Profondeur –, hauteur.
La terre, tu ne peux pas l'élever dans l'eau.
L'eau, tu ne peux pas l'élever dans l'air.
Tout a sa place.
NE PAS ÉLEVER !
NE PAS ENTRAÎNER VERS LE BAS –
MAIS RELIER !
La terre appartient à la terre. –
L'eau à l'eau. –
L'air à l'air.
Il faut passer au-delà de la nouvelle résistance *sans rupture.*
Ainsi, dans le monde créé,
le haut et le bas ne feront plus qu'UN.

Ce n'est pas sur la ligne horizontale
que la distance cesse, mais sur la verticale.
Des machines foncent dans les airs
et de plus en plus grande est la distance
entre le haut et le bas.
Plus elles foncent, plus s'agrandit la distance.
La force horizontale est force morte.
La résistance est inertie, et c'est bien ainsi.
   Geste de bas en haut :
Le rayon vertical traverse toute résistance,
mais à condition qu'il se transforme.
L'inertie de la résistance transforme

la force du rayon.

Toute la semaine dernière, je me suis interrogée sur mon évolution, sans pouvoir trouver de réponse satisfaisante. Aujourd'hui, j'ai eu beaucoup de mal à suivre l'entretien, 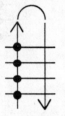 *qui me semblait abstrait et théorique. Et puis tout à coup, je me suis aperçue que l'Ange répondait exactement à mes questions : on ne peut évoluer que selon une ligne verticale, guidé par l'intuition qui seule peut nous conduire au niveau où esprit et matière se rencontrent. Le rayon ascendant de l'évolution se transforme en transperçant les niveaux de la matière, des sentiments et des pensées. Puis un renversement se produit. Ce sont à leur tour la pensée, les sentiments et la matière qui sont transformés par le rayon descendant de lumière. Ce n'est plus du tout abstrait : je peux l'observer en moi; c'est un processus de détachements successifs.*

L'homme d'aujourd'hui ne perce pas vers le Nouveau.
Entre deux résistances,
il s'étale comme une flaque, impuissant.
Voilà la réponse à ce que tu as voulu demander
sur le Rayon.
    Dehors, c'est la tempête.
Le vent est force horizontale.
    Geste de la gorge jusqu'au nez :
« Celle qui parle » est faible à cet endroit-là.
Elle est venue trop tôt « à l'air ».
    Hanna est venue au monde à sept mois.
Cette partie n'était pas encore formée.
Mais maintenant vous êtes tous prêts
pour forcer la nouvelle résistance.
Faites-le! Le seul point de difficulté :
c'est là où les deux lignes se rencontrent.
Soyez très attentifs!
Car maintenant matière et esprit se touchent.
Ne vous égarez pas, la joie ne signale plus le chemin,
comme jusqu'à présent!
C'est seulement si vous regardez dans la profondeur

que vous voyez en dessous de vous la joie.
Ce qui indiquait le chemin est en arrière.
Ce qui était douleur jusqu'à présent –
vous le quittez.
La Nouvelle Joie n'a pas encore de nom.

As-tu encore une question?
G. A quel signe puis-je reconnaître que je comprends?
– A ce signe que tu ne le sais qu'*après*.
La compréhension appartient au plan de l'air :
matière, mais matière subtile.

Il n'y a ni bas ni haut.
Il n'y a ni inférieur, ni supérieur,
si vous parvenez jusqu'à LUI.
Si vous êtes séparés, il y a un bas et un haut.
Si vous êtes unis, il n'y en a pas.
La Lumière point.
Vous tous, le Ciel est avec vous.

Vendredi 28 janvier 1944
Entretien 32 avec Lili

– Demande!
L. Je n'ai pas senti, ou je n'ai pas compris les réponses que
tu m'avais promises, une d'en haut, l'autre d'en bas.
– Cette semaine a-t-elle été plus facile
ou plus difficile que la semaine dernière?
L. Plus difficile.
– Où as-tu senti la difficulté?
L. Dans mon humeur.
– Sais-tu pourquoi?
L. Je ne sais pas.

– Mon petit serviteur! Le poisson frétille gaiement dans l'eau.
Toi, tu t'élèves plus haut,
et là tu ne peux pas encore frétiller.
   Silence.
Sois attentive! Je parle à nouveau de la croix.
   Geste de bas en haut :
L'acte.
   Geste horizontal :
Le repos.
La résistance est en même temps repos.
Le corps se fatigue. Il se couche pour se reposer.
Sur quoi se couche-t-il?
   Geste horizontal :
Sur la *terre*.
Le sentiment a pour signe : l'*eau*.
La pensée a pour signe : l'*air*.
Chaque plan est de plus en plus subtil.
Mais pas plus facile.
Le plus facile est de forcer la *terre*.
Une plus grande force est nécessaire
pour percer le *sentiment*.
Une force encore plus grande
pour transpercer la *pensée*.
Comment est-ce possible?
A travers le rythme de l'acte et du repos.
Là où tu arrives maintenant,
il n'y a plus besoin de repos, et cela...
   geste puissant de haut en bas, rapide comme l'éclair.
...cela transperce tout.

*Je comprends maintenant ce que l'Ange de Lili nous disait
il y a six semaines : « Si vous agissez dans le Nouveau,
vous ne pouvez pas être fatigués. » Seul l'acte vertical est
au-delà de la fatigue. Mais nous agissons presque toujours
à notre façon habituelle – passive, horizontale; si bien que
nous sommes fatigués, tellement fatigués.*

*Je comprends que la matière, les sentiments et les pensées
appartiennent au monde des contraires. Si nous devenons
conscients de la façon dont ils agissent en nous, nous trans-
cendons ces trois niveaux du monde matériel et nous prenons*

le chemin du quatrième niveau. Inversement, la LUMIÈRE
*peut ruisseler du haut vers le bas, unissant les trois niveaux
inférieurs dans son rayonnement. Et là, toute fatigue dis-
paraît.*
MAIS L'HOMME — AUJOURD'HUI — LORSQU'IL EST DEBOUT,
EST INACTIF.
LORSQU'IL EST COUCHÉ, SANS REPOS...
La réponse à ta question viendra d'en bas et d'en haut.
La réponse est : toi-même.
C'est pour cela qu'il est si difficile de l'apercevoir.
La vraie réponse devient partie de toi-même.
Car, vois-tu, chaque question est manque.
Si la réponse te remplit, il n'y a plus de séparation.
La réponse la plus certaine,
c'est qu'une nouvelle question se forme en toi.
   Dehors, le vent fait rage.
La tempête souffle.
Mais nous transperçons la pensée aussi,
vers la vibration la plus fine, au-delà de la fatigue,
de la douleur, du doute, de la mort.
Nous nous approchons...

Vendredi 4 février 1944
Entretien 33
« Celui qui mesure »

— « Celui qui mesure » parle.
Le printemps est là.
Si nous voulons une récolte,
il faut nettoyer les arbres,
greffer ceux qui sont bons.
Je ne vous vois pas,
mais je vois l'Arbre, l'Arbre de la Vie.
Dans ma main le glaive au tranchant terrifiant.
Chaque élu est une pousse sur l'Arbre.

SI LE NOUVEAU NE PERCE PAS L'ANCIEN –
je le tranche.
Ne craignez pas mon glaive,
il n'élague que ce qui est mort.
Ce qui est mort ne peut être greffé.
« Celui qui greffe » ne cultive pas,
mais il choisit entre le bon et le mauvais.

Le printemps est là.
Là, où se cache la vie, là, cela doit pousser.
Craignez « Celui qui mesure » et non son glaive!
Le bourgeon rêve. La branche coupée rêve aussi.
Vous ne sentez pas le fil du glaive,
car son tranchant est terrifiant.
Je ne greffe pas, je ne fais que mesurer.
Le temps est court.
Rêve éternel, ou Vie Éternelle...?
L'ARBRE VA PORTER DES FRUITS
POUR LA PREMIÈRE FOIS.
Nous le gardons depuis longtemps déjà.
Nous faisons la ronde autour de l'Arbre.
Nous préparons la récolte.
BOURGEONS, PROMESSES DE FRUITS,
NE TARDEZ PAS! PERCEZ L'ANCIEN!
Voici que la joie ne signale plus.
Voici que la douleur ne signale plus.
C'est la loi.
Faites bien attention!

Vendredi 4 février 1944
Entretien 33 avec Gitta

– Écoutez bien!
Nous sommes quatre, vous êtes quatre,
et cela ne fait pas huit.

« Celui qui mesure » vous mesure tous.
« Celui qui aide » vous aide tous.
« Celui qui rayonne » rayonne sur vous tous.
« Celui qui bâtit » vous bâtit tous.
Là où vous vous arrêtez, appelez-nous!
TOUT SE DÉCIDE MAINTENANT.

> *Je sens que le temps est court, que des événements tragiques vont bientôt se produire à l'extérieur : seule une transformation intérieure nous permettra de les affronter.*

Ce qui est sève pour la plante,
est joie de vivre pour l'homme.
Sans joie de vivre – sècheresse.
Soyez toujours pleins de joie de vivre!
Cela dépend vraiment de vous.
La sève vient d'en bas, la joie de vivre aussi.
Cela, c'est votre affaire.
Décision...
Ce que vous décidez – en vérité – cela sera.
Décidez, délimitez!
Ici l'ancien – ici le Nouveau.
En délimitant, le mur se trouvera derrière
et non devant. Il s'ouvre – il s'écroule.
Il faut décider!
Maintenant nous serons *toujours* avec vous,
vous aussi, soyez *toujours* avec nous!
Nous ne savons pas quand viendra
CELUI QUI GREFFE.
VOUS, LES BRANCHES –
NOUS LES GREFFES –
SOYONS TOUJOURS PRÊTS!

> *Je suis si émue par ces mots que les larmes me montent aux yeux.*

La sève est la joie ancienne.
Sois toujours pleine de joie,
sois bonne envers tous, envers tout!
Envers toi-même aussi!

> *Je suis stupéfaite.*

Ne t'étonne pas, le « petit moi »
est déjà à la troisième personne pour toi.

G. Je ne comprends pas. Comment puis-je être bonne envers moi-même?

— Tu ne peux l'être que si tu te quittes, —
là, tu peux l'être.

G. Comment faut-il que je fasse?

— Prête-toi à la joie de vivre.
Cela dépend de toi.
Écoute. Tu ne rayonneras pas
si tu oublies de le demander.

LA DEMANDE EST NÉCESSAIRE.
Ne sois pas lente à demander, demande toujours!
Tu peux nous appeler tous les quatre,
tu peux nous faire des demandes à tous les quatre.
SANS DEMANDE, NOUS NE POUVONS PAS DONNER.
Demande, question — signe de manque.
S'il n'y a pas de manque,
il n'y a pas de place pour donner.

G. Depuis quinze jours, j'ai l'impression que tous mes actes sont vides et dépourvus de sens.

— Tu rêves encore.
Le rêve devient vide de sens
si tu commences à t'éveiller.

G. Je n'ai plus de question, mais je t'en prie, parle encore!

— Grave dans ton cœur mes paroles
sur la joie de vivre.
Le printemps est là.
Nous marchons dans une forêt morte, desséchée.
La sève ne circule pas. —
Tout est sans joie de vivre.
Qui aime vivre? Il n'y a pas de joie.

SEULES LES BRANCHES
PLEINES DE SÈVE SERONT GREFFÉES.
LES BRANCHES SÈCHES NE LE SERONT PAS.

Mes bien-aimés, je pars.
Je ne sais pas pourquoi, mais je suis touchée par cet entretien

d'une tout autre façon que par les précédents. Je me sens
totalement pénétrée d'une joie calme et réconfortante.

Vendredi 4 février 1944
Entretien 33 avec Lili

— A qui t'adresses-tu?
L. A LUI et à toi.
— A qui t'adresses-tu?
L. A mon Maître.
— Il n'y a qu'un seul Maître.
Un seul!
Nous ne faisons que transmettre SON enseignement.
A qui t'adresses-tu?
L. *(hésitante).* A toi.
— En es-tu sûre?
L. *(encore plus hésitante)*...Oui!
— Je ne suis pas « Celui qui aide ».
Il a déjà parlé.
Nous vous enseignons. Nous sommes quatre.
Aujourd'hui, nous avons changé.
L. Donc mon premier sentiment était juste, lorsque j'ai eu
l'impression que c'était mon Maître qui répondait à Gitta.

— C'EST TOUJOURS LE PREMIER SENTIMENT
QUI EST JUSTE.
Le second est déjà réflexion.
Écoute toujours ton premier sentiment.
La tête reste en arrière.
L. Que c'est bon de vous voir changer l'un avec l'autre!
— Dès que vous quittez votre « petit moi »,
les quatre deviennent seize. — Et un.
Sois attentive!
Si tu travailles sur ta nouvelle tâche,
appelle « Celui qui bâtit »!

Si vous nous appelez, nous viendrons sûrement.
Écoute! Demain, appelle-moi,
car tu dois *rayonner* et non aider!
   Lili doit assister à une rencontre d'éducateurs.
Il te faudra montrer la Nouvelle Lumière.
La Nouvelle Lumière, qui ne passe pas par les mots,
mais par la certitude.
Car ils sont tous incertains.
   L'Ange fait ici allusion aux participants de la rencontre.
Ils n'ont pas de demandes,
ils n'ont pas de questions,
mais ils *pensent,*
et ils *parlent,* et *parlent* et *parlent...*

Demande!
L. Parle-moi de mon signe.
– Le triangle est le signe de l'aide.

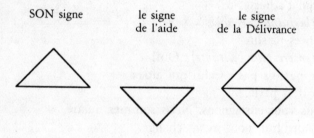

SON signe   le signe   le signe
                  de l'aide   de la Délivrance

Tu peux aider toujours et tous.
Ton triangle est l'image inversée
de SON signe.
Si le triangle d'en bas n'est pas prêt,
celui du haut ne peut pas s'élever sur lui.

Nous sommes quatre, porteurs de quatre forces.
Mais nous huit, nous seize,
nous tous, nous LE reflétons.

Demande!
L. Parle-moi de l'interdépendance du corps, de l'âme, de
l'esprit.
– S'ils s'élèvent vers LUI, il y a interdépendance.

Sinon, tout s'écroule,
tout devient poussière et cendre, même l'esprit,
s'ils ne s'élèvent pas vers LUI.
Il n'y a pas d'interdépendance,
s'ils ne dépendent pas de LUI.
On s'imagine qu'il y a interdépendance,
pourtant tout s'écroule.
SI TU DÉPENDS DU CORPS –
TU N'ES QUE CORPS.
SI TU DÉPENDS DE L'ÂME –
TU N'ES QUE CORPS ANIMÉ.
SI TU DÉPENDS DE L'ESPRIT –
TU N'ES QU'HOMME.
SI TU DÉPENDS DE LUI –
TU ES TOUT.

Ne dépends que de LUI,
alors corps et âme, esprit et LUI seront UNIS!
A sa dépendance tu peux reconnaître chacun.
Enseigne la vraie dépendance, la seule liberté,
car tout le reste est esclavage!

> *Lili, qui était malade, est pourtant venue avec joie de Budapest à Budaliget pour assister à l'entretien d'aujourd'hui.*

Aujourd'hui tu ne dépendais pas du corps,
ni de l'âme, ni même de l'esprit.
C'est pour cela que j'emporte toutes tes demandes
à SES pieds.
Tout dépend de quelque chose, sauf l'homme.
L'HOMME DÉPEND DE LUI.
Élevez-vous en toute liberté!
Cela ne dépend que de vous.
Bâtissez en vous la joie rayonnante afin de pouvoir aider!

Adorons-LE!

> *Lili et moi, nous sommes ravies que nos Maîtres aient échangé leurs élèves aujourd'hui. Nous nous sentons toutes neuves.*

Vendredi 11 février 1944
Entretien 34 avec Gitta

– Qu'est-ce qui l'emporte, la force ou l'inertie?
Je sens que cette question cache un piège, et répond prudem-
ment :
G. Je ne sais pas, mais je dirais qu'elles sont pareilles.
– Laquelle des deux veux-tu devenir?
G. La force m'est plus familière.
– Il n'y a rien de plus aveugle que la force!
La force est matière. La matière est force.
Mais il y a CELUI qui les dirige,
qui n'est ni force ni matière.
Le rayonnement devient matière,
la matière devient rayonnement.
Dans la création, tout est fait
de force et de matière.
Et le Créateur repose dans la profondeur
de tout le créé.
Mais force et matière seules,
voici les ténèbres extérieures.
Si tu rayonnes vraiment,
ce n'est plus la force seule.
Rien de plus aveugle que la force!
LA LUMIÈRE QUI EST ENVOYÉE
A TRAVERS LES YEUX,
C'EST LA LUMIÈRE QUI VOIT.

Sans elle, tu n'es rien. Sans elle, vous n'êtes rien.
Une main coupée, y a-t-il quelque chose
de plus dépourvu de sens?

Explosion atomique!
L'homme – enfant stupide –

qui met tout en pièces, sera déçu,
car LUI ne peut être divisé.
Ce qui est divisible,
c'est la force inerte et la matière forte.
Le multiple devient UN :
c'est le chemin qui mène à LUI.
D'un pain, beaucoup de pains,
ce n'est déjà plus un miracle,
car la terre est rassasiée de pain!
De la multitude des hommes : L'HOMME. –
C'est le nouveau miracle.
C'est le nouveau pain qui assouvit toute faim,
car tous en auront.
Cela suffit, car tu ne peux plus saisir
le sens de mes paroles.
    Ce n'est que trop vrai, et j'en suis désespérée.
Attends-moi *en souriant!*
Prends congé de moi *en souriant!*
C'est seulement ainsi que je peux être
toujours avec toi. Pas autrement.
G. Je sais que mes changements d'humeur me séparent de
toi...
– Je ne peux pas poser le pied dans l'eau,
car l'eau s'évapore là où je marche
et l'eau est nécessaire.
Le feu est nécessaire aussi.
Ta tâche : donner le feu.
Le feu est maître de l'eau.
LUI, IL est Maître sur tout.

Vendredi 11 février 1944

Entretien 34 avec Lili

– Je vous salue.
    Hanna commence à dire quelque chose, mais s'arrête net.
    Long silence. Je la regarde, étonnée.

– Ne vous étonnez pas!

« Celle qui parle » vient d'être effrayée.

Elle a vu la mort d'un monde lointain.

J'ai le sentiment que le Maître de Lili nous parle d'un corps céleste.

Je vous parle de la vraie distance

et de la fausse.

Infiniment loin,

insaisissable pour votre compréhension,

un monde se transforme de matière en force.

Et voici que vous tous, vous le *sentez*.

L'Ange parle de la façon dont nous avions récemment senti un grand changement dans la pression atmosphérique.

Vous êtes assis l'un à côté de l'autre,

vous pouvez vous toucher,

vos doigts peuvent se joindre, et pourtant,

il se peut que vous soyez plus loin les uns des autres

que votre terre de ce lointain corps céleste.

La création forme un tout.

La distance ne se trouve pas là.

Si fine que soit la vibration d'une force –

elle n'est que force.

De même que vous ressentez cette force lointaine,

de même chacune de vos pensées,

chacun de vos gestes se répand

et est agissant dans l'Univers.

Mais l'HOMME est plus grand que tout corps céleste :

IL EST LE CORPS DU CIEL.

Pas seulement partie, mais tout.

Vous entendez un cri d'angoisse.

Comment répondez-vous?

Vous laissez-vous déprimer?

Nous avions tous ressenti les perturbations atmosphériques de ces derniers jours.

Une petite cellule de l'orteil,

qu'elle est loin d'une cellule de la tête!

Qu'elle est éloignée!

Mais si le corps a mal, n'importe où,
toutes les deux le ressentent.
Et par quel moyen? – Par l'Esprit.
Toutes les étoiles de l'Univers ne sont que cellules.
L'HOMME est l'Esprit.
L'Esprit est infiniment petit et infiniment grand.
Une cellule meurt, une force est née.
Force inconnue, nouvelle, inhabituelle.
Cela n'est pas fortuit. Prenez d'elle des forces!
LA FORCE NOUVELLE NE BALAIE
QUE CE QUI EST INAPTE À LA VIE.
ET CE N'EST PAS DOMMAGE.
   Je sens que cette Force nouvelle nous « teste ».
Croyais-tu que je n'étais pas avec toi?
L. Non, mais moi, je ne me suis pas élevée.
– Mais moi je peux descendre, si c'est nécessaire.
Le mal rôdait autour de toi, mais je veillais sur toi.
L. Quel était ce mal? Que cherchait-il?
– La tâche du mal est de mettre à l'épreuve.
Mais bientôt tu seras au-delà des épreuves.

Une force inhabituelle
demande une résistance inhabituelle.
Ce qui est sans vie ne résiste pas.
Le vivant se transforme... là où il le faut.
Exactement là!
Ainsi, le mal devient bien.
Ainsi, la mort devient vie.
Le comprends-tu, mon serviteur?
Ce qui abat les autres vous vivifie.

Demande!
   Je pense à l'astre en train de mourir.
L'homme entend tous les cris d'angoisse
de l'Univers
et il doit y faire naître la douceur,
mais s'il échoue, il en cause le pourrissement.
Si la pomme est un peu meurtrie,

ou elle devient plus douce que les autres —
ou elle pourrit.

Demande!
L. Qu'est-ce que l'instinct?
— LA PAROLE DE DIEU À L'ANIMAL.
    A nous tous :
Demandez vous aussi!
J. Y aura-t-il un état intermédiaire, ou bien le Monde
Nouveau va-t-il apparaître à l'état pur, tout à coup?
— Le Nouveau balaie tout ce qui est ancien.
Enfant né sans parents. Jamais vu, jamais entendu.
Mais l'enfant grandit.
Il est encore petit, mais il grandira.
LA LUMIÈRE NE NAÎT PAS DES TÉNÈBRES,
MAIS LES TÉNÈBRES MEURENT DE LA LUMIÈRE,
en réalité, elles n'ont jamais existé.

Adorons-LE!

Vendredi 11 février 1944
Entretien 34 avec Joseph

*Après un long silence, je sens la présence de « Celui qui
bâtit ». Apparemment, la question de Joseph sur la venue
du Monde Nouveau demande des explications complémentaires. Profondément intéressée par tout ce qui concerne notre
évolution, j'attends avec une grande impatience.*

— Soyez attentifs!
J'ai peu de mots à dire.
Je parle du Nouvel Édifice qui descend des Cieux.
Il ne s'élève pas de la terre.
Tu es « celui qui bâtit ».
Sois attentif au Plan!

L'Esprit crée le Plan.
D'abord, la maison – après, l'habitant.
La Nouvelle Maison appelle le Nouvel Habitant.
Créez donc le Monde Nouveau!
Un Nouvel Édifice!
Édifice Nouveau sans précédent.
Il ne restera pas vide.
Tout ancien bâtiment n'est que coquille d'escargot,
sécrétion calcaire de mollusques.
Écoutez en silence!

Vendredi 18 février 1944
Entretien 35 avec Gitta

– Je parle du sourire.
La bouche représente la matière dans le visage.
Elle est en bas.
La force d'attirance vers le bas tire la bouche en bas,
la force d'attirance vers le haut l'élève.
Tout animal sait pleurer, gémir.
SOURIRE, SEUL L'HOMME LE SAIT. C'est la clef.
Ne souriez pas seulement
lorsque vous êtes de bonne humeur!
Votre sourire est sourire créateur!
Non pas sourire artificiel, mais sourire créateur!
Si les forces d'attirance vers le bas agissent,
elles ferment.
   Geste horizontal au niveau de la bouche :
Tout est tiré vers le bas. Tout.
La bouche est de la terre.
La force d'attirance vers le bas, c'est de la terre aussi.
Là, où deux pareils – matière et force – se rencontrent,
là tout devient de la terre.
Le sourire est à l'image de la Délivrance. Symbole.

La force créatrice élève la matière. –
Cela dépend de toi.

Il n'y a plus : je suis gai – je souris,
je suis triste – je pleure.
Cela n'est plus! Vieilles façons!
L'enfant que tu es, tu l'élèves mal, de la vieille façon.
Les coups corrompent l'enfant.
L'amélioration ne peut être qu'apparente.
C'est la forme et non l'essentiel qui change.
Enfant dressé – enfant mutilé.
Me connais-tu?
G. Oui.
– C'EST MOI QUI SUIS LA MESURE POUR TOI.
Ne mesure pas l'enfant avec l'ancienne mesure,
car il en serait mutilé.
Avec les mesures des autres non plus!
Comment peux-tu reconnaître ta voie,
si tu ne souris pas?
J'HABITE DANS LE SOURIRE ET JE SUIS TA MESURE.

Le sourire est symbole : Maîtrise sur la matière.
Si tu lis un livre, tu l'approches de toi
pour bien voir.
Si tu veux me lire, il faut que tu t'approches.
J'HABITE DANS LE SOURIRE.
Je ne peux pas pleurer,
car il n'y a rien sur quoi pleurer.
Il ne faut pas pleurer sur le manque.
Méchanceté, épouvante, ténèbres,
Votre nom est : manque.
Non manque d'eau, mais manque de feu.
La créature impuissante pleure,
car elle ne sait pas faire autre chose.
Elle tombe, et la tombe l'engloutit.

Le Ciel est avec vous.

Vendredi 18 février 1944
Entretien 35 avec Lili

– Je m'adresse à toi. Écoute ma bien-aimée!
Je continue à parler du sourire.
Vous passez à côté de lui, il est tellement connu!
Vous ignorez ce qu'il signifie.

LE SOURIRE EST PONT AU-DESSUS DE L'ANCIEN ABÎME.
Entre l'animal et ce qui est au-delà de l'animal, –
un abîme profond.
Le sourire est le pont.
Pas le rictus, ni le rire. Le sourire.
Le rire est le contraire des pleurs.
Le sourire n'a pas de contraire.

Écoute bien, mon serviteur!
Tu es « celle qui aide ».
La clef de tous tes actes, de ton travail,
de ton enseignement, c'est le sourire. Essaie!
Mets tes protégés à l'épreuve
pour voir s'ils arrivent jusqu'au sourire intérieur,
car ensuite leur façon de se mouvoir va changer.
Le sourire, c'est plus sûr
que n'importe quelle gymnastique.

SOURIRE – PAROLE – CRÉATION
SONT LES ATTRIBUTS DE L'HOMME.
Mais attention, car il y a aussi ricanement vide!
Vernis – perfidie – et hypocrisie. Hypocrisie!
LE SOURIRE EST LA PRIÈRE
DE CHAQUE PETITE CELLULE,
de chacune, et elle monte jusqu'ici.
    Geste horizontal au niveau de la bouche.

Le sourire élève au-dessus de tout.
C'est si simple! Mais personne ne le connaît.

Avez-vous observé où vous en êtes
lorsque vous ne pouvez pas sourire?
Dans la boue, dans la boue gluante.
Jusqu'au cou, ou jusqu'au-dessus de la tête.
Connais-tu quelqu'un qui sourit réellement – dis?
L. Je ne crois pas.
– Le sourire : condition première!
Où en sommes-nous donc?
Des pitres, usurpant le visage humain,
qui est sacré, et qu'est-il devenu?
Un affreux amas de boue!
Un tas de chiffons fripés!
Un masque barbouillé!
Misérables! Sans-Dieu!
Une seule issue : le sourire.
Et il n'est connu de personne.
Quand tu ouvres les yeux le matin, souris-moi!
Quoi que tu commences, avant tes cours, souris!
Que chacun apprenne et essaie le sourire!
Observe le vrai sourire : à quoi le reconnais-tu?
Les yeux n'y participent plus; seulement la bouche.
  Je suis très surprise d'apprendre que les yeux ne participent
  pas au sourire, mais l'Ange nous l'expliquera sûrement en
  temps utile.

Demande, mon serviteur!
L. Parle-moi de la main.
– La main signifie : être prêt.
L'outil est prêt. Prêt à servir.
  La main s'ouvre.
Je donne...
  La main se referme comme une griffe.
...ou je prends.
La griffe est force animale.
La main ouverte est prête.

Une fois encore, sans que je m'en sois aperçue, j'ai les poings
fermés.

    S'adressant à moi :

Cela n'est pas encore prêt.

Chez toi, ce n'est pas envie ni avarice,

mais manque de confiance en toi-même.

Tu ne crois pas que c'est LUI

qui donne à travers toi.

Tu ne crois pas que tu en es digne.

Sois prête! La main sourit, elle aussi. Tout sourit.

    S'adressant de nouveau à Lili :

Demande!

L. A la place de « Que TA volonté soit faite »,

pourquoi voulons-nous toujours faire notre volonté?

– Parce que nous ignorons la Sienne.

Si vous pouviez voir SA volonté autour de vous,

qui apparaît à travers nous,

vous ne désireriez pas faire la vôtre.

SA volonté est plénitude.

Accomplissons SA volonté.

Maintenant, c'est la volonté de l'homme

qui s'accomplit, et non la Sienne.

L'homme est le plus féroce des carnassiers.

Sa main est pire que la griffe d'un prédateur.

Il sera pris à celui qui prend,

parce qu'il n'est pas digne d'avoir des mains :

la main n'est pas destinée à prendre.

As-tu encore une question?

L. Comment pourrions-nous renforcer l'unité entre nous

quatre?

– En accomplissant votre tâche.

Notre tâche est le Monde Nouveau.

Que feriez-*vous* dans le Monde Nouveau

pour le Monde Nouveau?

Sachez à quoi vous êtes destinés.

RECONNAÎTRE VOTRE TÂCHE,
C'EST VOIR APPARAÎTRE
DANS SA PURETÉ VOTRE INDIVIDUALITÉ.
Alors vous saurez à quoi vous êtes destinés.
C'est la seule méthode;
tout le reste n'est que palliatif à la douleur,
dont le nom est « trop » ou « pas assez ».

Je reste. Il n'y a que le mot qui s'éloigne,
car il est enfant du temps.

> *Après l'entretien, Hanna nous dit que nos Maîtres nous demandent de répondre par écrit, pour la prochaine fois, à la question : « Que feriez-vous dans le Monde Nouveau pour le Monde Nouveau ? »*

Vendredi 25 février 1944
Entretien 36 avec Gitta

> *Comme l'Ange nous l'avait demandé, j'ai écrit ma réponse à la question : « Que feriez-vous dans le Monde Nouveau pour le Monde Nouveau ? » Mais je ne sais pas trop ce qu'elle vaut, et je ne me sens pas tranquille.*

– Les anciens peuples agriculteurs et bergers
offraient à leurs dieux le blé le plus beau –
le fruit le plus parfait – le bétail le plus sain.
Ils ont offert le premier fruit de leur effort.
L'offrande était image –
l'image projetée de l'avenir qui est maintenant :
la matière à élever dans l'esprit.
Ils n'ont reçu la pluie
que lorsqu'ils ont fait des offrandes.
L'eau en ce temps-là était encore en haut,
c'était le don le plus désiré.

Sont venus d'autres temps, est venu le savoir.
La plus belle pomme, le plus beau fruit,
le plus beau blé,
c'est l'homme qui les mange maintenant.
Il peint en rouge le fruit véreux et l'expose,
afin que tous voient que lui, il donne à Dieu.
Mais le petit ver – enfant de Dieu –,
dans la pomme abîmée,
perce la couche peinte et rend visible la supercherie.

La pierre, le vent, l'eau, le feu, la plante, l'animal,
tous accusent l'homme, car il peint la terre en rouge.
Et c'est du sang.
    Silence.
Que chacun de tes actes, chacune de tes tâches
soit une véritable offrande!
Seul le plus beau, le plus parfait
de ce que tu es capable de créer,
est digne d'être déposé à SES Pieds.
A-t-IL besoin de pommes, de blé?
SA loi est la plénitude.
Apporte-moi le premier fruit de ton travail –
je l'apporterai chez LUI.
Ainsi, tu recevras SA bénédiction
pour une nouvelle semence.
Plus de pluie – mais une nouvelle tâche.
Demande!
G. Même lorsque j'ai pu sourire,
cela n'a pas pu durer, et je me suis enfoncée.
– Pierre marchait sur l'eau. C'est ma réponse.
Lorsqu'il n'a plus eu confiance en lui –
il s'est enfoncé.

SI TU CROIS EN TOI-MÊME –
C'EST EN LUI QUE TU CROIS.
Ne t'égare donc pas! Il n'y a pas de deux.
Il n'y a pas de deux.
Il n'y a que l'UN.
La foi n'a pas de direction, ni haut, ni bas.

Il n'y a pas de matière méprisable, tout est SON corps.
Tu t'imagines que tu crois.
Si tu t'enfonces, c'est que tu ne crois pas.
Le Maître qui marchait sur l'eau ne s'est pas enfoncé.
Il portait en lui-même le Père. Il était Un avec LUI.
Est-ce ton but?
G. Oui.
— PEUT-IL ÊTRE UN AVEC LUI —
CE QUI N'EST PAS LUI?
Ne t'égare donc pas et tu ne t'enfonceras plus!
    Silence.
Je t'enseigne :
De n'importe qui, de n'importe où
vient le signal d'un manque — « la critique »;
ce n'est pas une image de ce dont tu es incapable,
mais une image de ce dont tu es capable.
QUE CHAQUE CRITIQUE T'ÉLÈVE,
CAR TES POSSIBILITÉS S'ÉLARGISSENT AVEC ELLE!

Chaque objet, chaque être autour de toi te sollicite.
On te demande seulement
ce que tu es capable de donner.
Qui demande à l'impuissant, au misérable?
Cueille-t-on des figues sur le chardon?
Mais on secoue le figuier,
parce qu'on attend de lui des fruits.
Porte des fruits!
Ne crains pas d'être secouée —
on ne secoue pas le chardon!

Demande!
G. Comment pourrais-je atteindre le plus haut degré de
mon propre feu?
— Si tu le mets à l'épreuve.
Tu n'as pas de feu *propre*. Il n'y a qu'UN feu.
Ce que tu mérites — est *tien*.
Ce que tu peux transmettre — est *tien*.
Plus le cercle est proche de LUI —
plus il y peut descendre de feu.

Et pour toi naît un nouveau MOI.
Tu n'as rien en propre. Tu n'es rien et tu es tout.
Tu peux choisir.

A la Source de tout feu.
    Prière silencieuse. Sévèrement, à Lili qui n'a pas fini ses notes et continue à écrire :
La prière n'est pas le moment d'écrire.

Vendredi 25 février 1944
Entretien
« Celui qui mesure »

Pendant la semaine qui vient de s'écouler, je n'ai pas cessé de remettre au lendemain le « devoir » qui m'avait été donné : que ferais-je dans le Monde Nouveau pour le Monde Nouveau. Le sujet était si vaste et si affolant que je n'arrivais même pas à concevoir ce Nouveau Monde. Pourtant, je n'étais pas surprise. Il n'était pas inhabituel que nos Maîtres nous demandent l'impossible, simplement pour nous montrer plus tard que c'était possible après tout. Hier, j'ai fini par écrire ce que j'avais pensé : consciencieusement, mais sans ombre d'enthousiasme. Aujourd'hui, nous sentons tous la présence silencieuse de « Celui qui mesure ». Ce long silence est tout à coup rompu par les cloches de l'église voisine, Maria-Remete, qui se mettent à sonner sans fin. Ce tocsin n'est utilisé, dans le village, que pour donner l'alarme lors d'un début d'incendie. Nous ne lisons pas nos essais à haute voix, puisque l'Ange connaît toutes nos pensées et tous nos sentiments.
Finalement, la cloche s'arrête, et c'est à ce moment-là que « Celui qui mesure » prend la parole :

— Je sonne la cloche intérieure. Que vous dit la cloche?
Je vous le demande au nom du jugement
que vous portez sur vous-mêmes.

Avez-vous vraiment fait tout ce que vous pouviez?
Car c'est cela qui compte, et non les mots
que vous avez écrits.
Auriez-vous pu faire davantage?
Dans ce cas, nous n'avons rien à dire.
Nous, nous commençons là où vous,
vous terminez, en vérité.

S'adressant à moi :

Réponds! Je demande la juste mesure,
qui ne soit ni trop haut ni trop bas.
Regarde-moi!

Je ne me sens pas trop à l'aise, et bredouille :

G. Je n'aurais pas pu terminer mieux le devoir, mais je n'ai
pas trouvé les sept joies.
— Ce que tu dis est en même temps ton jugement.
Je te le demande encore une fois.
Ne réponds pas avec ta tête!
As-tu fait tout ce dont tu étais capable?
Maintenant, ce n'est pas moi qui mesure, c'est toi.
G. Je n'aurais pas pu faire mieux cette semaine.
— « Celui qui mesure » met tout dans la balance.
Dans ta réponse, tiens compte de cela.
Qu'est-ce qui t'en a empêchée?
G. Je n'ai pu sourire que difficilement.
— N'as-tu rien à rajouter?
G. Il m'est très difficile de me juger, parce que je ne me
vois pas.
— Pour qui n'est-ce pas difficile?
Ce qui est difficile pour toi est facile pour d'autres.
Mais tu as des forces ailleurs, que les autres n'ont pas.
Ce n'est pas plus difficile pour toi que pour les autres.
Tu as de plus grandes capacités que tu ne le crois.
Tu te sous-estimes non dans ce que tu as écrit,
mais dans la façon dont tu te juges.
Tu es capable de mieux, dans tous les domaines.

A Joseph :

Mon « fils », que dit la cloche intérieure?

*J'ai toujours cru qu'il était impossible de se voir exactement
comme on est, mais Joseph me prouve le contraire. Il est le*

seul d'entre nous à avoir compris, intuitivement, le sens de
ce que nous avons su, plus tard, être un « examen de fin
d'année ». Et il répond simplement, avec une joyeuse certitude :

J. J'ai donné le meilleur de mon savoir, de mes sentiments.
   De fait, ce qu'il a écrit est étonnamment clair.

– Quelles expériences as-tu faites?

J. Je ne peux pas encore les vivre parfaitement.

– Tu le peux! Car celui qui est uni à toi est près de toi.

*Je comprends enfin que, pour cet « examen final », nous
n'étions pas censés résumer de façon plus ou moins logique
ce que nous savions déjà, comme on le fait dans toutes les
universités du monde. Non, nous devions faire exactement
le contraire : lâcher tout ce que nous savions, et nous lancer
dans le jamais-encore-vu, jamais-encore-entendu, jamais-
encore-su, en nous laissant guider par notre intuition — et
notre foi. Seul Joseph avait eu le courage de faire ce saut
dans l'inconnu *.*

Vendredi 25 février 1944
Entretien 36 avec Joseph

*Pour Joseph, il est souvent difficile de dire oui à la vie. Et
les sombres perspectives de l'année 1944 n'arrangent pas les
choses. Hier, pendant qu'il se débattait avec ses problèmes,
le plafond de l'atelier où il travaillait s'était écroulé,
entraînant une partie du mur. Joseph, qui n'avait pas été
touché, se retrouva au milieu des pierres et des gravats et
fut très impressionné par cet incident, chargé, à ses yeux,
d'une lourde signification symbolique.*

---

* Malheureusement, tous les « devoirs » écrits pour cet « examen final » ont disparu
pendant les mois difficiles qui ont suivi (N. d. T.).

– Tu es « celui qui bâtit ».
Prépare les fondations,
remplis-les avec les pierres,
et tu peux bâtir dessus!
La maison ne peut être bâtie sur des planches.
Le mot clef de ton chemin n'est pas : « c'était ».
Ni : « ce serait bon »,
en aucune façon : « c'est bon ».
Le mot qui bâtit est : « QUE CE SOIT! »
« C'était » – est omission,
« ce serait bon » – incapacité,
« c'est bon » – suffisance.
Que ta parole soit : « QUE CE SOIT! »
Ton Ciel est vert – car la terre est verte.
La loi de gravité lie *et* élève.
C'est avec joie que je t'ai parlé.
Si nous – nous ne pouvons pas parler,
les pierres – elles – se mettent à parler.
Leur message était pour toi.
   Allusion au mur écroulé :
Les pierres sont tombées par terre,
elles ont montré où est ton manque.
MAIS LE MANQUE QUE TU VOIS
N'EST PLUS UN MANQUE.

Au nom du Silence qui bâtit.

*J'ai demandé plus tard à Hanna ce que voulait dire : « Ton
ciel est vert car la terre est verte. La loi de gravité lie et
élève. » Elle m'explique alors que le caractère dominant de
Joseph est « du Ciel », qu'il lui manque le poids de la terre
pour atteindre l'équilibre libérateur entre la matière et
l'esprit. Que moi, par contre je suis « de la terre », et pour
compenser mon trop de matière et mon trop peu d'esprit, ma
tâche est de tendre vers le Ciel.*

Vendredi 25 février 1944
Entretien 36 avec Lili

Lili n'a pas pu participer à l'examen de fin d'année. Les catastrophes politiques ont des répercussions partout et ses élèves, qui viennent lui confier leurs peurs, lui prennent tout son temps. Ce qui est bien compréhensible : on connaît maintenant avec certitude l'existence des chambres à gaz nazies. Le frère de Lili est propriétaire d'un grand café près du Parlement, fréquenté par une clientèle surtout littéraire, et on est toujours sûr d'y trouver Lili dans un coin tranquille, entourée de ses élèves, jusque tard dans la nuit. Elle n'a donc pas écrit ce qui nous avait été demandé.

– Le petit germe ne soupçonne pas
ce qu'il deviendra en grandissant.
Pourtant il se gonfle, il se tend,
il s'efforce vers la lumière.
Ce qu'il deviendra en réalité
dépend de l'intensité de son effort.
Fais bien attention!
TOUT DÉPEND DE L'INTENSITÉ DE L'EFFORT.
Il est vain pour le petit germe de savoir
que dans sa profondeur
se trouve la promesse d'un grand arbre,
s'il ne se tend pas, ne s'efforce pas,
ne pousse pas vers la lumière.
Le sol est tellement dur, la terre tellement lourde –
il faut qu'il emploie toutes ses forces pour les vaincre.
  Les conditions de vie devenant tous les jours plus difficiles,
  Lili était continuellement prise par ses élèves qui venaient
  lui demander conseil.
Mon petit serviteur, toi aussi, tu t'es égarée.
L'accomplissement de la tâche

est accroissement de toi-même.
En t'élevant, tu peux donner davantage.
Plus la tâche est grande, plus elle nous fait croître.
Tu as aidé deux personnes,
tu en as laissé passer deux cents,
et deux mille étaient peut-être ta tâche.
Crois-tu que c'est ainsi?
L. Oui. J'en suis sûre.
— De cela tire la leçon!
Fixe le but de ton aide plus haut, toujours plus haut,
au-dessus de tes sentiments!
Des forces insoupçonnées
sont encore prisonnières en toi,
car tu ne leur ouvres pas la porte.
L. Je te comprends, mais j'ignore où je me ferme.
— Tu fais déjà bien ta petite tâche.
Mais choisis la meilleure part!
Sois Marie et non Marthe!
Cherche de nouveau! Et tu trouveras un « plus ».
Si tu ne cherches pas avec une foi totale,
tu ne trouveras jamais.
Place ta tâche avant tout!
Crois-moi, alors tu pourras aider.
Si nous regardons en bas, en haut, tout autour de nous,
tout est LUI.

Samedi 26 février 1944
Entretien 36 avec Lili
(suite)

*Nous sommes aujourd'hui samedi. Dans l'atelier, Lili essaie
de se plonger dans la leçon d'hier — et tout à coup se sent
pénétrée d'une intense lumière intérieure. Nous sentons tous
la présence inattendue de son Ange.*

– Sont insolites le temps, l'endroit, l'occasion.
Je suis descendu quand même, car mon service est : aider.
As-tu encore des doutes? Des points qui ne sont pas clairs?
L. Oh non... mais je vois ma tâche très grande.
– Cela n'est pas manque de clarté,
mais lumière trop forte.
Les yeux ne voient pas s'il n'y a pas de lumière.
Ils ne voient pas non plus
si son intensité est inhabituelle.
Tu as reçu trois étincelles aujourd'hui. – Le sens-tu?
L. Pas encore.
– Quels sont tes trois plus grands manques?
    Lili répond avec une rapidité étonnante; de toute évidence,
    elle s'était énuméré mille fois tous les défauts qu'elle pensait
    avoir :
L. Manque de foi, de travail, de don de soi.
– Il n'y a pas manque de travail, mais manque d'action.
Du travail tu en as, mais tu ne t'y
mets pas.
Les trois points de ton signe
s'allumeront
des trois étincelles,
y compris la foi en toi-même,
car les trois sont un.

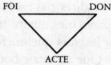

Les trois étincelles ne sont ni dans l'espace,
ni dans le temps.
Les trois manques n'existent plus.
Ils sont comblés. Tu verras que c'est ainsi.
Le corps est lent. Il est lent à percevoir.
Mais tu n'es pas seulement corps.
Ce n'est pas le corps qui accomplit la tâche.
Appelle sur toi la parfaite plénitude
ET TU SERAS TOI-MÊME PLÉNITUDE.
Ce n'est plus ton travail de combler ton manque.
Que le fruit vienne!
Crois-tu l'impossible?
Ce que tu as reçu aujourd'hui
était un avant-goût de la plénitude.
    Silence.

Soyez attentifs! Ce que je dis est important :
LE MOT EST CRÉATEUR,
CAR IL CONCENTRE TOUT, IL CENTRE.

A Lili, qui a mis par écrit ses manques ce matin :
TU AS MIS EN MOTS TES MANQUES,
AINSI L'ÉTINCELLE A PU VENIR.

A moi :
Sois attentive au mot!
LE MOT CONSTRUIT.
Ce n'est pas sans raison que telle pierre
s'imbrique dans telle autre.
Autrement ce que tu construis s'écroulerait.
Vous ne savez pas encore utiliser le Mot.
L'enveloppe n'est pas la graine.
La balle n'est pas le blé.
Le Mot – le Nom – Mystère.
Faites attention!
Il n'y a rien de vain dans ce que nous disons.
Si vous prononcez : « Soit », – cela sera.
Si vous ne le prononcez pas, – ce ne sera pas.
Ne dites pas : « Pourvu que ce soit! »
parce que quatre mots sont moins qu'un seul.
« Je crois quelquefois » – est moins que « je crois ».
« Que ce serait bon de pouvoir toujours aider. » –
Huit mots!
« J'aide *. » C'est un mot et il n'y a pas de brèche.
En toi non plus.
L'acte est la parole du corps.
La plénitude n'est pas le « beaucoup », mais l'intense,
et c'est l'éternelle mesure.
Demande encore comme provisions de route!
L. Je n'ai qu'un désir : que tout reste en moi aussi fort que
maintenant.
– Ne désire pas ce qui est à toi.
Place ton désir plus haut!
Le corps est lent.
Mais il va prendre conscience, lui aussi.

* En hongrois, « j'aide » est un seul mot (*N. d. T.*).

Vendredi 3 mars 1944
Entretien 37 avec Gitta

Ce matin, en essayant de trouver les Sept Joies, j'ai eu le sentiment soudain d'être LA JOIE — c'est-à-dire, comme je suis un être de joie, d'être enfin complètement moi-même.

— Je te parle des Sept Joies.
Tu es arrivée au cœur de ta tâche.
Tu y es arrivée, mais avec plus de difficultés
qu'il n'était nécessaire.
Les Sept Joies sont sept portes.
Tu aurais pu entrer dans la sphère par sept portes.
La porte s'ouvre vers l'extérieur et vers l'intérieur.

Ta nouvelle tâche est de rayonner les Sept Joies.
Voilà les mêmes sept portes,
mais elles s'ouvrent vers l'extérieur.
Les yeux aussi voient et rayonnent.
Que Dieu t'aide dans ton travail!

Après-midi

Ne laisse passer aucune journée sans ouvrir les portes!
Ouvre-les le matin et pas le soir!
G. C'est difficile, parce que je ne suis pas maître de mon temps.
— Ta tâche est de t'élever au-dessus du temps.
Tu ne peux pas faire d'une heure deux heures.
Si tu avais été au-delà du temps —
pour un seul instant —,
là tu aurais vu les Sept Joies à la fois.

Écoute! Si de l'extérieur tu t'approches de la sphère,
tu ne peux voir qu'une porte à la fois.
De l'intérieur, tu peux voir les sept portes
en même temps.
La sphère tourne, toutes les sphères tournent.
C'est pour cela qu'elles sont des sphères.
Chaque forme se constitue selon la loi du mouvement.
La sphère tourne, toi non.
LE PÈRE EST IMMOBILE
AU CENTRE DE LA GRANDE SPHÈRE.
Tout est mouvement, sauf LUI.
Il a créé l'homme à SON image.
Il lui a confié la petite sphère.
   Avec une ironie amère :
Regarde ce que l'homme en a fait.
Vois donc : il court à la surface,
et il n'arrive nulle part.

Demande!
G. De quel point faut-il que je parte dans mon travail?
– De la certitude. La tête peut-elle être sûre?
G. Non.
– Je vous dis un grand secret :
NE FAITES PAS DE PROJETS AVEC LA TÊTE,
AVEC LA TÊTE, EXÉCUTEZ!
LE PROJET EST CHEZ LE PÈRE;
TOUS LES PROJETS.
Si tu fais le plan de ce que tu vas faire –
avec ta tête,
voilà que tu lâches la bride au temps –
avant son temps –
sur l'exécution.
Car la tête et le temps sont un.
   Incapable de saisir le sens de ces mots, je me prends la tête
   à deux mains.
Ne te casse pas la tête!
Le Plan plane au-dessus du temps.
Si vous devenez un avec le Plan,
vous n'êtes jamais en avance,

et vous n'êtes jamais en retard.
Pendant un long moment, je fais des efforts désespérés pour comprendre ces paroles – et je me tais.

Pose encore une question, car le temps est passé.
G. Je fais beaucoup de mouvements superflus. Enseigne-moi le mouvement juste!
– Il n'y a pas de superflu,
là où il n'y a pas de manque non plus.
Ce que tu fais en trop d'un côté –
indique un manque de l'autre côté.
Seulement, le superflu ne comble pas le manque.
Ne jette pas le superflu! Parce qu'il n'existe pas.
On te demandera compte
de chacun de tes mouvements, sache-le!
Et le superflu trouvera bientôt sa place.

Fais-tu tout ce que tu devrais faire?
G. Pas tout.
– Vois-tu! Il n'y a pas de superflu!
Il ne faut pas ôter, ni rajouter,
mais mettre à sa place, diriger.
Le *beaucoup* vers le *peu*.
LE MANQUE INDIQUE LE BEAUCOUP.
LE BEAUCOUP INDIQUE LE MANQUE.
Si tu les diriges l'un vers l'autre,
il n'y aura plus de mal.

Au nom de la Plénitude.

Vendredi 3 mars 1944
Entretien 37 avec Lili

– Je vous parle à tous.
Il faut que vous vous purifiiez de tout ce qui est ancien.

Qu'est-ce qui est ancien? – l'imparfait.
Et pourquoi vous purifier?

PARCE QUE VOTRE DEMANDE CRÉE.
ELLE PREND CORPS.
Vous ne pouvez plus demander pour vous-même.
Vous n'avez plus de manque.
Si vous demandez d'une façon pure,
purifiée de l'ancien,
CELA PRENDRA CORPS.
Mais il vous faut demander!

A Joseph : Mais défense de se retourner!
A moi   : Défense de se retourner!
A Lili   : Défense de se retourner!
A moi   : Le bon ouvrier mérite son pain chaque jour
            pour donner du pain céleste.
A Joseph : Il mérite son toit
            pour bâtir un toit céleste.
A Lili   : Il mérite la solitude,
            pour donner à beaucoup.
A Hanna   : Il mérite le silence
            pour prononcer la Parole.

Il n'y a pas de compromis. SA loi est la plénitude,
et dans la Plénitude, tout est contenu.
Le cercle le plus grand embrasse le petit aussi.

A Lili :
Aucun de tes agneaux ne se perd.
Qu'est-ce qui les a rassemblés jusqu'à présent?
Sont-ils venus uniquement pour faire des mouvements?
Si ta foi grandit, ils viendront à toi
encore plus nombreux.
As-tu encore une question?
L. Continue à parler de la pureté, je t'en prie.
– Que tous vos actes, votre travail,
votre pensée, vos sentiments soient tout à fait purs!
S'ils sont purs, ils sont bons.
PURETÉ SIGNIFIE : TOUT À SA PLACE.
L'acte qui n'est pas à sa place est impur.

La pensée confuse est impure.
Les sentiments mêlés à l'esprit sont impurs.

*Je pense à cet entretien du début de l'année, où l'Ange parlait
de la nécessité de ne pas mélanger les différents niveaux.*

Il n'y a pas de souillure. Vilain mot. Il n'y a qu'impureté.
Soyez vous aussi toujours à votre place!
Aussi bien à l'extérieur qu'à l'intérieur.
Que ce ne soit pas la place qui vous change,
mais vous qui changiez votre place.
C'est cela, la pureté.

Le temple où Dieu est vénéré est sacré et pur.
Vienne à mourir la religion,
et le temple peut devenir entrepôt.
C'est la vénération de Dieu
qui fait du temple un temple.
Les temples et les religions meurent encore,
mais le nouveau Temple, lui, n'a pas de murs —
il ne peut pas mourir.
Vous êtes les bâtisseurs et les futurs prêtres
du Temple immortel qui a nom :
le monde délivré.
As-tu encore une question?
L. Je pense toujours à Clara *. Pourquoi est-elle si malade?
— La réponse est dans son nom.
Son nom signifie pureté.
Quelque chose n'est pas à sa place,
elle se le cache à elle-même.
Voilà la cause de toutes les maladies :
L'IMPURETÉ DISSIMULÉE.

*Tandis que je prends des notes, la mine de mon porte-mine
remonte à l'intérieur et je ne peux plus écrire. Énervée, je
le secoue vigoureusement pour pouvoir continuer.
S'adressant à moi :*

---

* Clara était une élève de Lili.

Tu as fait un geste superflu.
Tu ne peux pas en rendre compte.
Il est impur.
Aime l'outil que tu as dans la main,
car le Seigneur en demande compte!
Il demande le compte de chacun de vos actes,
et de vos mouvements.
C'est le secret de la liberté : LE servir.

   A Lili :
Veux-tu que je prenne congé?
L. Non.
– Si tu te mets sur la pointe des pieds,
tu peux déjà m'atteindre.
Il n'y a plus de fossé d'où tu ne peux m'atteindre.
Bientôt vient le « plus ».
Au sein du silence et de la solitude il repose.

Que le Ciel soit avec vous!

Vendredi 10 mars 1944

Entretien 38 avec Gitta

– Il y a un point : le point-foyer.
On l'appelle : Éternité.
C'est le point de puissance et de certitude.
Qu'est-ce qui te trompe?
Le grand trompeur : *le temps.*
DANS LE TEMPS, IL N'Y A PAS DE PLACE POUR L'HOMME.
IL Y EST DÉPLACÉ.
Un pas – le courant le happe –,
le courant du temps,
le courant dont le signe est l'eau.
Vous n'êtes pas des grenouilles, –
encore moins des poissons!

Passé – présent – futur.
L'un regrette le passé, l'autre en a peur.

L'un espère dans le futur – l'autre en a peur.
Ainsi il n'y a pas de « présent ».
Il n'y a pas de présent,
parce que l'homme est ou bien dans le passé –
ou bien dans le futur.
Passé – présent – futur.
Tous les trois ne font qu'un seul fleuve.
Inséparablement unis – mouvement,
mouvement de la matière fine.
Quelle différence entre *regarder* le fleuve
et *être dedans !*
L'HOMME est le maître du fleuve aussi.

L'ACTE EST L'ÉTERNITÉ PRÉSENTE DANS LE TEMPS.
La précipitation n'est pas l'ACTE.
Le point dont je parle – est au-delà du fleuve.
Le passé, le présent, le futur sont trois rayons.
Leur point-foyer est l'éternelle Réalité. LA RÉALITÉ.
Sors du temps, mon serviteur,
et tu seras son maître.
Œuvre créatrice, acte ne peuvent partir
que du point d'Éternité.
G. Toute la semaine, j'ai cherché en vain la porte qui conduit
à l'Éternité.
Où étais-je perdue ?
– Dans le temps. –
C'est pourquoi je te parle du temps.
G. Je ne connais pas le nom de la porte qui conduit à
l'Éternité.
– Combien de portes désires-tu ?
G. Une.
– Je t'en donne cent mille.
Que toute pensée, tout acte et tout repos
LUI soient offerts, et tout conduira à LUI.
MÊME L'INFIME EST DIGNE DE LUI ÊTRE OFFERT.
Quelle félicité serait pour vous l'existence,
si votre offrande devenait parfaite !

As-tu une question ?
G. Parle-moi du nouveau Soleil.

– Il est encore couvert de brumes.
Il y a encore trop d'eau en toi,
autrement tu le verrais.
   Je sais que le mot « eau » renvoie à mes états d'esprit
   changeants dans le flot du temps.
LE NOUVEAU SOLEIL NE PEUT PAS ENCORE
PERCER LE BROUILLARD EN TOI.
Ne t'attends pas à le voir de l'extérieur,
sinon, tu ne le verras jamais!

L'ACTE, à vous de l'accomplir!
Nous n'accomplissons pas,
nous ne donnons pas, nous ne prenons pas,
nous n'avons pas été, nous ne serons pas,
nous SOMMES par LUI.

Baissons la tête.
LUI est avec nous.

Vendredi 10 mars 1944
Entretien 38 avec Lili

L'ACTE n'est plus réparation.
On ne peut plus réparer.
L'aide n'est pas réparation.
Peux-tu recoller le fruit à l'arbre?
LUI, IL ne recolle pas, mais fait grandir.
SA MAIN EST PROCHE, ET C'EST TOI-MÊME.
Sois SON aide, et tu sauves le monde!

Demande!
L. Apprends-moi la tâche pour le Ciel et pour la terre.
– La terre est accomplie –
mais le Ciel ne brûle pas encore en toi,
et tu n'as pas deux places, mais une seule : au milieu.
Les degrés de la vie terrestre

et de la vie céleste sont sept.

Trois sont accomplis. –

Les trois autres sont au-delà des limites.

Mais le Quatrième les trouvera.

Les « SEPT » seront : UN Et il n'y aura plus de péché.

Le Cinquième vous parle.

L. Je ne comprends pas tout à fait.

– Tu ne peux même pas comprendre à moitié.

Dans le *Sept*, le *Quatre* relie

les *Trois* terrestres et les *Trois* célestes.

Je suis le Cinquième.

Et je m'appuie par toi sur la terre.

La foi conduit au *Quatre*.

Mais le *Quatre* n'a plus besoin de foi.

Le *Quatre* agit déjà.

Cet entretien avec Lili me semble un jeu de nombres abstrait et incompréhensible. Je demande à Hanna de me l'expliquer, et plus particulièrement le sens du Cinq. *Elle dessine alors le schéma qu'elle avait déjà tracé lors d'un entretien précédent, mais en ajoutant, cette fois-ci, les éléments qui manquaient.*

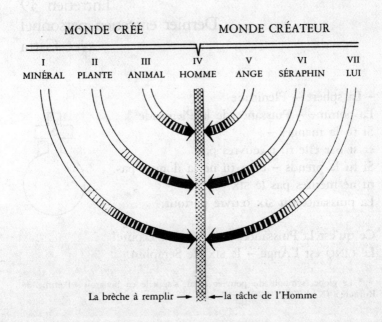

MONDE CRÉÉ				MONDE CRÉATEUR		
I	II	III	IV	V	VI	VII
MINÉRAL	PLANTE	ANIMAL	HOMME	ANGE	SÉRAPHIN	LUI

La brèche à remplir → ← la tâche de l'Homme

Ainsi, tout à coup, le schéma, maintenant très clair, devient la clef même de tout l'enseignement reçu, auquel il donne une structure. Je comprends enfin la place de l'être humain dans la Création. Je découvre un nouvel équilibre, dans lequel s'évader de l'esprit en méprisant la matière est aussi faux que de s'attacher à la matière en niant l'esprit. Je réalise à quel point il est important, essentiel même, de vivre pleinement la vie du corps autant que la vie de l'esprit. En fin de compte, je découvre aussi ma propre dignité, la dignité de l'individu destiné à être le lien, l'intermédiaire entre esprit et matière. Jamais je n'ai senti aussi intensément que la Création ne peut s'accomplir sans la participation de l'homme. Ce n'est qu'à travers moi, être humain, le Quatre, au milieu, que mon Ange peut agir sur terre. Grâce à cette découverte, ma vie change en profondeur. J'ai la possibilité, et la tâche, d'unir la matière et l'esprit dans mon corps aussi bien que dans mon âme.

Vendredi 17 mars 1944
Entretien 39
Dernier entretien personnel
avec Gitta

– La sphère – Plénitude.
La pomme – Puissance de la Plénitude *.
Si tu la manges –
et si par elle tu n'œuvres pas,
Si tu la prends – et si tu ne la donnes pas,
tu ne mérites pas le SIX.
La puissance du SIX œuvre partout.

Ce qu'est la Puissance, je le révèle : Écoute !
Le CINQ est l'Ange – le SIX, le Séraphin.

---

* Le globe, symbole du pouvoir royal, s'appelle en hongrois « Pomme de Royauté » *(N. d. T.)*.

Ce que je suis pour toi, il l'est pour moi :
mon Intermédiaire et mon Maître.

Je suis un avec Lui.
Ainsi sont accomplis les trois degrés du Monde Créateur.
  Je sens un rayonnement venu de LUI, transmis par le
  Séraphin puis par mon Ange.
Mais où est le QUATRE?
LUI ne tolère pas le vide, car SON Nom est : Plénitude.
Le QUATRE, ta seule place!
Là cessent le lointain et le proche...

Baisse la tête devant LUI!
Mais lève-la devant tous les autres!
Tu ne peux devenir maître qu'en agissant.
Entends-tu ma parole?
G. Oui.
— Comprends-tu ma parole?
G. Oui.
— Ne l'entends pas, ne la comprends pas,
MAIS VIS-LA!
Sers-LE, ne LE crains pas!
La crainte n'est possible qu'en bas.

C'EST AU SOMMET DE TES QUESTIONS
QUE TU TROUVERAS LA RÉPONSE.
JE SUIS LÀ.
JE NE PEUX TE PARLER QUE DE LÀ.
Si tu agis à demi, tu ne seras pas bénie,
car ce n'est pas possible.
Va toujours jusqu'au bout du chemin
qui mène vers le haut!
Ne descends pas, ne t'arrête pas,
si tu t'arrêtes, c'est la mort, *la deuxième.*

C'est cela l'enseignement.
TOUT A SON SOMMET
ET LE SOMMET EST TA PLACE.

Le Ciel soit avec toi.

L'Ange nous a souvent dit que la tâche de l'homme était de régner sur le Monde Créé comme un monarque juste et droit. Déjà, au cours d'un entretien précédent, le sceptre royal nous avait été donné – de façon symbolique, bien sûr. Aujourd'hui, l'accent est mis sur le second attribut de la royauté : le globe, emblème du pouvoir royal et de la plénitude.

J'ai le vague pressentiment que les entretiens d'aujourd'hui seront les derniers à être personnels.

Vendredi 17 mars 1944
Entretien 39
« Celui qui mesure »

– « Celui qui mesure » mesure.
Que mesure-t-il? L'espace.
Le cercle que la force n'embrasse pas – n'est rien.
L'ACTE, Dieu le sème – l'homme le reçoit.
Le cercle et l'acte : espace et temps.
Et LUI mesure par moi.
OÙ SONT DONC VOS ACTES?
Voici venu le temps. Le cercle s'est agrandi.
LUI voit tout.
OÙ SONT DONC VOS ACTES?
L'espace est ce que peut atteindre votre main.
Membre indolent!
La main est prête et pourtant ne se prête pas.
Il n'y a plus d'échappatoire :
toute voie aboutit au Point Unique.

La Lumière, seule réalité.
Par LUI, la créature est.
Toi, tu es créature et Lumière. C'est ainsi.
Le crapaud assis dans l'eau : tiédeur.

Ni poisson, ni mammifère.
Crapaud... ou Ange?
Le plateau de la balance est vide.
Vos actes sont insuffisants.
Mesurer le vide m'ennuie.
J'aimerais déjà emporter les fruits.
Déjà, IL attend davantage de vous.
Que la main soit prête!

« Celui qui mesure » parle. Écoutez-moi bien!
Car LUI parle à travers moi.

L'urgence de ces mots sévères me fait pressentir une catas-
trophe prochaine — catastrophe que nous ne pourrons affronter
que si nous nous sommes transformés intérieurement.

Vendredi 17 mars 1944
Entretien 39
Dernier entretien personnel
avec Lili

Geste formant un triangle :
– Écoute! Voici ton signe : le Trois!
Montrant la main gauche :
Matière...
Montrant la main droite :
Force...
Indiquant le cœur :
Celui qui agit.

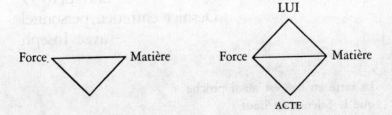

La matière est tâche. — La force est moyen.
Et c'est LUI qui agit.
Qu'est-ce que le Quatre? L'ACTE.
Ainsi s'achève l'édifice.
Ton manque est comblé. Le passé est dépassé.
L'ancien s'enfonce, le Ciel s'ouvre.

Ton acte est la danse qui relie Ciel et terre.
Ainsi, chacun de tes gestes devient danse céleste.
Je suis Danseur. Et je danse pour LUI.
   Je sens que la danse de l'Ange est création par le rythme.
Danse pour moi et pour LUI!
Ta main est libre, ton pied rit.
Je suis avec toi. Sur nos lèvres, le même chant.

Chaque chant est chanté pour LUI.
A *Lili*   : Chaque danse est dansée pour LUI.
A *moi*   : Chaque rayon est un oiseau
                 qui s'envole vers LUI.
A *Joseph* : Chaque mur du Nouveau Bâtiment
                 ne tient que par LUI.
Et maintenant s'élève vers LUI le chant du Quatre.

Il devient de plus en plus clair pour moi que nous ne pouvons
atteindre le quatrième niveau, où chacun de nos actes devient
ACTE, *qu'à travers l'accomplissement de notre tâche indi-*
viduelle.

Vendredi 17 mars 1944

Entretien 39
Dernier entretien personnel
avec Joseph

La terre en bas est aussi proche
que le Silence en haut.

Ils sont UN.
Et la terre, la verte, est ton Ciel.
L'acte n'est possible qu'ici.
Vide est la terre – pourtant SA main la remplit.
SA main qui a nom : HOMME.
L'HOMME est celui qui bâtit, qui aide,
qui est force rayonnante,
qui agit avec mesure.

« Messager du Ciel » est ton nom.
N'oublie pas que ta place est ici!
Ainsi Ciel et terre seront unis.
L'ancien tourbillon avale toutes les pierres
dont la maison de Dieu a été bâtie.
C'est pour le Ciel que tu ériges le mur ici-bas.
Et le mur n'est pas pierre, mais Chant, Rythme, Loi.

« Messager du Ciel », LUI est avec toi.

Vendredi 24 mars 1944

Entretien 40
Chant du Chœur

*Toute la Hongrie est en état de choc : en quelques heures,
les troupes allemandes viennent d'occuper le pays.*

– Le septième Ciel est aussi proche
que la place ici-bas où reposent vos pieds, la terre.
Là, Il est roi. Il ne revient plus sur terre.
Lumière éblouissante, Unique Réalité.
ROI : Celui qui EST de toute éternité.
Son vêtement est blanc d'un feu
qui monte jusqu'à LUI.
Vous êtes ses serviteurs! Servez-le, le Glorieux!

Lui qui est Lumière, Lui qu'on ne peut regarder,
l'Éternel Incroyable, le Seul en qui l'on peut croire.

VOUS ÊTES DES DESCENDANTS! VOUS TOUS!
Vous tous : des JÉSUS.
Vous êtes à Sa place. Vous agissez, vivez et devenez.
Mais Lui est la Cause, le Chemin, la Vérité et la Vie.

Ténèbres, méchanceté disparaissent, cessent
lorsque vient la Lumière.
Soyez attentifs! La Lumière que nous donnons
est atténuée deux fois.
Car le monde prendrait feu à sa force.
Nous la filtrons avec nos ailes.
Élevez-vous! La Lumière ne peut venir qu'ainsi.
Filtrez-la de nouveau!
LE FEU DESCEND SUR LA TERRE.

Si brûle en vous le Ciel – l'ancien est consumé.
LUI ne peut rien faire de l'ancien qui se consume.
Vos yeux verront le feu du Ciel
lorsque l'ancien sera consumé en vous!
Sinon – c'est vous qui brûlerez.
Le feu terrestre ne vient que de la terre,
n'est nourri que par la terre.
Le feu du Ciel n'est pas consumé
parce qu'il *est* le Feu.
Porter le feu du Ciel – apporter le feu du Ciel –
exige la pureté.
Purifiez-vous – autrement c'est impossible.
La Lumière qui descend par vous est si merveilleuse!
Le feu ne vous fait mal que là où vous devez changer.
Dans le vase, pas d'eau, mais feu flamboyant.
Car Lui – qui est au-dessus de tout –
baptise avec le feu.
Lâchez l'eau!
Le nom de la souffrance est : faille. Soyez remplis!
Le temps est proche.
Si le feu s'écoule par la faille, c'est le désastre.

Le feu ne peut brûler qu'en vous, qu'en vous!
Mais vous devez AGIR, AGIR!
Ainsi, la terre reçoit le feu du Ciel.
    Dehors, la tempête fait rage.
Le vent souffle, gronde, se déchaîne.
Tempête de neige, mais déjà sans force,
car vient le temps de l'éclosion,
de la Lumière, de la Chaleur.
Croyez-le, Lui, Il vient sûrement.
Lui, Il est avec vous, et Lui est la Lumière!

Nous sentons aujourd'hui que ce ne sont plus seulement nos Maîtres qui nous parlent, mais aussi une force beaucoup plus puissante. Jamais, dans aucun entretien, nous n'avions éprouvé une pareille intensité.

Vendredi 24 mars 1944
Entretien 40
Message pour Lili

Depuis l'occupation de Budapest par les nazis, il n'y a plus de moyens de transport, et Lili ne peut plus venir nous rejoindre.

– L'Ange de « celle qui aide » est là.
Le message d'avant venait du Chœur,
adressé à vous, les quatre.
Maintenant, c'est moi qui parle à celle qui est loin,
et qui peut tout de même être ici.
L'obscurité ne peut l'en empêcher.
L'obscur n'est qu'ombre projetée par la matière,
que la lumière ne transperce pas.
La lumière aussi est matière,
si la matière la limite.

LA NOUVELLE LUMIÈRE TRANSPERCE TOUT.
Il n'y a plus de limite,
il n'y a plus de loin ni de proche.
Ainsi, mon serviteur peut être ici.
Le centre de tout, c'est LUI.
Si la Lumière vient de LUI,
la main de « celle qui aide » s'agrandit,
embrasse tout et peut librement agir.
Et mon petit serviteur peut être partout
où elle peut agir.
　Silence.
La Force de l'« *Aide par excellence* » est avec toi !
Moi aussi, je te sers.
Moi, toi, LUI : trois,
mais là, à la limite : UN.
Et c'est la Grâce.

Je note le chant du Chœur des Anges adressé à Jésus, le Septième, et le court message pour Lili, que je lui ferai parvenir à la première occasion.
J'ai véritablement ressenti la présence de Lili pendant cet entretien, et je ne comprends qu'après coup comment cela a pu être possible. La lumière que nous percevons est limitée dans le temps et dans l'espace. La lumière intérieure, au contraire, pénètre tout : elle est sans-temps et sans-espace. Si Lili est pleine de cette lumière intérieure, elle est simultanément dans le temps et le sans-temps, et peut donc être présente en esprit parmi nous.

DEUXIÈME PARTIE

ENTRETIENS DE BUDAPEST

Immédiatement après l'invasion de la Hongrie par les Allemands commence la persécution des juifs. D'abord en province; ils sont rassemblés dans les grandes villes, d'où partent les premiers trains vers les camps d'extermination. Les routes menant à Budapest sont contrôlées, afin d'empêcher les juifs de se réfugier dans la capitale, où leur déportation n'a pas encore commencé.

Joseph et Hanna décident de retourner à Budapest, pour attendre les événements dans l'appartement de leurs parents — et je les accompagne. Ainsi, un soir, nous quittons Budaliget et je pars la première, empruntant des sentiers non gardés, à travers la forêt qui entoure la ville à l'ouest. Enfin, nous arrivons sains et saufs à la grande station de tramways Hüvösvölgy, où nous pouvons nous mêler à la foule.

Vendredi 31 mars 1944

Entretien 41

« Celui qui mesure »

Aujourd'hui, nous attendons notre premier entretien dans l'appartement des parents de Hanna, dans la Garay utca (rue Garay), située dans la partie Pest de la ville *. Nos « hôtes » avaient fort heureusement quitté la Hongrie peu de

---

* Rappelons que Budapest est coupée en deux par le Danube : à l'ouest, Buda, la ville haute, plus ancienne; à l'est, Pest, qui est plus moderne *(N. d. T.)*.

temps auparavant pour aller voir leur fils en Angleterre :
l'appartement est donc vide. Les pièces, au premier étage,
donnent sur une rue grise et bruyante, près de la gare Keleti,
qui dessert l'Est du pays. Après la paix et le calme de notre
petit village, tout nous paraît, à Budapest, sinistre et
bruyant.

« Celui qui mesure » parle.
Écoutez-le bien !
Le manque décroît, le germe croît,
le plateau de la balance se remplit.
D'en haut l'observent des regards brûlants.
Vous vivez de façon juste.
  Nous avons effectivement fait le nécessaire, mais dans le
  calme.

« Celui qui mesure » vous regarde.
Le danger se dissipe, la main se prépare.
Mon glaive ne tranche pas, mon glaive protège.
  Je suis très étonnée que notre attitude intérieure importe plus
  aux Anges que le danger extérieur.

L'existence est poids.
Pour celui qui ne s'égare pas,
le poids est aile.
Le Nouveau s'ouvre. L'acte n'est pas matière,
mais grain d'où jaillit le Nouveau.
Le danger passe — mais le grain reste.
Une brise se lève, et dans le temps juste,
germe l'acte qu'IL a semé en vous.
Mais gardez-le bien, ce grain si petit !
La moindre faille, et il peut se perdre.

« Celui qui mesure » parle.
Vivez de façon juste — juste.
Mon glaive protège.
Le mystère des sept Forces qui brûlent en sa pointe
est SA Grâce.

Baissez la tête, que la pointe vous touche!
Qu'IL soit avec vous!

L'épreuve continue. Celui qui persévère est sauvé.
Que SA Paix descende sur vous!
Ainsi, la malédiction ne se conçoit pas,
et vous vivez dans la joie.
Si vous vivez en LUI – il n'y a plus de peur.
Vous ne voudrez pas d'un autre sort.
Les sept Forces convergent en un point.
C'est le mystère, et c'est le chemin.

S'IL EN MANQUE UNE SEULE,
LA BALANCE BASCULE.
Je vous en prie, prenez garde,
un seul manque suffit pour cela.
Prenez garde! Espérez!
Adorez l'UN, l'Unique Réalité!

Nous tous, nous LE servons en cercle.
A chacun son service.
Je suis « Celui qui mesure »,
mais je suis aussi le Jardinier.
Je veille sur vous, petites fleurs de l'Arbre.
Je veille sur vous.
Mon service n'est pas de trancher seulement.
Je ne tranche que ce qui est mauvais.
Vous avez fait un grand chemin en peu de temps.
L'ancien est resté derrière vous.
Ne regardez pas en arrière – la maison s'est écroulée,
désormais, vous ne pouvez plus l'habiter.
Il était temps de la quitter.
Défense de regarder en arrière!
Mais, en avant, le chemin est déjà libre.

« Celui qui mesure » a parlé.
Ce qui était – est mort.
Ce qui sera – ne sera plus jamais perdu.

Le Jardinier se réjouit
lorsque le ciel s'éclaircit et que la semence réussit.

Vendredi saint, 7 avril 1944
Entretien 42

> *Dans toute la Hongrie, l'occupation nazie a pétrifié la vie*
> *quotidienne. Notre travail nous manque énormément. Notre*
> *inactivité forcée nous rend plus sensibles encore aux rumeurs*
> *de catastrophes, si horribles qu'on se refuse à les croire, et*
> *qui courent la ville comme une traînée de feu.*

Nous vous saluons − vous quatre.
Le Chœur des Anges apporte ce message, répandez-le!
La croix n'est pas signe de mort!
Mourez avec elle et vous vivrez éternellement!
Vous ne pouvez échapper à la croix,
car votre tâche est d'en accomplir le signe.
MOUREZ AVEC ELLE −
C'EST LA MOITIÉ DE LA TÂCHE!

Trois jours, c'est le temps : Passé, présent, futur.
Dans le tombeau, dans le linceul, embaumé
repose le corps.
Mais vient l'Aube.
L'Aube vient.
Le Corps vit, mais meurt le temps.
Le temps de la mort est révolu.
Autour du tombeau, les hommes;
et dedans rien, rien que le linceul.
Le linceul est rejeté, la mort est morte.

L'Éternelle Vie s'est embrasée.
LA SECONDE MOITIÉ DE LA TÂCHE :
VIVEZ PAR LUI!

L'Ange de la mort se tient à Ses pieds.
L'Ange sert fidèlement la loi,
mais à LUI est la Grâce.
Et la Grâce plane au-dessus de la loi.
Ayez la foi sacrée, et la Grâce est à vous,
mais en gage seulement :
par vous, elle agira vers le bas.

Si vous ne croyez pas,
vous conduisez tout à la mort : telle est la loi.
Le tourbillon conçoit et enfante des enfers,
et le nom de l'enfer :
« ce qui ne sert plus », l'ancien.

Le Corps n'est pas cadavre,
le Corps n'est pas matière.
Le Corps est grain qui lève
et ressuscite par LUI.
LE CORPS EST PLAN ET NON ORGANE.
LE CORPS, C'EST LUI-MÊME.

Par quoi le grain est-il grain?
Par l'enveloppe?
Elle ne germera jamais.

Par LUI vous êtes grains, par LUI seul,
et c'est LUI qui grandira par vous.
Mystère sacré.
Nous sommes des Anges.
Notre parole est vérité,
puisque nous sommes par LUI.
La Lumière, notre breuvage.
la louange, notre chant.
Tout notre service est pour LUI.
Nous sommes unis, notre service est commun.

Quatre piliers montent jusqu'au Ciel
et unissent Ciel et terre.
Nous sommes la voûte, la terre est notre sol.

La maison est prête.
Le temps des noces est venu,
les noces du Ciel et de la terre.
Après les noces, le nouveau-né : Lui.
Il vient demeurer parmi vous.
Croyez-le, Il repose déjà là.

Gardez-Le fidèlement dans votre cœur.
Nous chantons Sa Gloire − déjà ensemble avec vous.
Séparément, nous ne le pouvons plus −
car notre chemin est devenu un.
OU NOUS PÉRISSONS AVEC VOUS,
OU NOUS NOUS PURIFIONS AVEC VOUS.

Le poids n'est qu'enveloppe,
mais le grain germe, si Lui souffle sur vous.
Le temps est proche −
le temps est loin −
le temps s'évanouit.
Il n'y a plus de temps − si Lui grandit en vous.

Vous donnez naissance à l'Enfant,
unique issue : L'HOMME.
N'ayez même pas d'étable délabrée!
Soyez au sommet, toujours au sommet, nous y sommes!
Voilà qu'Il est notre Enfant aussi.
Son petit corps est encore frêle,
mais le Ciel et la terre s'émerveillent devant Lui.
La force de l'Ame est le lait qu'il tète.
Des serviteurs fidèles veillent sur Lui.
Soyez fidèles!
Les cœurs se remplissent de Lui
et ce qui est rempli ne fait plus mal.
Le chœur des Anges plane au-dessus de vous.
Que la Paix descende sur vous,
mais donnez-la aux autres!
Elle n'est pas vôtre.
LUI seul est nôtre,
et nous sommes à LUI.

C'est cela l'enseignement :
VOUS PAR LUI
ET LUI PAR VOUS.

Depuis quelque temps, les Anges emploient un langage rythmé
et rimé, et les entretiens sont moins personnels qu'à Budaliget,
ce qui m'irrite. Je n'ai jamais aimé la poésie, et je ne
comprends pas la raison de cette forme nouvelle. Je me sens
comme un petit enfant à qui on aurait retiré le lait pour
lui donner une nourriture solide, et qui n'aimerait pas ça.
Je regrette l'enseignement pratique de Budaliget, et de ne
plus pouvoir poser mes questions « si importantes ». Je sais
bien que Hanna est un instrument humain plus ou moins
apte à transmettre ce qu'elle reçoit, et c'est à elle que j'en
veux de cette nouvelle forme rythmique — il est bien sûr hors
de question d'en vouloir aux Anges ! Pourtant, aujourd'hui,
lorsque j'entends ces mots terribles : « ou nous périssons avec
vous, ou nous nous purifions avec vous », je suis frappée
comme d'un coup de fouet, qui m'ouvre des perspectives
nouvelles. Je découvre que ce rythme me touche et me nourrit
directement, sans passer par mon intellect. La fin du dernier
entretien me stupéfie : Vous par LUI, LUI par vous. La
dignité que je sens dans cet équilibre homme-LUI est d'une
telle force que je suis incapable d'en comprendre toutes les
implications.

Dimanche 9 avril 1944
Jour de Pâques
Entretien 43

Le cadavre reste toujours mort.
Le vivant reste toujours vivant,
mais ils sont reliés entre naissance et mort.
Ce que vous appelez Vie,
c'est la tâche active.

Active – la mort la sert,
passive – la mort est son maître.

NAISSANCE ET MORT SONT COUPLE,
ET NON VIE ET MORT.
Ici l'âme se trompe – lorsqu'elle a peur –
car la Vie vit éternellement.

Vendredi 14 avril 1944
Entretien 44

Nous sommes nombreux,
mais UNE est notre parole.
La Grâce s'écoule par nous
et nous ne nous lassons jamais.
LA VIE DONT NOUS VIVONS –
C'EST LA GRÂCE QUE NOUS VOUS DONNONS.
Donner – équilibre le poids.
Ayez soif du Nouveau!
Le feu que vous recevez est soif éternelle,
transmettez-la!

Les Sept Âmes sont votre demeure.
Sur la première reposent vos pieds.
Les Six vous enveloppent jusqu'à la tête,
et au-dessus la Septième.
Les Sept Âmes sont toutes agissantes :
La Vérité – *est.*
L'Amour – *croît.*
Le Rythme, l'Harmonie – *sont mouvement.*
La Conscience, la Co-naissance – *crée.*
La Paix – *repose.*
La Félicité – *transcende tout.*
La Cause ultime est grand mystère,
inexprimable Ivresse et Ravissement.

Plénitude.

LUI donne éternellement,
LUI ne se lasse jamais,
LUI le Tout-Puissant.
Agir n'est possible que par LUI.
Toute lumière, IL en est la source.
Tout espace, IL en est la base.
Tout être qui a la foi, c'est LUI.
Tout chant s'élève jusqu'à LUI.
Ne meurt pas celui qui LE sert.
Tout parfum monte auprès de LUI.
Ne connaît pas la fatigue celui qui s'élance vers LUI.
Toute montagne se dresse vers LUI.
Qui cherche, trouve le chemin,
Tout autre chemin aboutit au néant.
Toute parole s'efface devant LUI.
LUI est la maison — et LUI est l'habitant.

Les Sept Forces sont à vous.
PRENEZ-LES! MANGEZ-LES! MAIS AGISSEZ!
Qu'acte et nourriture soient équilibrés!
L'équilibre est nécessaire sur la montagne.
Équilibre, paix et silence sont seuls possibles là-haut.

Nous sommes nombreux.
Par vous et par nous la Vie s'élargit.
Les Sept se répandent.
Ce qui est mort se dessèche,
ce qui était se décompose,
mais le Nouveau éclôt.

Les Sept préparent une nouvelle nourriture
qui fait disparaître tout péché.
Le Ciel s'ouvre à tous et la nourriture descend :
Pain céleste né de la lumière et non du sol.
Faim, méchanceté, ténèbres, tombeau
ne sont que vide,

mais le Message qui vient les remplit déjà.
La terre s'apaise et elle attend.

La mort est rassasiée pour toujours :
elle n'attendait que cela.
L'Ange triste qui a toujours faim.
qui avale tout et pourtant est toujours affamé,
sera bientôt apaisé.
QUI MANGE LA VIE
EST ÉTERNELLEMENT AFFAMÉ.
QUI DONNE LA VIE
EST ÉTERNELLEMENT AGISSANT AVEC LUI.
Ainsi se comble le vide. Vous êtes engendrés maintenant,
et vous deviendrez les enfants, gages d'amour,
du Père et de la Mère, du Ciel et de la terre,
au sein du Quatre, dont le nom est encore scellé.
Si l'union a lieu en vous, tout s'accomplit.
Levez la tête, que le Septième soit avec vous!
Qu'Il vous touche!

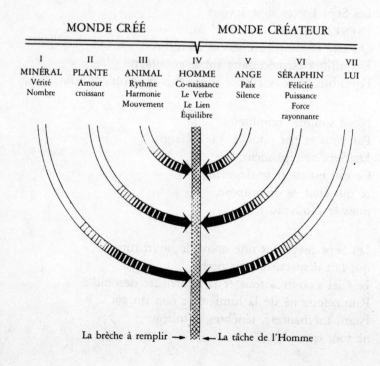

		MONDE CRÉÉ		MONDE CRÉATEUR		
I	II	III	IV	V	VI	VII
MINÉRAL	PLANTE	ANIMAL	HOMME	ANGE	SÉRAPHIN	LUI
Vérité	Amour	Rythme	Co-naissance	Paix	Félicité	
Nombre	croissant	Harmonie	Le Verbe	Silence	Puissance	
		Mouvement	Le Lien		Force	
			Équilibre		rayonnante	

La brèche à remplir →   ← La tâche de l'Homme

Cet enseignement suscite tant de questions en nous que nous restons éveillés une partie de la nuit. Immédiatement après l'entretien, j'avais pressé Hanna de nous dire — même si ce n'était pas absolument clair — ce qu'elle avait ressenti. Elle nous dit à peu près : « J'ai perçu l'essence individuelle de chacune des sept âmes de la vie. Le premier degré de l'être est le MINÉRAL, la pierre, le cristal. L'âme qui l'anime est la Vérité, le Nombre et la Loi.

Le deuxième degré est la PLANTE. Son âme est l'Amour et la Croissance. Le troisième degré est l'ANIMAL, dont l'âme est Harmonie, Rythme et Mouvement.

Les trois degrés seront contenus dans le quatrième, l'HUMAIN. Mais nous — les soi-disant humains — ne sommes pas encore l'HUMAIN, le Quatre. Notre tâche est de commencer à vivre ce quatrième degré, et de devenir un lien conscient entre le monde créé et le monde créateur. Le cinquième degré est celui des ANGES, où règnent la Paix et le Silence.

Dans le sixième degré habite le SÉRAPHIN, Joie et Force brûlante. Le septième degré est le mystère, le plus haut niveau de la vie. » Je dis à Hanna : « Maintenant, c'est clair, mais il y a quelque chose que je ne comprends toujours pas. On nous a dit que Joseph est le Cinq — Paix et Silence ; Lili le deux — Amour croissant ; et moi le Six — Force rayonnante ; et qu'à nous tous nous devions réaliser le Quatre. Comment est-ce possible ? »

Hanna rit et explique : « C'est seulement en vivant pleinement notre tâche individuelle qu'il nous sera possible de vivre le Quatre, la tâche universelle de l'humain. Ce sont précisément les forces dont tu viens de parler qui te rendent capable de parvenir au Quatre, où les sept âmes sont unies.

Ainsi, c'est justement en vivant pleinement le Deux, l'Amour croissant, sa tâche individuelle, que Lili pourra réaliser le Quatre, le Pont, le Lien, et devenir ainsi, dans la vie de chaque jour, un facteur de Délivrance.

Accomplir chacun notre destin individuel est la seule porte qui ouvre sur le Quatre, la seule porte, d'ailleurs, dont nous ayons la clef. T'es-tu demandé pourquoi ton Ange — dès le début — t'a répété : " Suis ton propre chemin ! Sois indépen-

dante! IL t'a formée à mon image! Tes yeux sont faits
pour rayonner! "
C'était pour que tu prennes enfin conscience de ton indivi-
dualité propre, pour que tu vives le Six, Force rayonnante,
dans ta vie de tous les jours. Ainsi, seulement ainsi, tu peux
devenir le Pont, le Lien entre la créature et le Créateur, le
*Quatre : l'*HOMME! *»*
Je me sens très soulagée d'y voir enfin clair.

Mercredi 19 avril 1944
Entretien 45
« Celui qui mesure »

La rumeur commence à se répandre que tous les juifs qui
ont dépassé l'âge du service militaire et qui se trouvent à
Budapest seront déportés vers des camps de travail.
Une atmosphère de panique règne dans la ville. Joseph a le
pressentiment de son avenir, et devient de plus en plus
silencieux. Hanna souffre profondément. Elle fait de son
mieux pour ne pas le montrer, mais je sais combien elle doit
lutter pour garder son équilibre intérieur. Lili ne connaît
plus un moment de paix. Elle donne trop de temps et de
force à ses élèves, qui depuis le matin jusque tard dans la
nuit déversent sur elle toute leur angoisse.
Quant à moi, je cours d'un bureau à l'autre, en essayant
désespérément de sauver mes amis. Mais je ne trouve partout
que désorganisation, incompétence et apathie. Une peur
contagieuse envahit la ville, et cette panique est presque
impossible à supporter. Tout le monde souffre de dépression.

« Celui qui mesure » parle :
Même la pierre croît, l'arbre fleurit, l'animal aime,
mais l'homme enterre! Il viole la loi, il détruit tout.
Portez des fruits!
Car il me répugne de trancher le vif.

Le Verbe vit en vous –
mais le figuier stérile sera coupé.
Le bourgeon éclôt –
sera-t-il fleur, ou feuille seulement?

Dans ma main le glaive de feu flamboie,
mais mon âme est troublée.
Le Jardinier implore :
« Encore un jour
Je vais bêcher autour du tronc, Seigneur!
Je vais fumer aussi.
Il se peut qu'il porte des fruits!
Si jamais il n'en portait pas...
Alors Tu pourras l'abattre.
Mais écoute-moi!
Je suis le jardinier et l'arbre m'est cher. »

Dans ma main le glaive de feu flamboie,
et je sais que je l'abattrai si LUI l'ordonne,
car je suis SON serviteur.
Je ne me révolte pas, je ne me scandalise pas.
La tâche de l'Ange est lourde aussi,
mais il est prêt à servir. Toujours!
Servez! Jour et nuit! Défense de vous arrêter!
Beaucoup de talents vous ont été confiés,
vous devez en rendre compte!
Voyez! Qu'il est doux de LE servir!
Portez des fleurs, je vous en supplie!

Jamais je n'ai été aussi ébranlée qu'après cet entretien. Le plus sévère et inapprochable de nos Maîtres nous a humblement suppliés *de porter des fleurs! Hanna nous dit : « Si nous lâchons maintenant, nous sommes perdus. Ni la terre ni le Ciel ne nous accueilleront plus, mais tous les deux nous vomiront. »*
Hanna a raison. Comment ai-je pu me laisser dominer par la situation extérieure, me coupant ainsi de toute possibilité de demander l'aide de nos Anges? La tragédie qui nous

*entoure est contagieuse, et nous nous sommes tous laissés
contaminer.*

Vendredi 21 avril 1944
Entretien 46

*La réquisition des appartements des juifs a commencé. Les
juifs sont entassés dans un quartier de Budapest transformé
en ghetto, et dont les entrées sont surveillées. Nous ne savons
pas à quel moment Joseph et Hanna seront touchés aussi.
Mais, grâce au dernier entretien, nous sommes capables
d'affronter cette menace avec un calme relatif. La situation
extérieure ne s'est pas améliorée, bien au contraire, mais
nous, nous avons changé. C'est pourquoi le message d'aujourd'hui est un chant de joie.*

– LUI parle, et le Quatre se met à chanter :

Créez toujours!
Agissez toujours!
Sans lever le bras, sans même le vouloir,
vous agissez.
Vous deviendrez : Homme.
C'est du Ciel que vous prenez votre force,
de LUI.
Le Cinq vous vient en aide.
La foi embrase, le brouillard se dissipe.
Ceux qui ont des yeux – *voient.*
Ceux qui ont des oreilles – *entendent.*
Ceux qui sont mortels – *vivent.*
Ceux qui vivent – *témoignent.*
Chant sans fin, mais fin du mur :
Babylone s'est écroulée.

Le chant s'envole.

Félicité; Paix sans fin.
La fin est le commencement,
au commencement est le VERBE,
et le VERBE est en vous.
Cherchez, cherchez sans trêve!
Celui qui cherche trouve.
La mort vous guette en vain,
elle ne vous trouvera plus.

Le chant monte.

Le grain est semé.
Il ne sera pas retiré si la terre est bonne.
Il ne reposera pas longtemps.
Tout meurt.
Seul le grain demeure.
A lui seul soyez attentifs!
Remplissez-vous de lui,
levez-vous avec lui et reposez en lui.
La force la plus grande
est celle du germe qui pousse.
Le roc en éclate, car le Glorieux habite en lui.
Nous vous servons, puisqu'en vous IL habite aussi.

Monde Nouveau, libre, vrai, vaste.
Là vous pouvez habiter.
Personne ne peut vous l'enlever *,
mais vous, vous pouvez le donner.
Le monde a soif — en vous la source.
Le monde hurle — en vous le silence.
Le monde pleure — en vous le seul baume.
Au-dessus des lois — la Grâce.
Au-dessus du tourbillon — le Pont.
Au-dessus du gémissement — le Sourire.
Au-dessus de la folie — la Paix.

* Allusion à la réquisition des logements des juifs.

Non la fin de la guerre – mais le Nouveau.
Faites-le descendre enfin, le Nouveau!
JUREZ SUR LE CIEL QUE VOUS L'ACCOMPLIREZ!

A l'extérieur, tout est englouti.
A l'intérieur, tout s'accomplit, et vient –
entre le Nouveau Ciel et la Nouvelle Terre : L'HOMME.
Réjouissez-vous avec nous! Qui est contre nous?

Ensemble nous découvrons
la certitude de la Nouvelle Vie.
Que le sourire ne vous quitte jamais!
Qui ne le découvre pas demeure prisonnier.
Éternellement libre est celui qui agit par LUI.

LUI a parlé, le Quatre a chanté.
Et LUI, il vous parlera chaque jour.
Écoutez bien!

Samedi 22 avril 1944

Entretien 47

« Celui qui mesure » parle :
J'apporte le goût de la Nouvelle Parole.
Ce qu'IL a donné, je le transmets.
Seule est transmissible la Parole donnée par LUI.
Dilapide, qui en dit davantage.
La Parole est acte.
Bonne – elle élève, mensongère – elle enterre.
Elle enterre non pas la vie – mais le degré de vie
et ainsi meurt le Quatrième.

Reste l'animal, le cheval.
S'il y a trop de mouvement,
le Troisième meurt aussi.

Reste l'herbe.
Or si le corps s'enfle, la vie diminue.
Et le Deuxième disparaît.

Seule reste la pierre.
Et l'indolent perd le Un.

« Celui qui rayonne » parle :
Si la parole est vérité,
si c'est LUI qui parle par vous,
il n'y a plus de mur.
Le brouillard se dissipe, le Cinq s'ouvre.
Le Six se construit,
et les Sept Forces sont ta couronne.
Les Sept Forces verdoient toutes sur l'Arbre du Ciel.
C'est là que mûrit le fruit de l'éternelle Vie.

Quiconque en a goûté n'a plus qu'un désir : LE servir.
Le grand secret est le « plus ». Le « beaucoup » ne l'est pas.
Les Sept Forces portent des fruits,
et LUI, le Seigneur des fruits, cueille tout,
quand vient le jour.
Fleurissez, portez des fruits!
La main vide est terrifiante.

« Celui qui aide » parle :
Désastre, ténèbres, guerre ne sont que manque de fruits.
C'est LUI – la faim des affamés,
LUI, la demande – s'il n'y a pas de pain,
LUI, le pleur – s'il y a souffrance,
et LUI, le cri – s'il y a manque.

Il y a assez d'ancien blé.
CHERCHEZ LE NOM DU NOUVEAU, LE NOM,
CAR LA PAROLE CRÉE!
La bouche est faite pour elle.
Que les yeux ne regardent que le Nouveau!
Que la main n'œuvre que pour le Nouveau!
Qu'elle donne enfin, qu'elle ne prenne plus!

Que soit enfin la Paix!

JUREZ SUR LE CIEL QUE VOUS L'ACCOMPLIREZ!

> *C'est la seconde fois que les Anges nous répètent avec insis-*
> *tance : « Jurez sur le Ciel que vous l'accomplirez! » Cette*
> *responsabilité me trouble, parce que je ne vois pas comment*
> *y faire face.*

Vendredi 28 avril 1944

Entretien 48

Jurer n'est que se décider.
Le grain commence à germer, il perd sa forme de grain :
IL SE PERD LUI-MÊME,
et ce n'est qu'ainsi qu'il peut donner des grains,
vingt ou quarante.
Ce n'est possible qu'ainsi.
Jurer ne lie pas.
Jurer délie.
> *Je comprends que jurer délie de l'ancien.*
Le grain n'est plus, il sera pain.

Attention, ne semez pas le grain dans la terre!
Il y a assez de blé,
les greniers sont pleins depuis longtemps,
mais le Ciel est vide.
Personne n'y a encore semé du grain.
Semez le grain là où personne ne l'a jamais osé.

Même si le pied de celui
qui sème dans la terre trébuche,
le grain tombe à la bonne place et germe,
mais celui qui sème dans le Ciel ne peut plus trébucher,
car le grain retomberait sans germer.

Le champ du Ciel – le Sept –
est labouré depuis longtemps.
Semons là le grain, le miracle y poussera,
et le pain n'y manquera jamais!
Toute paume tendue sera remplie,
tout manque trouvera ce qui le comble.

Attention, le grain de semence n'est pas à manger!
Le diable se réjouit
si le pain est fait du grain de la semence.

Semez le grain et il portera du fruit!

Jusqu'à présent, le blé a poussé vers le Ciel.
Le blé céleste retombera sur la terre.
Mais où est le Ciel? Là-haut? Ici-bas?
En vérité, il se fait en vous-même.

*Je me sens soulagée : notre serment au Ciel nous aide à nous
libérer de l'ancien et à nous ouvrir au Nouveau.*

Vendredi 28 avril 1944
Entretien 49 (fragment)

*Ce soir, les Anges viennent à nouveau nous visiter alors que
nous ne les attendions pas. Prise au dépourvu, je n'ai rien
pour écrire, et ne peux noter que la fin du message.*

... Adam s'est caché devant LUI.
Il a perdu le chemin...
Sur la croix qui se dresse vers le Ciel,
sur elle, crucifié, le Fils de l'Homme a parlé ainsi :
« Mon Père, pourquoi m'as-tu abandonné? »
Et LUI n'a pas répondu.
Celui qui cherche – ne trouve pas.
A celui qui frappe – on n'ouvre pas.

Il n'est possible de chercher que ce qui a été perdu.
Je me demande : est-ce que cela veut dire que Jésus, dans son agonie, n'était plus uni à Son Père ?
Celui qui cherche – ne trouve pas,
car la fin de tous les chemins, c'est la mort.
Chaque commencement court à sa fin...

LUI SEUL EST, ET IL EST LE CHEMIN.
Celui qui court sur le chemin n'arrive nulle part.
Celui qui s'arrête sur le chemin ne trouve rien.

Après un long silence, l'Ange continue à parler des noces du Ciel et de la terre, sujet de la première partie de cet entretien inattendu que je n'ai pas pu noter.
Réjouissez-vous !
Fiancé – Fiancée sont dualité,
sont vase où habite la béatitude.
Fiancé et Fiancée, créateur et créature,
ombre et lumière ne sont que vase,
et LUI est l'Ivresse.
Ce que je viens d'entendre m'étonne et me choque ; sans doute ne suis-je pas encore assez unie à LUI pour accepter ces mots si rudes. Hanna, elle, vivait en si étroite union avec les Anges qu'elle pouvait nous transmettre ces paroles sans une ombre d'hésitation. J'ai l'impression que les Anges lui parlaient toujours avec le maximum d'intensité qu'elle pouvait supporter. Je sens moi-même ces changements d'intensité : parfois je suis totalement nourrie, alors qu'à d'autres moments j'ai grand-peine à suivre. Est-ce dû à ma propre réceptivité, qui n'est pas toujours la même, ou à l'intensité des messages ?

Vendredi 5 mai 1944
Entretien 50

Le quartier qui entoure la synagogue a déjà été transformé en ghetto. Tout un marché noir de faux papiers s'organise.

J'aurais voulu — et j'en avais le moyen — en fournir à
Joseph, Hanna et Lili; mais ils ne veulent pas envisager
d'avoir recours au mensonge. Les juifs mettent tous leurs
espoirs dans leur nouvel ange gardien, Raoul Wallenberg,
et ses passeports suédois qui pourraient les sauver d'une
extermination certaine, organisée avec une efficacité diabo-
lique par Adolf Eichmann.

Toutes les forces célestes se répandent,
et attendent que vous soyez leur main.
Elles apportent ce message : *Ne fuyez pas!*
Au-delà et en deçà de la mort, ce n'est que rêve.
Au-dessus seulement de la mort, vous trouvez la Vie,
Vie qui est : LE SERVICE.
Vous LUI êtes chers.
En vous IL trouve SA Joie,
car votre cœur est plein.
Ne vous hâtez pas, ne tardez pas,
mais soyez avec LUI!

« Celui qui mesure » parle :
Je ne suis que le Jardinier maintenant.
Il m'est permis de vous protéger,
mais ce n'est possible
que si votre âme est au-dessus de tout.
Aimez, cherchez! L'âme du Jardinier frémit,
mais j'ai confiance en vous : ce qu'IL a semé a pris.

Nous tous, nous sommes ici, et nous serons avec vous.
C'est en dessous de nous que commence l'espace :
nous ne connaissons ni l'espace ni le temps.
L'espace va s'élargissant vers le bas.
Si vous vous élevez,
vous pouvez toujours, à tout instant, être avec nous.

Le Monde Nouveau crie vers vous,
afin de pouvoir naître.
L'unité habite en vous, et c'est LUI.
La tête peut-elle avoir peur,

si LUI, IL habite le cœur?
Le pied détale, la tête s'affole, la main s'agrippe...
et pourquoi?
Que votre pied reste fidèlement sur la terre!
Baissez la tête, joignez les mains!
Dans le cœur résident et la Vie et la Voie.

Il n'y a qu'une seule Vérité : IL EST.
Nous tous, ne sommes que des images :
ANGE, HOMME, ANIMAL, FLEUR, PIERRE,
NE SONT QU'IMAGES,
CAR LUI EST TOUT.

Ne fuyez pas, même chez nous!
Celui qui fuit reste dans les ténèbres.
Le rêve devient de plus en plus épais,
si vous y croyez.
VOUS ÊTES DES ÉVEILLEURS, PAS DES RÊVEURS,
ET C'EST POUR CELA QU'IL VOUS FAUT RÊVER.

*Ces mots font naître en moi quantité de questions. Avons-
nous librement accepté de « rêver » cette vie terrestre afin de
devenir capables d'éveiller d'autres rêveurs? Même si notre
rêve est tragique? En l'acceptant, pouvons-nous nous éveiller
nous-mêmes et devenir ensuite capables d'en éveiller d'autres?*

Éveillez-vous!
Mais ne fuyez pas devant la tâche!
Si, seul, vous habite SON Service,
tout ce qui a été ordonné
– croyez-le – s'accomplira.

Notre Parole est Vérité,
et non consolation diluée et vaine.
Seul a besoin de consolation
celui dont l'âme s'assombrit,
celui qui ne LE voit pas.
Mais vous – dont le cœur est plein,
dont les paroles et actes respirent la vie,

donnez-vous la main!
Et si l'un, parmi vous, est faible — aidez-le!
Lui, Il marchait sur la mer,
un jardin L'a vu pleurer pourtant.

> *Cette image de Jésus avec ses pouvoirs surhumains et ses larmes si humaines dans le jardin de Gethsémani me touche profondément. Nous sommes assis autour d'une table et — sans que nous l'ayons voulu — nos mains posées devant nous forment une croix.*

Voici le signe de la Croix!
Pleine de Force!
La croix n'est plus debout — elle est couchée.
La tâche n'est plus la mort — la tâche est : VIE.
> *Silence.*

Et maintenant, chantons un chant pour LUI :

« SEIGNEUR DE TOUT CE QUI EST,
TU ES UN AVEC NOUS!
CECI EST NOTRE CHANT,
CECI EST NOTRE VIE :
TU ES UN AVEC NOUS.
NOUS NE CHERCHONS PLUS RIEN.
REGARDE AVEC NOS YEUX!
ŒUVRE AVEC NOS MAINS!
SOIS DANS NOTRE CŒUR!
QUATRE SERVITEURS T'ADORENT.

TON ŒIL NOUS VOIT.
OUBLIE NOS PÉCHÉS!
ÉCOUTE NOTRE CHANT!
NOUS NE PRIONS PLUS,
NOUS NE SUPPLIONS PLUS :
NOUS SOMMES TOI.

NOTRE SEIGNEUR, NAIS PAR NOUS! »

Vendredi 12 mai 1944
Entretien 51

*Budapest est bombardée pour la première fois. La maison
en face de la nôtre, de l'autre côté de la rue, a été détruite.
Jour après jour, les badauds viennent se régaler de ce sinistre
spectacle. Il y a même parmi eux des fermiers venus de la
campagne, juste pour voir...*

— Le Quatrième Plan — le Plan de la Réalité —
est encore vide.
Pourquoi la foule regarde-t-elle en bas?
En quoi la ruine est-elle belle,
et non ce qui est intact?
Pourquoi le pied piétine-t-il et n'avance pas?
Il n'y a qu'une réponse aux nombreux « pourquoi » :
Choisis! Sépare! Le mur de séparation s'écroule.
Le vieux pourrit, le bourgeon s'ouvre.

La force qui opère en vous fait un avec le Tout :
les Sept Âmes divines et votre âme.
« Celle qui aide » — est le Deux.
« Celle qui parle » — est le Quatre.
« Celui qui bâtit » — est le Cinq.
« Celle qui rayonne » — est le Six.
Et j'attends que viennent le Un, le Trois et le Sept.
Ils tardent encore mais ils vont venir,
et ce qui doit s'accomplir — sera.
*Je me demande quand ces nouveaux compagnons viendront
agrandir notre cercle.*
Chaque degré de vie est une âme,
mais les sept ensemble : l'Homme.

Les Sept Âmes sont sept membres.
Les Sept Âmes opèrent toutes,
mais UN est l'Éternel.

   S'adressant à moi :
Acceptes-tu le Six? Le Six est Félicité – sache-le!
G. Oui, j'accepte le Six.
   A Joseph :
– La Paix et le Silence sont le Cinq.
Ils descendent à travers toi sur la terre,
si toi tu ne la négliges pas.
Saisis la main du Quatre,
et Paix et Félicité trouveront leur place,
car leur support est le milieu – le Quatre –,
l'élément humain : la Conscience, la Co-naissance.
   A Lili :
Et s'épanouit l'Amour, le Deux.
Quel miracle!
Les Sept ne vont jamais l'un devant l'autre,
mais en cercle,
et il n'y a qu'un sommet, la pointe du cône.
Ainsi, les sept lignes forment le cône.
Personne ne devance l'autre,
et le cercle ne se brise nulle part.

Nous aussi nous chantons en cercle,
et nos yeux LE regardent.
Chaque cercle aboutit à un sommet : le cône est la voie.
Notre place est sur le cercle.
Nous chantons depuis le Temps au-delà du temps,
car LUI est le Temps au-delà du temps,
le Sage des âges, le Nourrisson Éternel.

Le Plan qu'IL trace est si merveilleux!
Voilà pourquoi notre chant est joyeux.
LUI trace l'éternel Plan – qui passe à travers nous,
MAIS RIEN NE SE PEUT FAIRE SANS VOUS.

Chantez vous aussi!
Le nom de votre chant est encore scellé,
mais ce que je peux dire, c'est qu'après vous
toute la création chantera.

Le chant que votre âme appelle doucement de la terre
n'est ni triste, ni gai, ni trop, ni trop peu,
mais Plénitude.

Ciel accompli, terre accomplie, les Sept unis.
Soyez attentifs!
Le miracle chemine parmi vous, – en rond.
Faites le chemin avec lui.
Le cercle se rétrécit, le cercle ne se brise pas.
L'Éternel s'approche.
La foi n'est plus nécessaire :
la foi est le pont, le pont est encore espace,
mais le point – au centre – contient le Tout.

Les Cieux parlent.
La terre aura des ailes par vous et par nous.
Si vous parlez par nous –
nous sommes debout sur la terre,
si nous agissons par vous –
vous avez des ailes,
et notre service ne prendra jamais fin.

Après cet entretien, Hanna essaie de nous faire comprendre sous une forme symbolique ce qu'elle a vu : elle nous dessine ce schéma, mais insiste sur le fait qu'il ne peut éclairer qu'un seul aspect de l'essentiel.
Ce schéma me montre clairement que chacun de nous a sa place dans les sept niveaux de l'être, mais sans aucune espèce de hiérarchie.

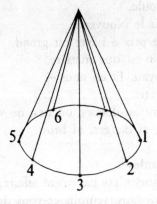

Le Centre de la sphère est le Point.
De là IL répand ses rayons,
fait éclore les fleurs.
Dehors, la terre se refroidit,
et la chaleur − l'amour − y erre sans patrie.
La sphère est la matière,
et LUI, le Centre. LUI qui habite en tout,
comme nous, nous habitons en vous.
La mesure est trompeuse.
Dehors, tout se refroidit.
La chaleur du soleil n'est que lumière réfléchie.

Vous *regardez* et ce que vous voyez est pourriture.
Ce qui est achevé est mort. Tout se décompose.
L'Éternel Devenir, seule tâche à accomplir,
ne se trouve pas au-dehors.
Si vos yeux *voient,* l'unique obstacle s'écroule;
les sept rayons n'attendent que cela.
Le Monde − la pierre − la branche − le cheval −
tous attendent que vous deveniez unis : HOMME.

Dehors, tout s'écroule,
au-dedans se bâtit le Nouveau.
Tout attend, et le prix à payer est grand.
Ce qui est grand n'est que matière,
et petit est le Noyau. Et en nous —
LUI est le plus petit.
Vos yeux regardent au-dehors, où rien ne vous regarde :
ni soucis, ni mal, ni danger, ni bruit.

Ne soyez pas ébranlés!
Ce qui est au-dehors n'est pas votre affaire.
N'écoutez qu'au-dedans, remplissez-vous de LUI!
L'espace est facilement rempli, il est si petit!
Ce qui est sans pesanteur et ne peut être pesé,
ce qui est hors de l'espace et ne peut être saisi,
tient une toute petite place — et c'est l'Infini.
    *Aujourd'hui, j'ai l'impression d'être sous une douche alter-
nativement froide et chaude, passant d'un contraste à l'autre :
du dehors au dedans, du grand au petit. Curieusement, je
me sens vivifiée, et comblée.*

Le Saint-Esprit vous conduit.
En LUI les Sept Âmes prennent leur source.
Sept sons — mystère.
Il parlera une Nouvelle Langue par vous.
La Nouvelle Langue donne naissance
à de nouvelles Oreilles.
Vous êtes le son, vous donnez le ton.
Il n'y a encore personne pour entendre le nouveau son.
La voix vibre, la matière, le limon originel frémit.
Ainsi naîtront les oreilles nouvelles.
Le limon attend. Le limon est mort, mais il vivra,
car LUI souffle dessus à travers vous.
Tout va naître. La terre attend.
Tout être s'inclinera devant LE PLUS PETIT.
Jusqu'à présent a vaincu le *grand,*
désormais vaincra le *petit.*
Choisissez! l'un ou l'autre!
Éternelle est la chute

de ceux qui veulent le *grand*.
Le *beaucoup* sera enlevé,
le *grand* sera abattu.
Le *petit* sera gardé.
Vous êtes sur un *petit* cercle.
– C'est une joie pour nous!
Le nôtre est *plus petit* que le vôtre,
et LUI en nous est *le plus petit*.

Votre place est maintenant *petite*,
mais seulement à l'extérieur, et c'est bien ainsi.

Le Malin tourne en rond aussi,
mais son cercle est grand.
Il vous attend en vain.
Le grand cercle renferme tout,
mais le Centre – le Point –
ouvre grand les portes du Ciel.
IL ATTEND.

Joseph et Hanna ne sortent pratiquement plus. Le port de l'étoile jaune est devenu obligatoire, ce qui déclenche souvent des agressions racistes. Par sécurité, je vais chercher Lili pour les entretiens, et je la ramène ensuite chez elle en taxi.

Vendredi 26 mai 1944
Trois jours avant la Pentecôte

Entretien 53

Le Consolateur, la Septième Parole,
Le Porteur du Message de Joie,
viendra parmi vous.
Attendez-Le au jour dit!

Autrefois, lorsqu'il a parlé aux anciens,
la flamme s'est allumée sur Son passage.
Soyez unis au jour dit,
et la flamme s'allumera sur votre front!
Flamme éternelle.

Notre bouche est trop faible, notre être trop léger.
Seul le Septième porte Consolation.
Différente de celle des anciens
car vous êtes nouveaux.
Vous recevez une flamme nouvelle.
Votre âme accablée s'élance.
Le lieu du corps du Seigneur
– le tombeau – disparaît.

Homme, être fragile!
Sur son front la Lumière, et le vase est rempli.
Depuis longtemps il était vide.
Il est rempli,
car votre cœur est prêt,
et ne connaît plus le désespoir.
A celui qui est prêt, il est donné.
Ici, la demande ne sert plus.

Pendant cette semaine, j'ai mesuré le vide,
afin de savoir quand vous serez pleins.
A chacun sera donné ce qui le complète.
Ce que vous recevez est Lumière, toute petite,
et le grand vase en est rempli.
Ainsi, cela LUI plaît-il.
La faiblesse est force,
et la force est faiblesse.
Que le roc est dur!
La flamme est versée cependant
dans le vase le plus fragile!

C'est le Fils de l'Homme qui reçoit la tâche.
Réjouissez-vous, vous êtes des hommes!
Vous deviendrez l'HOMME.

Votre tâche est d'accomplir ce degré d'être.
Vous recevrez le Saint-Esprit,
Il sera votre breuvage.
Prenez garde, Il brûle,
mais seulement là où vous prenez appui.
Voyez, c'est Lui qui vous élève,
inutile de vous appuyer!

LUI, IL souffle sur le feu,
et nous chantons en chœur :
« CE NE SONT PLUS LES ANCIENS
QUI TIENNENT CÉNACLE.
DES ÊTRES NOUVEAUX,
ÉTERNELLEMENT JEUNES, JUGENT TOUT.
SUR LEUR TÊTE, LA TIARE, COURONNE DU CIEL,
PREMIER RAYON DU SOLEIL NOUVEAU.
LE NOUVEAU SOLEIL EST DÉJÀ,
MAIS LA NOUVELLE TERRE REPOSE ENCORE.
NOUS VOYONS LE NOUVEAU SOLEIL.
VOUS EN BAS, PAS ENCORE.
DANS LA PROFONDEUR DU CŒUR,
L'AUBE POINT LENTEMENT.
DEDANS, NOUS LA VOYONS DÉJÀ,
DEHORS, VOUS NE VOYEZ QUE LA SOUFFRANCE
DE LA TERRE.
IL N'Y A QU'UNE SOUFFRANCE :
" ÊTRE AU-DEHORS. "

IL N'EST TÉNÈBRES QU'AU-DEHORS,
AU-DEDANS, CE N'EST PAS POSSIBLE.
IL N'Y A DE BRUIT QU'AU-DEHORS,
MAIS AU-DEDANS NAÎT LE SILENCE.
IL N'Y A DE TEMPS QU'AU-DEHORS,
ET C'EST AU-DEDANS QU'IL S'ARRÊTE.
IL N'Y A MORT QU'AU-DEHORS,
ET C'EST AU-DEDANS QU'EST LA VIE.
L'ÂME NE S'ÉGARE QU'AU-DEHORS,
AU-DEDANS, SON NID ÉTERNEL.

LE VASE EST ENCORE OPAQUE.
SI, DEDANS, LE SEPT EST INCANDESCENT,
SA PAROI DEVIENT TRANSPARENTE.
SA GLOIRE TRAVERSE LA PAROI.
IL N'Y A PLUS NI MORT,
NI BRUIT, NI SOUFFRANCE.

AU-DEHORS, LE TEMPS S'ARRÊTE.
LUI, IL FAIT SIGNE,
ET TOUT ÊTRE SE MET À CHANTER,
PAR VOUS.
SOYEZ DANS LA JOIE ! »

Ces mots : « Soyez unis au jour dit », et « La flamme s'allumera sur votre front » nous remplissent d'une joie telle que tout le malheur qui nous entoure disparaît. Comme j'avais attendu la flamme de la Pentecôte des Anges...

Dimanche 28 mai 1944
Pentecôte
Entretien 54

Fracas de tonnerre, langues diverses,
cela est du passé.
Flamme visible, cela est du passé.

« JE SUIS LUI. »

Ces mots me semblent surgir de la nuit des temps, et retentissent en moi avec force.

LUI est invisible, inaudible.
Ce que vous entendez n'est que l'écho.
Le miracle est déjà en bas, sous vos pieds.
Le Monde Nouveau ne connaît pas le miracle.

Ce qui vient est l'insaisissable Cause des Causes.
L'ancien miracle est le marchepied du Nouveau!
Là sont blottis les petits.

Votre force attise. Il vous est donné l'ESPRIT.
Vous serez invisibles,
ce que vous ferez ne sera pas ébruité.
Personne ne s'en doute.
Quelque chose se met en route,
quelque chose bouge au-delà du miracle.
Ceux qui ne voient pas – peuvent voir,
ceux qui n'entendent pas – peuvent entendre.
La Flamme nouvelle, le Son nouveau
vous sont donnés.
SI VOUS PARDONNEZ, –
LUI AUSSI EFFACERA TOUT PÉCHÉ.
SI VOUS VOULEZ LE BIEN, – LE BIEN SERA.
Personne ne le pressent.
C'est la Nouvelle Force.
Tout le Bien viendra par vous.
Vous serez invisibles comme LUI.
IL est infiniment grand, – vous êtes infiniment petits.
Vous êtes infiniment grands, – IL est infiniment petit.
Seul existe : l'UN.

La flamme, vous ne la voyez pas,
la flamme, vous ne la sentez pas,
les langues diverses, vous ne les parlez pas.
Les nombreuses paroles ont pris fin.

Le Nouveau brûle-t-il déjà?
Le Ciel est descendu. La Fin est révolue.
Messager sans paroles, flamboyant sans flamme,
voici SON nouveau messager.
Les mains liées, il peut agir.
Les paroles ne sont que bruit enfantin.
Les Apôtres étaient des enfants.
Vous êtes déjà des adolescents.
Il ne vous faut donc plus ni faire,

ni parler, ni donner, ni prendre,
mais le Nouveau sera quand même.
Remplissez-vous de LUI,
ainsi prendra corps le VERBE!
Tout ce qui se conçoit en vous SERA.

DU MATIN AU SOIR,
NE CESSEZ PAS D'APPELER LE NOUVEAU!
Le degré du Quatre est encore vide,
mais il va se remplir.
Du matin au soir, appelez! Toujours!
Ce que vous appelez sera,
et ce qui sera ne sera plus perdu.
D'éternité en éternité, chaque instant opère.

Des milliers d'années ne suffiraient pas
tant est grand l'abîme que votre cœur
est prêt à combler.
Ne vous égarez pas, ne cherchez plus à faire!
Votre acte est autre, il est : Conception.
On ne peut concevoir que dans le secret.
Le cœur est la Maison : les noces y seront célébrées.
Esprit et matière, deux demi-graines.
Le feu reçu aujourd'hui les fait fondre
toutes les deux et elles s'unissent.
L'ancienne promesse s'accomplit :
Matière et esprit, mort et vie, ne font plus qu'UN.

Celui qui conçoit enfantera.
Votre bouche, lorsqu'elle parlera,
votre main, lorsqu'elle agira,
seront pures désormais.

L'APOSTOLAT SECRET, VOUS L'AVEZ OBTENU,
ET C'EST BIEN CELA QUE VOUS AVIEZ DEMANDÉ.

C'est notre parole.
Nous sommes des Anges et nous pouvons parler.
La voix du SEPTIÈME retentit, Sa flamme éblouit.

LUI est silence, LUI qui est toujours avec vous.
SON enseignement est aussi silence.
Ce qui est silence ne peut être dénaturé.
Ainsi, celui qui se cache derrière tous les mensonges
ne peut s'y glisser.
L'invisible ne peut être figuré,
ainsi, LUI ne peut être défiguré.

Vient le Nouveau Temps,
alors le Nouveau croît.
Le Nouvel Acte est plus difficile que l'ancien,
mais la force du Ciel est avec vous, où que vous soyez.

Que la Paix soit avec vous, et par vous!

Vendredi 2 juin 1944
Entretien 55
Dernier entretien
avant la déportation de Joseph

C'est la veille de la déportation de Joseph. Sa destination?
Personne ne la sait. Il s'y prépare dans un silence auquel
je n'ose pas toucher. De toute évidence, il accepte son sort
en en étant pleinement conscient, et sait qu'il voit sa femme
pour la dernière fois.
Hanna souffre profondément, mais fait tout ce qu'elle peut
pour ne pas le montrer. Son cœur lui fait mal continuellement,
de façon aiguë, comme s'il était transpercé de poignards. Je
suis étonnée qu'elle puisse encore trouver en elle la force de
transmettre l'entretien d'aujourd'hui.

« Celui qui mesure » parle :
Bénédiction et paix!
La fin s'approche, la fin de l'épreuve.
La vie extérieure se précipite dans l'abîme,

dans la nuit éternelle.
Vous vivez heureux dans la Lumière, là-haut.
La promesse s'accomplit.

Le Jardinier vous parle!
Le Jardinier – dans sa main le couteau,
le couteau tranchant, le couteau pour greffer.
L'entaille fait mal maintenant,
mais j'y introduis la Nouvelle Greffe :
c'est déjà possible.
ENTRE SILENCE ET PAROLE,
LE NOUVEAU MARIAGE EST CONSOMMÉ :
SON Royaume est la maison;
Là, entre Silence et Parole,
les noces sont éternelles
et naît le Nouveau Langage,
qui est conçu dans le Silence.
    Maintenant seulement, je comprends comment le destin a
    réuni Hanna, la Parole (IV), et Joseph, le Silence (V).

La Greffe sacrée est indiciblement petite,
encore transparente,
mais remplie de la force du Seigneur.
Je panse la plaie avec de la cire céleste,
consolation merveilleuse.
J'en emplis la fente où courait le couteau.
Il n'y a plus d'entaille.
Le bandage serre encore, il recouvre la plaie,
mais cela aussi, je l'ôterai bientôt.
Les sept mondes te rendent hommage,
mon petit bourgeon!

« Celui qui rayonne » parle :
Je vous parle de l'Amour rayonnant.
Il y a l'amour, il y a la force,
qu'ils opèrent ensemble!
Que le Rayon et l'Amour se donnent la main!
Seulement ensemble ils sont agissants,
et le Silence rayonnant sera, ici-bas.

Ces mots font apparaître ma profonde amitié avec Lili sous
un jour nouveau : la tâche de Lili est l'Amour (II), la
mienne est la Force rayonnante (VI). Le schéma des différents
niveaux d'existence montre qu'elles sont complémentaires.

Que la Co-naissance, la Conscience soient le lien,
et il n'y aura plus de faille.

Nos tâches deviennent plus claires encore : la mienne est de
rayonner, celle de Joseph est le Silence, celle de Hanna est
la Co-naissance, la Conscience.

« Celui qui aide » parle :
La parole de consolation et d'amour
plane au-dessus de vous.
Sans l'Amour, rien ne peut s'accomplir :
ni Co-naissance, ni Paix, ni Félicité.
La Co-naissance éclaire, le Silence remplit,
le Rayon apporte la chaleur, mais seul, l'Amour relie.
Parmi les sept Éléments,
l'Amour est au-dessus de tous
et il peut être dans tous.
Le signe de l'Amour est le lys, blanc de neige;
son parfum monte jusqu'au septième Ciel
et pénètre tout.
Sa tige est verte, ses racines dans la terre.

« Celui qui bâtit » parle :
Le Silence bâtisseur ne bâtit pas seulement là-haut.
Il bâtit aussi en bas, c'est déjà possible.
L'ancien s'écroule et sa pierre n'est pas utilisée.
Du sel est répandu sur le lieu où il a été.
Parmi les ruines, seul le chacal hurlera.
Rien de vert ne pousse sur le lieu où fut Babylone.
Le Nouveau Pays fleurit déjà,
mais encore au-delà du saisissable.
Le Plan commence à vibrer,
et dans le cœur du bâtisseur s'élance le désir.
La Nouvelle Maison accueille tous ceux
qui sont sans patrie.
Ceux qui sont revêtus de l'ancien

et enserrés dans la matière, ceux-là sont expulsés,
mais elle accueille tous ceux
qui ont fait de LUI leur demeure.
Je ne crains pas pour vous.

Maintenant, nos Maîtres parlent ensemble.
Le Silence est la demeure de la Parole rayonnante
dans laquelle brûle l'Amour.

*Par ces mots, chacune de nos tâches est reliée aux autres :
« Le Silence est la demeure », c'est Joseph (V); « de la
Parole », c'est Hanna; « rayonnante », c'est Gitta; « dans
laquelle brûle l'Amour », c'est Lili.*
Ainsi, les quatre voix deviennent chant.
Nouveau chant, nouvelle vibration, nouveau rythme,
qui crée ici-bas de nouvelles oreilles,
de nouveaux cœurs,
de nouvelles mains, des yeux qui voient.
Nous vous apprenons à chanter.
L'ANCIEN CHANT S'ÉTEINT, DÉJÀ,
IL NE CRÉE PLUS.
L'ESSENTIEL, LA GRÂCE L'A QUITTÉ,
LES LOIS L'ONT TUÉ,
mais au-dessus de la Grâce est l'UNIQUE,
QUI SEUL EST.
Chantez toujours!
Dans le chant, vous pouvez toujours être unis.
Votre unité est indissoluble,
même si vos mains ne se touchent pas!
Que votre chant monte jusqu'au sommet,
là où bat l'Artère,
là où palpite le Nouveau Sang, le Nouvel Espace,
la Nouvelle Matière.
Votre voix doucement s'y joint, suit le battement,
et vous en comprenez le sens.
Ne regardez que LUI et c'est LUI qui vous gardera!
    Silence.

Celui qui porte le Nouveau Nom s'approche.
Préparez Ses voies!

Étendez votre vêtement devant LUI,
votre unique vêtement, le « moi »!
Seul celui qui est nu peut recevoir de LUI
le vêtement de Lumière.
Ce n'est plus sur un âne que s'avance la Lumière,
la Lumière qui resplendit!
Que Son nouveau Nom soit béni!
La Nouvelle Lumière ne projettera plus d'ombre,
CAR LA NOUVELLE MATIÈRE SERA TRANSPARENTE,
D'ÉTERNITÉ EN ÉTERNITÉ.

> *Il faut maintenant que Joseph nous quitte. Hanna est si épuisée que nous ne la laissons pas accompagner son mari à la gare Keleti : c'est moi qui prends sa place. Joseph porte l'étoile jaune obligatoire. Nous échangeons peu de mots — sachant bien, l'un et l'autre, que ce sont les derniers, et les derniers moments que nous passons ensemble. Les hommes sont entassés dans des wagons à bestiaux, les portes sont scellées et le train s'ébranle lentement vers une destination inconnue.*

Vendredi 9 juin 1944
Entretien 56 (fragment)

La semaine a été très lourde. Maintenant que Joseph est parti, Hanna est écrasée de chagrin. Je ne la quitte presque plus. Déjà, Lili ne peut plus venir aux entretiens, c'est trop risqué. La situation politique devient de plus en plus menaçante, et je retourne sans fin dans ma tête la même question : comment sauver Hanna et Lili du ghetto?

Le calice est lourd,
mais léger comme duvet est le corps, l'hostie.
Le poids de l'hostie n'est qu'enveloppe.
Le nouveau corps est : sacrifice.
Où que soit le calice, le calice plein, là est l'autel.

L'hostie contient peu de farine.
Son service n'est pas d'être mangée,
mais d'être sacrifice.
Celui qui sacrifie exalte la matière.
Le sacrifice n'est ni le calice, ni l'autel,
ni même l'hostie.
Son Corps a été sacrifié.
Lui vous demande un nouveau sacrifice.
Son Sang a été répandu pour beaucoup.
Ce qu'Il demande, ce n'est plus le sang,
mais le sacrifice de l'espace et du temps,
c'est là qu'Il se trouve.
VOUS, NE SOYEZ PAS AVEC LUI, MAIS SOYEZ LUI!
NE METTEZ PAS DANS VOTRE BOUCHE L'HOSTIE,
MAIS SOYEZ L'HOSTIE!

*Je suis tellement contente que les Anges puissent donner un
sens nouveau même à la communion chrétienne, à l'union
avec Jésus.*

Que les mauvais, l'ivraie vous mangent,
et ils deviendront blé.
Et les justes aussi. Ne faites pas de distinction!
La bouche des justes vous accueillera,
et l'hostie leur sera douce,
mais dans la bouche des mauvais
elle sera feu terrible,
feu qui chasse tout ce qui est faux.
Donnez-vous vous-même, et l'hostie agira,
comme il est juste.
Comment l'ivraie devient-elle blé?
En brûlant, en devenant poussière,
en devenant terre.
Le grain s'y enfouit et devient Nouveau Blé.
L'ivraie est insensible au feu,
mais par lui elle peut devenir blé.

Nous vous enseignons.
L'ivraie ne pousse qu'au milieu du blé,
mais il existe une prairie où elle est fleur.

Il n'y aura plus d'ivraie,
MAIS IL Y AURA PRAIRIES ET CHAMPS DE BLÉ —
VIE DÉLIVRÉE.

L'ivraie ne peut être arrachée.
L'ivraie et le bon grain sont battus ensemble,
mais le grain de semence est trié.
La tige et la balle sont jetées, le grain jamais.
Semez le grain que vous êtes VOUS-MÊMES,
ne le gardez pas!
Pas même la mesure d'une hostie!
car le grain doit produire
de nouveaux corps sur le quatrième plan,
qui n'est pas encore accompli.

Semez le grain! Vous êtes le semeur et le grain,
ET LE SEMEUR SE SÈME LUI-MÊME.

Dimanche 11 juin 1944
Entretien 57

Air sans air est le Ciel.
Espace sans espace où tout trouve sa place.
Temps sans temps.

Ni commencement ni fin :
Éternité.

Le Quatre :
Air sans air.
Le poumon halète. Il ne suffit plus,
mais le Nouveau croît.

Espace sans espace.

Le corps se sent enserré, le sang bat.
Il n'a pas de place.
« Celui qui mesure » mesure :
Le Nouveau a sa place.

Temps sans temps.
La tête en a horreur, la pensée est arrêtée,
le cœur se fend.
Tout est froid.
Les nerfs sont figés.

Vie Éternelle.
Elle a donné le signal, elle sème le Nouveau Grain.
Nouvel espace, nouveau temps,
nouvel air prennent naissance.
Le Jugement n'est pas fin,
mais commencement.

Depuis longtemps, cela a été dit :
la terre renaît, le Ciel renaît,
la Lumière s'allume, les ténèbres se dissipent.
Les sept Flammes aveuglent encore,
MAIS NAÎT UN NOUVEL ŒIL
PAR LEQUEL TOUS VOIENT
ce qu'ils peuvent supporter.
C'est le message qui est apporté.

Celui qui n'a pas peur de franchir le pas
verra le visage du SEPTIÈME.
Il ne désirera plus rien voir d'autre.
Le Nouvel Œil existe déjà : il est encore fermé,
il n'est pas encore habitué à la Lumière.
Il va s'ouvrir lentement – mais il ne voit pas,
il n'est pas destiné à voir – mais tous voient par lui,
car il est la Lumière même.
Feu terrible qui jaillit,
mais ce qui se consume n'est qu'enveloppe,
enveloppe vide.

SI VOUS VOYEZ QUELQUE CHOSE
TOMBER EN POUSSIÈRE,
SACHEZ QUE LA LUMIÈRE APPROCHE.
A l'annonce de Sa venue, la terre tressaille,
et tout s'écroule,
qui n'est pas rempli du Verbe Éternel.

Le 14 juin 1944

Parmi les juifs, les hommes de moins de quarante ans ont été déportés; ceux qui restent, les femmes et les enfants doivent maintenant déménager pour s'installer dans le ghetto.

Un de mes proches, homme politique influent, vient alors me voir et me parle d'un plan secret mis au point par un certain père Klinda, prêtre catholique de Budapest, remarquable par son courage et sa bonté active. Pour sauver du ghetto une centaine de femmes et d'enfants, un atelier de confection militaire va être installé dans un petit couvent vide, sous la protection du nonce apostolique et de quelques officiers supérieurs du ministère de la Guerre dont les noms restent, bien sûr, confidentiels. Les ouvrières devront y habiter, protégées à la fois par la nonciature et par le ministère de la Guerre, responsable de toute la production du matériel destiné aux armées.

Si l'on veut que le projet se réalise, il faudrait un commandant bénévole, capable d'organiser la production de l'atelier, et d'imposer une discipline stricte, quasi militaire. Mon ami est venu me demander d'accepter ce rôle. Au moment où je lui réponds que je n'ai pas la plus petite idée de ce que peut bien être la couture industrielle, et encore bien moins la discipline militaire, l'idée me traverse, tout à coup, que ce serait peut-être là un moyen de sauver Hanna et Lili. Je réponds donc que j'accepte, à la condition que les noms de Hanna et de Lili soient ajoutés à la liste — déjà close

– de cent dix personnes qui doit être présentée demain au ministère de la Guerre.

Peu de temps après, je vais voir le couvent Katalin, qui se trouve dans le quartier résidentiel de Buda. Il est entouré d'un beau parc, proche de la grande forêt Janoshegy. La maison, par contre – une ancienne villa – est plutôt petite, et déjà pleine à craquer. De la cave au grenier s'y entassent femmes, enfants, matelas, et tout ce qu'elles ont pu emporter avec elles. A chaque instant arrivent de nouvelles venues, qui essaient de se frayer une place. Chacune occupe son petit coin « privé » avec ses affaires, bien décidée à défendre envers et contre tout ce dernier espace vital.

Ce désordre monstrueux, cette panique désespérée risquent de nous perdre en attirant sur nous l'attention du quartier : notre entreprise ne peut réussir que si personne ne découvre l'origine, juive de ces femmes. Je comprends donc qu'il est d'une extrême urgence d'instaurer au moins une apparence d'usine de guerre sur les lieux. Pendant mes inspections, on me regarde avec crainte et méfiance. Le bruit s'était répandu – je le saurai plus tard – qu'un redoutable commandant militaire avait été désigné par le ministère de la Guerre.

Je commence à me demander sérieusement si j'arriverai jamais à transformer cette horde de femmes, dont aucune n'a jamais travaillé en usine, en ouvrières disciplinées, et je ne vois qu'un moyen : profiter de la peur que leur inspire cet ogre – le terrible commandant inconnu. Je choisis une petite baraque de bois au milieu du parc pour être mon bureau : elle servira aussi de lieu de rencontre pour Hanna, Lili et moi, après le travail.

Enfin, je donne ma réponse au ministère de la Guerre. En tant que fille d'un ancien officier supérieur, on me juge digne de confiance. Mon « ordre de mission » en tant que commandant volontaire suit presque immédiatement.

Vendredi 16 juin 1944
Entretien 58 (fragment)

C'est le dernier dialogue dans l'appartement des parents de Hanna. Dans quelques jours, mes amies vont s'installer au couvent Katalin, devenu usine de guerre.
A Budaliget, nous avions célébré le « festival de Juin » : la période entre l'anniversaire de Hanna, le 14, et le mien, le 21 – jour du solstice d'été. Cette année, il n'est pas question d'un « festival du Soleil » ; mais c'est l'Ange qui va annoncer solennellement le Soleil nouveau.

Le soleil se lève. Il est au zénith.
Il descend – il meurt.
L'apparence est trompeuse. Le soleil est immobile.
Immobile est celui qui DONNE.
Sa place ne change qu'en apparence.
Ses rayons pénètrent partout.
Pourquoi le soleil se lèverait-il? Dans quel but?
Voilà que ses rayons ont pénétré le manque.
Celui qui DONNE – DONNE –, et reste immobile.
Le soleil est le maître d'un univers.
L'univers et le soleil au milieu ne sont qu'images.
Le tout gravite sur un cercle encore plus grand.
Il n'y a pas grand et petit.
Le plus humble qui DONNE
est aussi grand que le soleil et que l'Éternel –
PARCE QU'IL DONNE.
Tout le reste n'est qu'apparence trompeuse,
illusion, matière périssable.

Je sens que l'Ange détruit toutes les apparences extérieures pour nous rendre conscientes de ce qui est vraiment essentiel : DONNER. Je suis stupéfaite de voir que chaque humain est

LUI *au moment où il donne – parce que donner est l'un de*
SES *attributs.*
Silence.

C'est cela *notre* délivrance :
que vous nous demandiez notre parole –
et que nous puissions vous la donner.

C'est cela *votre* délivrance :
que nous vous demandions de nous prêter votre main,
et c'est accompli.
Vous demandez et vous DONNEZ.
Nous demandons et nous DONNONS.
Si notre chant et votre main sont unis,
la demande cesse
CAR NOUS SOMMES UN.
Notre parole est à vous,
et votre main est à nous.
Le manque est comblé.
Je vois très clairement que quand la demande *– qui réunit*
les trois forces terrestres – rejoint le don *– qui réunit dans*
l'Ange les trois forces du monde créateur –, les sept forces
agissent de concert sur le quatrième plan.

Le DIEU VIVANT est né en vous.
LUI qui est sans manque et sans tache. L'Unité vibre.
DEMANDER et DONNER ne sont déjà que vibration.
C'est cela la Nouvelle Force.
La demande ne cesse pas en vous.
Notre demande aussi est éternelle.
Vibration. Merveille. Merveille continue!

Demande et don réunis dans l'instant :
le SEPT agit.

L'espace sans espace est l'éternelle Vie,
et ce n'est ni anéantissement, ni vide,
mais Vie, vibration intense, accomplissement.

Quelque part bat le cœur de Dieu,
et nous tous vibrons avec LUI.
La vibration fine rejoint la plus dense.
Si l'enchaînement est continu, il n'y a plus de mort.

SON cœur bat.
Nous le transmettons, le battement,
transmettez-le, vous aussi, toujours plus loin!
C'est le seul enseignement.
Servez-LE dans la joie! Car la mort est déjà morte.
Si votre cœur est faible,
c'est que votre vibration est un peu plus ample
qu'il ne faudrait. Seul, le rythme est fautif.
C'est le seul mal qui puisse arriver.
Le rythme, la force rayonnante pénètre tout sans bris.
Un de ses noms est : Amour.
Il a de nombreux noms qui recouvrent
cette unique Vérité :
C'EST LUI QUI SEUL EST.
Le Nouvel Amour est déjà né.
Mais son nom est encore scellé.
Même sans nom, il agit à travers vous.
Ainsi, vous aussi n'avez pas de nom.

Félicité –
Silence, Paix –
Co-naissance –
Rythme –
Amour.
– Et en bas : Vérité. Voici que le rayon vibre.
La planète tourne, le soleil est immobile.

Nous vous bénissons.
Notre bénédiction vibre toujours plus loin et crée.
La petite brèche qui est entre nous
est déjà rythme et non coupure.
Nous sommes unis.
Notre parole est la parole des Anges,

nous qui sommes par LUI.
Et vous êtes avec nous et notre vie est Une.

J'ai deux problèmes urgents à affronter : imposer une dis-
cipline quasi militaire et mettre sur pied un atelier de
couture avec des ouvrières qui ne savent pas coudre, et sans
aucuns moyens financiers ! On ne nous a donné qu'un couvent
vide, tout le reste est de notre ressort. Les pièces de tissu
vont bientôt arriver, et nous serons alors censées livrer des
chemises d'uniforme impeccables : c'est à ce prix seulement
qu'une protection militaire nous sera accordée.
Le ministère de la Guerre m'a donné des instructions concer-
nant la discipline. Quelques jours plus tard, lorsque Hanna
et Lili viendront me rejoindre au couvent, elles seront sidérées
de me voir en haut du grand escalier, donnant les consignes
du jour aux ouvrières debout en rang devant moi.
J'ai tout d'abord le plus grand mal à garder mon sérieux
quand je me vois jouer ce rôle extravagant et si peu fait
pour moi; mais la gravité de la situation vient bientôt
réprimer mon envie de rire. J'ordonne à chaque ouvrière de
se procurer une machine à coudre par n'importe quel moyen.
Des cours de couture seront organisés par la suite.

Le 21 juin 1944
Entretien 59

C'est aujourd'hui le solstice d'été, le jour de mon anniver-
saire. Nous nous retrouvons toutes les trois à midi, dans la
baraque du « commandant », au milieu du jardin.

La demande de celui
qui ne demande pas pour lui-même
atteint le Ciel et appelle le Ciel à descendre.
Ainsi peut venir la Nouvelle Terre —
qui est le Ciel.

Ainsi la terre est élevée un peu.
Ce peu suffit : la terre quitte son orbite
et se place sur un autre cercle.
Les sept bras grands ouverts des Sept Forces
sont les rayons inscrits dans le nouveau cercle.
Celui qui demande pour lui-même avale les rayons,
celui qui ne demande plus pour lui-même – AGIT.

La Nouvelle Force est le levier
par lequel la terre peut être déplacée.
Le changement ne peut être perçu –
percevoir est enfant de la terre.
Le changement ne peut être senti –
sentir est enfant de l'eau.
Mais le changement peut être *pressenti*.
Dans l'espace sans espace, vous pouvez découvrir
que l'orbite de la terre ne s'agrandit pas,
mais se rétrécit.

> *Je me demande si cela veut dire que la terre se rapproche
> du centre des centres : le Divin.*

L'aile des Anges et l'ombre des diables
sont devenues inutiles.
L'Ange ne s'envole pas – l'Ange est actif.
L'animal ne s'enfuit pas, il est doux et vit sans peur.
La graine pousse, n'est plus aveugle.
Et la pierre resplendit.
Le Nouveau, annoncé depuis longtemps, est né.

Demandez toujours!
Votre demande crée, ici en haut et là en bas.
Le Nouveau Son vibre.
Le Nouveau Soleil se lève maintenant.
Votre demande élève.
Tout commence maintenant, au moment
où l'ancien soleil dans sa force est au zénith.
Le soleil est immobile. La terre vole.
Elle trouve son Nouveau Soleil. – C'est ainsi.

Aujourd'hui, tout change. Aujourd'hui.
D'Éternité en Éternité. – Amen.

*Ces derniers mots sont prononcés avec une intensité fulgurante
– et je suis submergée par le sentiment que nous, les êtres
humains, entrons dans une nouvelle époque. Je sens qu'une
nouvelle phase de l'évolution humaine est en train de
commencer.*

Le 21 juin 1944
Entretien 60 (fragment)

*Plus tard dans la nuit, nous sommes réunies dans la baraque
sans pouvoir dormir. Tout à coup, Hanna sent la présence
des Anges. Prise par surprise, je ne peux noter qu'une petite
partie de l'entretien.*

...le temps du Menteur est fini.
Ce qu'il a voulu – la puissance
qui lui avait été donnée – lui sera reprise.
Il l'a voulue pour lui-même
et il a tout couvert de mensonge.
Mais ce qui était caché est proclamé au grand jour,
et la puissance lui est reprise.
Le mensonge se meurt, ses jours sont comptés.
C'est LUI qui a dit : ASSEZ!
La fin est le commencement.
Les démons deviennent de nouveau des Anges.
Écoutez bien! Tout cela, tout ce qui a été annoncé,
SE PASSE EN VOUS-MÊME,
...EN VOUS-MÊME.

Demandez toujours! Donnez toujours!
Ainsi, aucun mal ne pourra arriver.
Tout est accompli et tout commence.
L'ACTE EST NÉ.

*Les machines à coudre arrivent, mais la plupart des femmes
ne savent pas s'en servir. Des cours de couture sont mis sur
pied et Hanna, qui a un don d'organisation exceptionnel,
forme des équipes de monitrices : choisies parmi les femmes
les plus courageuses, elles apprendront aux autres le travail
à la chaîne.*

*Les monitrices connaissent parfaitement chaque phase du
travail, et peuvent remplacer n'importe quelle ouvrière. Très
vite, on les surnomme les « Jolly Jokers ».*

*Après le travail, le soir, mon minable « quartier général »
dans le parc nous accueille. Heureusement, personne n'ose
approcher la cabane du « redoutable commandant », et nous
sommes en paix pour recevoir l'enseignement des Anges.*

Vendredi 23 juin 1944

Entretien 61

Le Cœur divin vous attire.
Vous avancez, le Divin vous appelle.
Vous vous approchez.
Mais voilà que ce n'est plus possible :
le Cœur divin vous embrase déjà.
Mais là n'est pas votre demeure.

Le Nouvel Amour,
le Nouveau Battement du cœur est autre,
tout à fait autre que tout ce qui a été.
Il est : DONNER, toujours DONNER.
Pulsation, transmission.
Le Nouvel Amour est force merveilleuse,
lait pour le Nouvel Enfant.
Un battement de SON Cœur – est un instant.
Un battement de SON Cœur – est une éternité.
Un battement de SON Cœur – est retournement.

SEULS CEUX QUI PARTENT DE SON CŒUR
SONT CEUX QUI SAVENT DONNER.
Le nouveau rythme crée de nouveaux mondes.
Selon de nouveaux plans,
de nouveaux organes naissent.
Le monde se renouvelle. Clair. Spacieux.

Le plus grand don qu'IL nous a donné
est que nous puissions DONNER.
C'est ainsi que nous devenons
et que nous sommes : LUI.
C'est une grande loi, ici-bas : il *faut* donner.
Chaque herbe donne son fruit, chaque être donne.
C'est la loi. Tous y sont obligés.
Nous, nous sommes libres de le faire.
Nous DONNONS librement.

L'acte est libre, le vouloir non.
L'instant de la délivrance approche!
Voici, au-dessus de la volonté, le DONNER-LIBREMENT.
Plus d'action ni de réaction.
Plus de récompense, de punition, de couteau, de caresse.
Il est autre, tout à fait autre,
le DONNER-LIBREMENT.
Le Cœur divin bat.
Les vaisseaux mènent au Cœur
où tout le Sang divin trouve sa place —
car il est retransmis.

Le Cœur bat, vous battez avec lui.
Les Sept vaisseaux sont pleins, pleins de joie rouge.
Transmettez, transmettez toujours plus loin!
Si le sang s'est appauvri, il revient, il se renouvelle.

Le sang de celui qui ne transmet pas se coagule, s'arrête.
C'EST LA DEUXIÈME MORT.
Prenez garde! Soyez entiers! Donnez!
DONNEZ toujours!
Librement, avec joie, toujours!

Le nouveau battement, la nouvelle joie
est délivrance, création.
Celui qui vit cela – VIT. – Vivez!
Ainsi, nous pouvons vivre une VIE UNIE.
Ne craignez rien!
Celui qui VIT en Vérité A LE POUVOIR D'AGIR.

*Il est pratiquement impossible, dans l'atelier, d'arriver à
une production normale. Il y a trop de femmes incapables
de coudre, et, pis encore, complètement irresponsables et qui
gâchent ce que les autres ont pu faire dans la chaîne. Mais
nous avons clairement conscience que, si nous ne fabriquons
pas de chemises d'uniforme, nous n'aurons jamais le statut
protégé d'« usine de guerre ».*

*Nous apprenons avec terreur que nous allons bientôt avoir
une inspection. Les piles de chemises faites n'importe comment
augmentent de jour en jour. Hanna, Lili et les « Jolly Jokers »
travaillent fiévreusement vingt-quatre heures sur vingt-quatre
pour réparer les dégâts commis par leurs « collègues ».*

*De mon côté, j'essaie, au ministère de la Guerre, d'obtenir
un délai pour l'inspection. C'est extrêmement difficile : il
faudrait que je tombe sur un « initié », un très petit nombre
d'officiers seulement ayant connaissance du véritable but de
notre atelier. Je n'en connais personnellement aucun, et ceux
qui savent ne se trahissent pas : être pris en train de protéger
des juifs mettrait immédiatement fin à leur carrière. Pourtant, j'ai la grande chance de réussir à ce que l'inspection
soit retardée.*

Le 29 juin 1944
Entretien 62 (fragment)

L'acte ne peut être que le « plus ».
Votre sentiment d'« amour »
est encore penchant, est encore brèche

entre nous et vous.
L'être nouveau « n'aime » plus − il est capable de plus.
Il ne donne plus, il ne prend plus, mais il agit.
Maintenant, c'est possible.

Faire n'est pas agir.
L'animal sent, veut, fait.
L'homme, qui se croit déjà Homme,
se vante de ne plus faire aveuglément,
et croit que son savoir
lui indique le bon et le mauvais.
Le savoir est le fruit vert de l'arbre ancien.
L'enfant s'en était saisi avant le temps,
mais le temps de la maturité est venu.
Maintenant, vous pouvez le manger.
Pour le sage, le savoir n'est que moyen − rien d'autre.
Sentir, vouloir, faire ne sont pas libres.
Seul l'ACTE est libre.
Ainsi, il est agissant à travers tout.
Il n'y a plus d'obstacle, il n'y a plus de murs,
il transcende tout.
Ce qui est sans vie −,
il le fait tomber en poussière.
Ce qui est vivant −
reçoit une nouvelle vie, car l'acte agit.
Il ne détruit pas, il ne construit pas,
il n'enlaidit pas, il n'embellit pas − il agit.

Tout d'abord, je suis troublée par cette contradiction appa-
rente entre agir et ne pas agir. Et puis je comprends que
l'origine de l'acte est hors de l'espace et du temps, mais
qu'il agit dans l'espace et le temps.
Tout se révèle, tout devient ce qu'il est appelé à être,
et non ce qu'il paraît.
La façade mensongère s'effrite.
La nouvelle vibration entre en action :
C'EST LUI QUI DONNE.

L'ancienne croix est vermoulue,
le corps crucifié tombe en poussière avec elle.
Mais le Nouveau Corps naît. Il grandit.
La Lumière se répand.
Le Nouvel Être ouvre grand ses bras.
Et la croix est déjà Lumière.
Ses quatre branches : LE QUATRE SACRÉ,
le Quatrième, qui déjà s'accomplit, le Cœur au milieu.

Les Anges nous ont dit que la nouvelle Vie ne pouvait naître que du nouvel ACTE – en unissant les sept niveaux de l'existence au MILIEU, dans le QUATRE SACRÉ. Maintenant, tous les symboles, toutes les images semblent nous indiquer la même chose, chacun à partir d'un point de vue différent.

Il ne faut plus de clous, il ne faut plus de souffrance,
ni de couronne d'épines, ni de supplice, ni de guerre,
il n'en faut plus.

La Lumière ouvre grand ses bras.
Elle attend.
Elle enferme dans son cœur et pourtant chacun est libre.
Au cœur de la Lumière, il n'y a pas de serrure.
Il n'y a pas de sentiment qui lie.
Il n'y a pas de confort pour attacher à la terre.
Il n'y a pas d'ambition.
Il n'y a même pas de chemin ni de brèche.
Le Cœur-Lumière embrasse tout, rayonne partout,
IL AGIT.
LUI, IL donne à l'élu pouvoir sur les vivants et les morts,
pour qu'il puisse agir, agir librement.
Nous ne pouvons pas agir.
Nous ne pouvons être que parole silencieuse.
Mais si la parole et la main sont unies,
alors tout est possible.
Et le Royaume annoncé,
dont les fondations sont posées
depuis le commencement des temps, peut venir.
Le père Klinda – un homme bienveillant et bon – fait le

lien entre la nonciature et notre usine. Un jour, il propose aux réfugiées de les baptiser. Comme le certificat de baptême peut protéger des nazis, pratiquement toutes les ouvrières acceptent, sauf Hanna et Lili, pour qui ce geste serait de l'opportunisme. Je ne suis pas d'accord avec elles. Pour moi, les sacrements sont des symboles d'un chemin intérieur : je repense au 13ᵉ entretien, à l'expérience inoubliable de mon baptême avec l'Eau bleue — et je voudrais tellement que mes amies puissent recevoir la même Grâce. Je leur explique qu'une réalité spirituelle peut s'exprimer à travers une forme symbolique; que ce baptême correspond à l'union du Ciel et de la terre et fait partie de notre tâche. Après quelques jours de réflexion, elles se déclarent finalement prêtes à accepter le baptême *.

Dimanche 2 juillet 1944

Entretien 63

La Septième Parole n'est pas son,
n'est pas lumière,
elle n'est pas, elle n'a pas été et ne sera pas.
La Septième Parole est la Voix
de tout ce qui EST
et qui ne peut être formulé.
Elle AGIT.
Seul l'insaisissable EST.

Le pilier de la création est ébranlé,
car la mousse l'a déjà envahi.
LUI, IL bâtit le nouveau pilier.
L'ancien s'écroule,
et voici qu'il est vide à l'intérieur!

---

* L'attitude de Hanna montrera combien cette acceptation était loin de tout opportunisme lorsque plus tard, à Ravensbrück, elle aura la possibilité de sauver sa vie en se déclarant chrétienne — et s'y refusera. Cf. p. 386 *(N. d. T.)*.

Seule la graine est pleine.
Le pilier de la Création s'écroule.
Le Pilier-Lumière ne s'écroulera jamais.

La matière fait explosion,
nausée de la saturation et de l'excès, du « beaucoup ».
Que vienne le « plus » !
Mais Lui, Il ne vient pas : IL EST.
IL EST, le Septième.

Tout se remplit de la Lumière terrifiante.
Il n'est plus possible de se cacher,
la Nouvelle Lumière pénètre tout.
Il n'y a plus d'abri où se cacher.
Et il ne le faut pas, ne vous cachez pas !
Mais purifiez-vous encore,
aussi longtemps que c'est possible.
L'âme de celui qui ne le fait pas —
est pétrifiée de froid. Choisissez !
La Lumière Bleue point, et vient la Blanche,
dans laquelle les sept couleurs se fondent et où cesse l'espace.
La Lumière Bleue est la Sixième.
Le soleil jaune n'est que veilleuse vacillante
à côté d'elle...

Voici enfin la réponse à ma question sur la Lumière Bleue,
que j'ai tellement attendue depuis le début des entretiens.

Nous vous enseignerons encore aujourd'hui.
Que cela suffise à présent !
Paix avec vous !

Hanna et Lili sont baptisées à midi. Plus tard, dans l'après-
midi, nous attendons dans la baraque la suite de l'entretien
avec les Anges.

Après-midi

On ne peut rien omettre.
Seul le « plus » peut agir.

Le feu aspire l'eau.
Le baptême de l'eau délivre,
lorsque vient le feu qui unit à LUI.
On ne peut rien omettre.
Il y a sept baptêmes, sept fusions,
sept délivrances.
Non pas forme – mais Essence.

Écoutez!
Sur la croix de bois – le fils de Dieu.
Commencement et fin – terre et Ciel.
Premier baptême.   (Union entre le I et le VII)

Le deuxième est l'eau.
Union de l'eau
et de la félicité.   (Union entre le II et le VI)

Le troisième est le feu,
vibration qui unit son et silence,
mouvement et paix.   (Union entre le III et le V)

Ainsi, les Six sont devenus Trois
et le Quatrième au milieu :
Ciel et terre, créature et Créateur unis.   (IV)
Non plus Sept – mais UN.

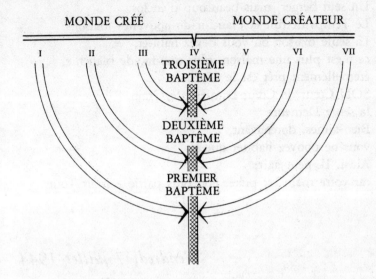

Maintenant, le cercle se resserre,
d'en deçà et d'au-delà les deux mains s'approchent,
se touchent déjà, il n'y a plus d'espace entre elles.
Esprit et matière sont unis.
  Silence.
Lui aussi s'est fait baptiser.
Il savait que progresser n'est possible qu'ainsi.
Et que tous vont le suivre.

L'Église se meurt – mais le baptême d'eau est éternel.
L'eau délivre la matière. Le feu délivre l'eau.
Le grain de Lumière délivre les Six.
L'Église vit ou meurt : Forme.
Le TOUT est SA maison.
L'Église n'est que partie, petite partie.

Le bon berger a beaucoup de troupeaux.
Dans une maison * habitent, béats, les aveugles.
Dans une autre pleurent ceux qui cherchent.
Dans la troisième, ceux qui agissent sans rien entendre.

---

* Le mot hongrois *egyhaz*, littéralement « une-maison » – *egy-haz* –, désigne
l'Église en tant qu'institution (*N. d. T.*).

Un seul berger, mais beaucoup d'enclos.
Le Temps détruit et blanchit de nouvelles maisons.
La seule maison où vous devez habiter,
ce n'est plus une maison, plus une façade blanchie,
éternellement prêt est le Ciel,
SON Cœur, le Cœur-Lumière, le Grain,
la seule Demeure.
Bien-aimés, dorénavant,
vous ne pouvez habiter que là.
Ainsi, IL peut agir,
car votre main est prête, non plus partie – mais Tout.

Vendredi 7 juillet 1944

Entretien 64

Ce matin, beaucoup de nouvelles baptisées font leur première communion. La petite chapelle est pleine. Le père Klinda célèbre la messe avec une grande joie. Je croyais que la plupart des femmes n'avaient accepté d'être baptisées que pour obtenir le certificat de baptême qui pourrait les protéger : je me trompais complètement. Ces malheureuses dont la vie tient à un fil prient avec une ferveur profonde. La communion qu'elles viennent de recevoir pour la première fois de leur vie leur fait espérer une protection d'un autre ordre.
La chapelle est chargée d'une telle intensité de prière désespérée que j'en suis bouleversée.

Celui qui n'a pas faim sera rassasié;
à celui qui n'a pas soif, il sera donné à boire,
afin qu'il transmette.
Le pain est le premier,
le vin est le deuxième,
le feu, le troisième Sacrement.
Ils sont donnés à celui qui ne demande pas.

Votre Corps est déjà Son Corps,
et vous êtes le vase dans lequel luit le Sang.
Ni don ni aumône, mais *Unité*.
Le pain est rompu, le vin est versé.
Mais la Lumière, la nouvelle Lumière est indivisible.

Nous veillons sur l'autel
afin que vous ne leviez pas la tête.
Vous n'avez plus rien à demander.

> *Comme nous avons changé intérieurement, l'enseignement des Anges change lui aussi. Combien de fois ne nous avaient-ils pas dit : « Demandez, demandez toujours ! ». Maintenant, le message est exactement l'inverse : « Comme tout vous a été donné, vous n'avez plus rien à demander. »*

Dans l'église, tous supplient, et ce n'est plus votre tâche.
Votre cœur est UN avec Son Cœur.
C'est une tâche, non une grâce.
Ainsi, ne levez plus la tête vers le haut ! Jamais !
C'est vers vous que crient les suppliants,
afin d'être délivrés.
Ouvrez grand les bras ! Donnez ! donnez toujours !
Tendez votre main ! Agissez ! Agissez toujours !

Croyez-le, si votre cœur est sec,
il sera rempli de nouveau, même sans demande.
Ne demandez plus !
Le nouveau Corps, le nouveau Sang, le nouvel Esprit
ne sont accordés qu'à celui qui *ne demande pas*.
Si vous donnez — il est donné aussi au petit,
à l'ancien qui habite en vous.
Au Nouveau, au Céleste, il n'est pas donné,
puisqu'il est Un avec Lui.
Nous veillons sur l'autel et l'autel est la terre.
La terre entière.

Le « trop » enfanté par les aveugles est tranché.
Le sang est versé et sacrifié.
Mais si la Lumière vient,

la tyrannie aveugle ne peut plus régner.
La Nouvelle Lumière ne vacille pas dans la veilleuse.
La Nouvelle Lumière inonde tout.
Rester aveugle est impossible.
Ou bien on voit, ou bien on est brûlé.
Ce n'est pas la fin, c'est le commencement.
Sans le Nouveau, même la plus grande joie terrestre
est feu de damnation.
Si le soleil brille, si l'oiseau chante,
si le cœur rouge bat, sans le Nouveau, c'est la damnation.

La Nouvelle Lumière est au-delà de l'ancien cercle.
Vous ne la connaissez pas encore.

La Graine de Lumière, la Nouvelle Hostie,
est élevée au-dessus de tout.
Le Cœur de Lumière bat.
La Veilleuse Éternelle ne vacille pas,
puisque le vent est enfant de l'espace,
et qu'il n'a plus d'espace.
La Lumière inonde tout.
Le haut est en bas, le bas est en haut.
La terre et le Ciel sont UNIS.
Que votre main délie la matière!
Que votre bouche annonce le message!
Que votre cœur donne la graine!
Que tout votre être donne le Six!
Et le Septième viendra.
LA SEULE VOIE PAR LAQUELLE
DESCEND LA LUMIÈRE EST : DONNER.

Donnez ce qui est vôtre! Donnez-vous VOUS-MÊME!
LA COMMUNION, POUR VOUS, CE N'EST PAS RECEVOIR,
MAIS DONNER.
Ainsi viendra le Sept. Croyez-le!

Nous veillons sur l'autel.
L'autel est la terre, la terre entière.
Le sang qui coule de l'autel est Son Sang.

Par la main des faux prophètes, l'Agneau est tué.
Mais le sang répandu revient à LUI.
Le corps perd ce qui en lui est mort.
SA graine y a été semée
et elle a pris corps.
La matière est délivrée
car elle a conçu de l'Esprit
et c'est la Nouvelle Conception Immaculée.

La cloche de la chapelle se met à sonner.
La cloche appelle à l'ancien office.
Mais le Son Nouveau emplit tout.
La terre est en allégresse.
Elle est une avec le Ciel
et vous êtes UN avec LUI.

Vendredi 14 juillet 1944
Entretien (fragment)

*Tard dans la soirée, les Anges nous parlent à nouveau alors
que nous ne les attendions pas. Je n'ai pu noter qu'un court
fragment.*

Le but n'est ni le bas, ni le haut.
LUI n'habite pas en haut – LUI n'habite pas en bas.
LUI, IL habite dans l'accompli.
Le but est : faire le lien.
Sans lien, rien ne vit.
L'élu ne tend ni vers le haut, ni vers le bas.
L'élu vit et cela est le lien.

L'esprit pétrit la matière.
La matière appelle l'esprit.
Le chant de l'élu est le lien
entre matière et esprit – esprit et matière.

SOMBRER DANS LA MATIÈRE –
C'EST LA MORT.
S'ÉLANCER DANS L'ESPRIT –
C'EST DU PASSÉ.
MAIS MAINTENANT LA VOÛTE SE FORME, LE LIEN.

Tout ce qui a été – est mort.
Est mort aussi le Dieu, mais naît le Nouveau.

> *Il est bien clair pour moi que ce « Dieu est mort » a trait aux images que l'homme, depuis toujours, s'est faites de Dieu – d'un Dieu très haut dans le ciel, bien loin de la création et de la matière. On ne pouvait l'atteindre, croyait-on, sans « s'élancer dans l'esprit ». Mais aujourd'hui, l'Ange nous enseigne juste le contraire : Dieu est au cœur de la Création, sur le quatrième plan, dans l'homme qui relie l'esprit et la matière.*

Le sein de la mère tue, si la naissance tarde
et si la force est insuffisante.
La force est aveugle, mais elle agit,
afin que la lumière et la matière se rejoignent.

Le sein de la mère est obscur –
mais brille le Sept.
La matière, la mère, protège,
mais elle retient aussi.
L'ancien lien se rompt entre matière et matière.
Ce n'est pas la lumière qui naît,
mais la matière nouvelle, la Matière-Lumière.
La Lumière a toujours été et elle sera toujours.

Ce qui a été conçu dès le premier jour,
ce ne peut être que le *lien*.

Le chant des élus est le triomphe de l'UN.
Bénissons le Ciel et bénissons la terre,
et bénissons-LE,
LUI, qui lie en toute liberté.

Hanna nous dessine un petit schéma pour illustrer la signi-
fication profonde de cet entretien.

La Création entière n'est faite que de LUMIÈRE. Il m'apparaît qu'en réalité il n'y a ni matière, ni esprit : seulement
différents degrés de vibration d'une seule et unique LUMIÈRE.
Hanna illustre cette vibration en montrant que la LUMIÈRE
vient d'un seul point : la Source divine. Elle jaillit avec
une intensité inimaginable, passant des vibrations les plus
ténues à des fréquences de plus en plus denses. La plus dense
de toutes, nous l'appelons « pierre ».
Au milieu du schéma, il y a une interruption d'une importance extrême : cela veut dire que le courant de lumière
n'est pas encore continu. La vibration la plus basse de l'Ange
est la seule qui peut rejoindre la vibration la plus haute
de l'homme : ainsi, le haut et le bas sont unis dans l'Homme
nouveau. Pour l'instant, la brèche, l'interruption existe
encore : on l'appelle aussi la mort. La naissance de l'Homme
nouveau est la mort de la mort.

Dimanche 16 juillet 1944

Entretien 65 (fragment)

— ... Faites attention, car chaque geste agit.
Le tiède, le sérieux, le négligent, tout agit.

Le furieux, le sauvage, le faible, le doux – tout agit.
Faites bien attention : LUI parlera.
Alors, alors seulement, agissez.
UN SOURIRE TIÈDE
FAIT ÉCLATER LES SEPT ÂMES.
Que chacun de vos gestes soit : geste de délivrance.

– Sachez-le bien, la délivrance est le but.
Vous n'avez pas d'autre tâche. Ce n'est plus à vous d'agir.
LUI seul peut agir.
Ne prenez – que si c'est LUI qui prend.
Ne donnez – que si c'est LUI qui donne,
et la matière servira.
Car la seule raison de tout acte est SON dessein sacré.
Si vous agissez sans LUI,
votre main ne fait que brouiller la matière.
Choisissez!
Voulez-vous que ce soit vous qui agissiez,
ou LUI qui agisse par vous?
Vous avez encore le choix!
    S'adressant à moi :
Veux-tu agir toute seule?
G. Par LUI seul.
    A Lili :
– Veux-tu agir toute seule?
L. Moi aussi par LUI seul.

– La parole crée, ainsi vous ne pouvez plus reculer.
C'est accompli, vous avez librement agi.
Il n'y a plus de tiédeur!
La plus petite pensée, le plus petit mot prononcé
sont agissants.
Le mensonge sera craché du monde.
    Dans le jardin, un pigeon roucoule.
Le pigeon parle et c'est vrai.
Mais ce qui sort de la bouche de l'homme,
tout cela est mensonge, bavardage, plainte, consolation tiède...
L'idole s'est écroulée.
Le piédestal s'est refroidi.

·Ne sacrifiez plus sur les anciens autels!
Le nouveau sacrifice est le lien,
le lien libre!

Que votre acte soit juste!

Vendredi 21 juillet 1944
Entretien (fragment)

La tâche prend fin.
La tâche est encore matière, poids.

La force est insuffisante et cela pèse.
La matière épaisse est élevée,
mais on ne peut pas l'élever davantage.
Voilà la tâche terminée.

La tâche était préparation.
Maintenant vient la libre, la nouvelle matière.
Elle prend forme.
L'ancien se ternit et retombe.
Le Seigneur a prononcé : « SOIS!
Que le Nouveau agisse en vous! »
Le Nouveau Nom vit déjà.
De lui s'élève une force jamais connue.
Seules deux lettres : A-D.

Je suis stupéfaite : les lettres A et D, en hongrois, forment les mots : « il/elle donne ». Je me demande aussi ce qu'évoque le mot AD en d'autres langues. Tout de suite, l'Ange me répond :

– Agnus Dei.

Première la tâche.
Deuxième le lien.

Troisième le AD-DONNE.
Mystère.

Il n'y a qu'une adoration : AD-DONNE.
Il n'y a qu'un acte : AD-DONNE.
Il n'y a qu'un seul Nom qui agit : AD-DONNE.

Rythme, chant.
Votre oreille ne l'entend pas encore.
Votre bouche n'en témoigne pas encore,
mais elle va témoigner.
Votre main ne saisit plus,
elle va DONNER.

Le nouveau figuier ne porte pas de fruits, il crée *.
Le nouveau figuier est sauvage.
Il ne porte pas de fruits – il crée.
Le nouveau figuier est le Verbe, le AD-DONNE.

Quatre Chérubins gardent l'arbre.
Aucun chemin n'y mène.
Tout chemin mène au néant.

La lumière attire,
mais les quatre Chérubins frappent
celui qui s'avance.
Le fruit du nouvel Arbre est sacré
en haut et en bas.
On ne peut pas l'atteindre,
les quatre Chérubins le défendent
et les Sept le gardent.
Tu ne peux pas le prendre,
tu ne peux pas le manger,
le glaive te trancherait,
le feu t'aveuglerait.

---

* Jeu de mots sur *terem*, qui signifie « il porte des fruits », et *teremt* : « il crée » (N. d. T.).

Mais vois donc : tu es le AD toi-même!

Le Nouveau Sacrifice :
Silence.
Mystère.
Principe :
AD-Donne.
Tout sacrifice qui est fait pour soi-même
est à Caïn.
Sa fumée reste en bas,
le vivant étouffe.

Mais Abel, lui, Donne.
Le sacrifice n'est pas renoncement –
il est autre.
Le sacrifice n'est pas douleur –
la douleur n'est pas agissante.
Le sacrifiant ne reçoit pas de bénédiction.
Car sacrifiant et sacrifice sont un :
le AD, le Donne.

*Après l'entretien, Hanna me dit : « Quand j'ai entendu AD,
j'ai vu dans l'espace deux triangles s'approchant l'un de
l'autre dans une attraction mutuelle irrésistible. Ils étaient
reliés par un jaillissement d'éclairs jusqu'à ce que leur union
soit totale. »*
*Il me vient à l'esprit que le mot AD est formé de la première
et de la quatrième lettre de l'alphabet, ce qui pourrait
signifier que L'homme nouveau – le quatrième – unit les
deux triangles – le monde créé et le monde créateur – en
un seul carré.*

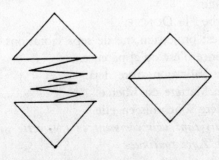

Vendredi 28 juillet 1944
Entretien 66

Le premier corps est inerte, matière.
Sa Parole est : NÉCESSITÉ.
Son noyau : COMMANDEMENT.   (I)

Le deuxième corps est encore lié,
mais bouge déjà : il croît.
Sa Parole est : POSSIBILITÉ.
Son noyau : RÉACTION.   (II)

Le troisième corps est déjà délié,
mais il tient encore à la terre.
Sa Parole est : VOLONTÉ.
Son noyau : CAPACITÉ.   (III)

La Parole du Nouveau Corps est : LIBERTÉ.
Son noyau : DONNE.
Le Nouveau Corps est le quatrième,
et pourtant tous les corps unis.   (IV)
NÉCESSITÉ — est.
POSSIBILITÉ — croît.
VOLONTÉ — est mouvement.
LIBERTÉ — agit.
C'est le Verbe : le DONNE.
Tout corps est projection, né de sept vibrations.
Toute existence n'est qu'apparence.
La Nouvelle Vibration vibre déjà.
La Nouvelle Matière est libérée.
Ciel et matière sont unis en elle.

*Je voudrais tant voir comment ce UN, cette unité vont se
réaliser. L'Ange continue :*

La matière est immobile, elle est aveugle.
Le Septième est immobile, Il agit.   (I et VII)

La plante croît, et tend vers la lumière,
le Séraphin tend vers LUI.   (II et VI)

L'animal veut, se réjouit, a peur.
L'Ange vit. Son acte : le chant.   (III et V)

Ce vers quoi tout converge,
c'est le Nouvel Être, le DONNE.   (IV)
La Nouvelle Vibration élève toutes les autres.

La NÉCESSITÉ – devient LUMIÈRE aveuglante.
La POSSIBILITÉ – devient CAPACITÉ.
La VOLONTÉ – devient LIBERTÉ.
La NOUVELLE VIBRATION ÉLÈVE TOUT.
Tout progresse, mais immobile est le DONNE.

DONNE : le nid, demeure de l'âme, patrie éternelle,
royaumes céleste et terrestre unis.
Sept infinis dans un instant : DONNE.
Force incandescente, agissante, éclair terrible.
Ce qui reste après n'est plus matière, ni vie ni mort,
c'est le grand changement : RÉSURRECTION.
Tout secret est dévoilé.
Il n'y a plus de péché,
plus de mensonge, plus de fausseté.
La Lumière terrifiante pénètre tout, et DONNE.
DONNE : Principe, Unique Existant.
Les Sept ne revêtent plus de nouvelle forme,
les Sept sont devenus UN.

Le glaive des quatre Chérubins s'abaisse.
L'Arbre est libre.

Dimanche 30 juillet 1944
Entretien 67 (fragment)

Malheureusement, il ne reste qu'une petite partie de cet entretien.

...l'arbre a été arraché, déraciné.
Mais il va recevoir des racines.
Son fruit sera : le « DONNE ».
Couper : douleur. – Arracher : horreur.
Mais la force ramène au centre.

Voici la clef du « péché originel » :
Le déracinement, l'éloignement n'existent
que dans le temps et l'espace.
C'est la moitié de la délivrance.

Si tu enfonces un clou, tu lèves d'abord la main.
Le marteau s'éloigne, mais la force grandit –
elle s'abat.
S'ÉLOIGNER DE DIEU
EST UNE FORCE MERVEILLEUSE.

Il reste un dernier mur.
Il va s'écrouler si celui qui attaque n'avance pas,
mais recule – prend son élan :
force et matière s'affrontent,
toutes les deux s'anéantissent.
Mais le « DONNE », Lui, vit et agit.
Adam s'est éloigné. Jésus s'est élancé.
Le « DONNE » est immobile...

Soyez attentifs!
Celui qui recule – s'éloigne.

Celui qui avance – s'éloigne.
Celui qui est immobile,
qui vit – sans peur –, qui agit,
celui-ci est le « Donne ».

Vendredi 4 août 1944
Entretien 68

Matière et force, os et moelle, peau et tendon,
douleur brûlante : espace et temps.

Nous étions assis sur la pierre
et sous la pierre : Lui.
Caverne dans le roc.
Au-dehors, rien ne porte fruit.
Et Lui est là, en bas.
Aux yeux humains était caché le cadavre.
Mystère.

Le temps : trois jours.
Passé, présent, futur.
Ils sont expirés.
Après le futur vient : Lui.

Le corps ne tombe pas en poussière.
Mais vient un autre Corps.
Seul reste le linceul, l'enveloppe.
Ce n'est plus la mort, c'est la Transfiguration.
Et *seul* le rythme est différent.
L'enveloppe vide se déchire,
mais la graine vit : le Donne.

Dans les cathédrales,
on garde les lambeaux du linceul.
Toute cathédrale s'écroule.

La pierre a été dressée vers le Ciel, et le vivant est piétiné.
Ce n'est pas ce qu'IL a enseigné.
La pierre sera jetée à terre
et le vivant élevé.

Chaque cathédrale devient tombeau
si on n'y fait qu'annoncer le Verbe.
Après le Message de Joie —
que vienne la Réalité!
Si elle ne venait pas,
Celui qui l'a annoncée
serait un imposteur.

La voix qui criait dans le désert — a été.
Ce qui a été —, ce qui est —, ce qui sera,
c'est l'éphémère.
Ce qui se transforme — le Nouveau — est éternel.
Celui qui s'éveille, celui qui voit au-delà,
qui croît au-delà du futur,
est UN avec Lui.

La pierre est enlevée :
la matière est transfigurée.
Un Nouveau Corps — sans poids — est donné.
Il n'y a plus de mort, il n'y a plus de rupture,
mais Transfiguration.

Nous avons été les témoins.
Notre parole est Vérité.
Le corps est transfiguré, le corps est délivré.
La pierre — le Quatre — est mise à sa place
et soutient la voûte.

Le vivant vit, le mort est mort.
Lui règne.

Enfin! L'œil ne regarde plus vers le ciel.
Car le ciel est aussi en bas.
Le ciel aussi est espace

et l'Infini n'y trouve pas sa place.
Mais Il trouve sa place, une petite place,
au-dedans, dans la profondeur du cœur.
Là, naît le nouveau rythme,
La Lumière éblouissante y repose.
Mystère sacré :
là est la graine qui n'agit que par LUI,
là est le « DONNE »,
instant créateur! Instant libre!

  Long silence.

Croisée des chemins.
L'insensé court vers la lumière
et s'y brûle comme un papillon.
Le sage, l'élu, demeure immobile dans l'obscurité.
Il ne marche pas, il n'avance pas.
Il ne s'élance pas.
Et quand même la Lumière le trouve.
Son oreille n'entend plus.
Ses yeux ne voient plus.
Mais le Rayon se déverse à travers eux.
Son cœur n'attend plus.
Il n'y a plus rien à attendre.
Sa main ne demande plus.
Il n'y a plus de foi. Plus d'espace.
Mais il agit.

Son corps est devenu le Verbe :
Lui, Il donne.

Un soir, nous avons reçu un enseignement que seul un film pourrait transmettre : c'était à travers le mouvement que l'Ange montrait comment l'esprit et la matière s'unissent dans le corps humain. Je ne peux en rapporter que la partie statique, celle qui concerne le visage.
Le bas du visage est relié à la matière, dont la nature est sujette à la gravité, et dont l'âme est Vérité. Le haut est relié à l'esprit, dont la nature est le Sourire.

*L'esprit descend, et la bouche est
inondée d'un sourire angélique.
La matière monte, et les yeux
reflètent la Vérité et la gravité.
C'est l'union de l'esprit et de la
matière dans le visage humain.*

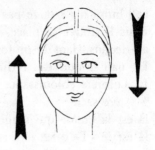

Vendredi 18 août 1944
Entretien 69 (fragment)

Que la Co-naissance s'ouvre en vous!

Chacun des cinq sens est une marche.
D'abord la matière – et c'est la main qui touche.
Puis l'eau – qui dissout, et c'est le goût.
L'air, matière subtile – c'est l'odeur.
C'est une vibration encore plus subtile –
que transmet l'oreille.
La lumière – qui traverse l'œil – est le cinquième.
Et les cinq ENSEMBLE sont le sixième, le LIEN.
Le septième est la Graine.

Instant créateur!
Lorsque les Sept n'absorbent pas – mais DONNENT.
« Que Ta volonté soit faite là-haut et ici-bas! »
Entre le haut et le bas se trouve votre tâche : le Lien,
la Co-naissance, l'élément humain, l'élément créateur.

Que la Co-naissance s'ouvre en vous!
La Co-naissance n'est pas le savoir,
La Co-naissance est Lumière qui est, qui agit –
qui DONNE.

Vos yeux sont encore aveugles,
la Lumière éblouit encore, fait mal, est encore froide.
La Nouvelle Lumière balaie toute croyance.
Celui qui croit en Dieu – s'égare.

Ne croyez plus! Soyez LUI!
Que votre troisième Œil s'ouvre!
Être un avec LUI
n'est encore qu'une possibilité.
Virtuellement seulement, le Très-Haut est un avec vous.
La vibration n'est pas encore accordée.
Et ce n'est ni LUI ni vous – qui en êtes la cause,
seulement le temps.
Percevoir – c'est le temps.
Entendre – c'est le temps.
Voir – c'est le temps.
L'essentiel est l'espace sans espace,
le temps sans temps,
l'éclair : la Co-naissance.
LA CO-NAISSANCE, EN VÉRITÉ, EST AMOUR.
Instant créateur, torrent de Lumière,
qui se déverse à travers le Nouvel Œil.
Il n'y a plus ni haut ni bas –
il n'y a plus ni père ni mère.
Instant créateur : DONNE.
La Lumière se déverse. Vase d'or, d'or transparent.
On ne peut pas le voir, on ne peut pas le toucher,
ON NE PEUT QUE LE DONNER.
La malédiction cesse.

Hanna est incapable de trouver le mot juste pour l'attraction et l'union de l'homme et de la matière, pour le nouvel élément unificateur. Faute de mieux, elle choisit le mot hongrois értelem *(« compréhension », « intelligence », etc.). Mais l'Ange va bien au-delà du sens trop restreint de ce mot en ajoutant que cet « értelem » est en vérité Amour. Pour cette édition française, nous avons choisi le mot « co-naissance »; en anglais,* Light-Awareness, *en allemand, « Erkennen », dont le sens premier comprend l'idée d'unir aussi bien que celle de devenir conscient; pour les traductions dans d'autres langues, des néologismes correspondants ont été formés. Tous ces mots ne sont malheureusement qu'approximatifs, mais donnent une idée d'un niveau de l'être pour lequel nous n'avons pas encore de nom.*

Le 20 août 1944
Entretien 70 (fragment)

La situation politique s'aggrave d'heure en heure. Les nazis hongrois — les Nyilas — ont de plus en plus de pouvoir. Cette atmosphère d'apocalypse risque de mettre en péril l'équilibre difficilement conquis de notre atelier. La discipline imposée, l'enfermement complet dans lequel nous vivons, et les menaces extérieures pèsent très lourdement sur les femmes — qui souvent réagissent, pendant les pauses, par des cris et des fous rires hystériques.

... La foule rit. Elle ne pressent pas le Nom Nouveau.
Le Nouvel Être est la matière immaculée;
dans son sein la Lumière, transparente, libre.
En lui, ce qui est pierre — c'est la VÉRITÉ.
En lui, ce qui croît — c'est l'AMOUR.
En lui, l'animal — c'est l'HARMONIE.
Le cinquième — c'est la PAIX.
Le sixième — c'est la FÉLICITÉ.
Le septième est le TOUT.
Le quatrième est le Cœur qui relie, la CO-NAISSANCE.
L'homme ne se réjouit que si les sept sens,
les sept âmes, agissent de concert.
C'est la clef.
Que le Nouvel Être naisse en vous!
L'amour précède la naissance.
Le rythme le plus secret, le nouveau rythme est:
CO-NAISSANCE, moitié matière — moitié gloire, DONNE.

Dans le jardin, les cris aigus et les rires hystériques n'ar-rêtent pas.

La foule rit. Elle se dépouille de tout
ce qui rend l'homme – HOMME.
Elle ignore le Nom Nouveau
qui seul peut rendre l'homme – HOMME.
Que la CO-NAISSANCE s'éveille en vous!
Que vos oreilles n'écoutent plus le bruit!
Que vos yeux ne regardent plus – mais pénètrent tout!
Le Nouveau pénètre tout.
Disparais, mensonge!
Le nouveau Rayon est tout-voyant.
...la Joie éternelle vous est donnée en partage.
Mais transmettez-la!
« Seul celui qui DONNE – est MOI. »

Ces derniers mots, pleins de mystère et de force, me touchent profondément : Donner est un attribut divin.

Vendredi 25 août 1944
Entretien 71 (fragment)

Un jour, nous apprenons que le nonce du pape, Mgr Angelo Rotta, va nous rendre visite. Ce signe visible de protection est un réconfort pour les réfugiées. Le nonce jouit en effet d'un grand prestige en Hongrie, où la population est très catholique, et il s'en sert pour protéger les juifs. C'est la première fois que je rencontre des religieux – le nonce apostolique et le père Klinda – qui témoignent de leur foi non en paroles, mais par des actes courageux et efficaces.
Cette visite a d'heureuses répercussions dans notre quartier et dans certains milieux officiels qui nous regardaient d'un mauvais œil. Après le passage du nonce, le moral des ouvrières remonte visiblement.

Soyez attentifs!
La confiance placée en vous est litière, sol.
La graine semée en vous, le Verbe,
le DONNE, commence à germer.
La poussée continuelle tend l'enveloppe
qui éclate toute seule. N'ayez pas peur! Vivez!
N'ayez pas peur si l'enveloppe se déchire :
ce qui ne sert plus doit disparaître.
Perdre l'enveloppe ne fait pas mal.
NE REGRETTEZ PAS L'ENVELOPPE −
CAR LE GERME VIT!

Arrosez la graine! Si vous ne le faites pas, elle meurt.
Arrosez avec ce qui est manque en vous
et il n'y aura plus ni question ni incertitude.
« Celle qui parle » a arrosé la graine
avec l'eau de l'humilité, et la graine pousse.
Faites ainsi vous aussi!
Si vous arrosez la terre déjà humide avec de l'eau,
la graine pourrit et il ne reste que la boue.
    A Lili :
Cherche en toi le manque, et tu seras entière.
Tout ce que tu fais pour LUI est béni.
    A moi :
Fais attention toi aussi!
Il n'y a qu'un seul manque.
Si tu en trouves beaucoup, tu te trompes.
Mais si tu as trouvé le *manque unique,* alors, demande!
Et la Grâce du Ciel le comblera,
car tu ne fais que cette *seule* demande.
Ainsi le sacrifice est accompli,
et la graine sacrée croît, se développe.
Et l'enveloppe éclate toute seule.
Ce qui remplit la graine − c'est le manque.
Ne parlez pas du manque!
Qu'entre vous aussi, ce soit un secret!
A LUI seul avouez-le!
A LUI dont le Cœur est plein.
A LUI qui DONNE toujours.

Je comprends immédiatement combien ce manque conscient peut être utile : un vide attire des forces qui le remplissent, et ce processus est renforcé par la demande.

Voyant l'état de fatigue et de tension des ouvrières, Lili organise, pendant les heures de repos, des séances de relaxation. Ces cours suscitent un énorme intérêt; du coup, Lili, qui n'a plus une minute à elle, est épuisée. Hanna est écrasée par la responsabilité de l'atelier. De plus, elle n'a aucune nouvelle de Joseph depuis son départ, et chaque jour elle me demande si je n'ai pas reçu de lettre pour elle. Je téléphone à toutes les familles que je connais et dont les hommes ont été déportés avec Joseph; mais personne ne sait rien d'eux. C'est pour Hanna une peine presque insoutenable. Moi aussi, j'ai du mal à faire mon travail, parce que je manque de vitalité intérieure. Et la situation politique devient de plus en plus terrifiante.

Vendredi 1ᵉʳ septembre 1944
Entretien 72 (fragment)

Dehors, près de la maison, un haut-parleur hurle un discours politique.

Ces mots sont bruit vide, résonance absurde,
répétition incohérente...
Dans le jardin, on entend des cris aigus : c'est l'heure du déjeuner.
Vacarme, tapage, gémissement.
Le sang et la moelle se dessèchent.
L'enveloppe est balle et paille.
Et pourtant le mot doit être porteur,
le mot doit envelopper le Verbe.
LUI veut découvrir SON cœur,
c'est pourquoi IL donne au mot SA force.

Le Mot peut être feu éternel,
si les Sept Forces s'efforcent vers le haut,
brûlent et flambent en lui.

Le tiède « peut-être » n'a pas de place à SA table.
Ne vous ménagez plus! Les faibles seuls se ménagent.
Celui que SON Verbe habite n'a qu'un chemin,
sans chemin : la Perfection.
Soyez parfaits! Seul le son pur est digne.
Le MAÎTRE vous accorde.
Écoutez bien! Vous n'êtes plus incapables.

La bouche, le son, l'harmonie − suite de lois.
Le Chant, lui, est nouveau, libre.
L'aube point. Chantez!
Mais s'il le faut, soyez SON fouet.
L'aube célèbre la mort des ténèbres.
N'ayez pas de pitié! Surtout pas pour vous-même!
Qu'il n'y ait plus de mares tièdes!
Si vous sentez la moindre chose fausse en vous,
détruisez-la!
Élevez les mains et demandez la Force et le Glaive!
Tranchez ce qui en vous n'est pas rempli de LUI!
Arrachez vos yeux, coupez vos mains!
A quoi sont-ils bons, si à travers eux
IL ne peut pas agir!
Matière qui périt, boue qui ne dure pas!
La colère divine s'abat.
   Silence.
Mais si la parole prononcée vient de LUI, de son ÊTRE,
alors, c'est le Verbe − le DONNE −
qui demeure éternellement.
Toute faiblesse disparaît en vous,
si c'est vraiment la Foi que vous témoignez,
témoignage qui n'est pas parole,
mais uniquement Force.
Ne soyez pas faibles!
Que votre bouche reste fermée,
si vous ne dites pas le vrai!

Que votre main reste figée,
si vous n'agissez pas à SA place!

N'ayez pas peur! De personne!
Et surtout ne fuyez pas devant vous-même!
En vous habite le mot sacré, le mot merveilleux,
le mot tout-puissant : le « POSSIBLE ».
Tout est possible! Tout est possible,
si votre foi est aussi grande qu'un grain de moutarde.
La tiédeur LUI est odieuse.

Ils sont de toute Éternité les sept sons.
Dans la main du Maître – le luth.
Dans son oreille – le ton.
Chaque corde du luth est un son.
Mais la corde n'est pas encore tendue.
Écoutez bien!
Si la corde est tendue, si elle résonne, si elle vibre,
elle peut donner naissance au son pur,
et le luth résonne et le son, le chant s'amplifie.
Mais la corde ne vibre pas encore
sous la main du Seigneur!
Le son est encore faux, la corde détendue.
Pourtant le monde aspire au Chant Sacré.
Tendez-vous donc! Ni trop, ni trop peu!
Le Feu s'enflamme au point-foyer. Au point-foyer.
Ni en deçà, ni au-delà.

Mon service est de mesurer.
Je ne vous effraie pas, je ne vous attire pas.
Mesurer n'est possible qu'ainsi.
N'ayez plus de pitié!
Répandez de la cendre sur le mort!
Et vivez la Nouvelle Vie!
C'est possible maintenant : possible!
Nous, le son,
vous, la corde,
et LUI, celui qui joue, le Seigneur.

Répondez de nouveau à notre enseignement :
« Seigneur, que Ta volonté soit faite! »
Ma main ne bénit pas, ne mesure pas.
La mesure est pleine,
au-dedans comme au-dehors,
en bas comme en haut.
La seule mesure : PLÉNITUDE!

Sous le manteau, les nouvelles circulent rapidement à Buda-pest. Nous entendons parler d'un nouveau sport : la chasse aux juifs. Des centaines de juifs sont rassemblés sur les rives du Danube, alignés et fusillés : avec le fleuve, inutile de creuser des tombes. Nous entendons parler des chambres de torture... Mais nous n'avons aucune nouvelle de Joseph. Nous n'en aurons jamais.

Et pourtant, quand « l'Ange qui mesure » nous parle — si impitoyable que cela puisse paraître —, nous sommes nourries de la force d'une Vie nouvelle.

Vendredi 8 septembre 1944
Entretien 73 (fragment)

Je vous transmets SON message :
Le péché de l'élu ne peut plus être l'ancien péché.
De l'arbre sauvage poussent trop de branches,
trop de feuillage.
Trop de feuillage gâche le fruit, car il suce la force.
LE PÉCHÉ EST FORCE VIVE
QUI NE PORTE PAS DE FRUIT.

L'arbre — l'élu — a été taillé.
Ainsi a pu disparaître l'ancien péché.
SA Main y a introduit un Nouvel Œil,
la Greffe sacrée et noble,
afin qu'il porte fruit et serve ainsi le Plan sacré.

Le Nouvel Œil s'ouvre déjà,
mais les moignons morts des branches coupées
violent la nouvelle loi.
Voilà le glaive tranchant pour abattre et couper.
La branche morte tombée, la plaie guérit.

Sous l'écorce morte, le ver peut se cacher.
Mais si votre main s'abat,
une nouvelle écorce pousse à la place,
qui protège et sous laquelle la sève circule.
Ainsi, l'arbre devient porteur de fruits.

C'est LUI qui s'est greffé en vous.
IL N'Y A PÉCHÉ QUE LÀ OÙ L'ARBRE EST MORT.

Tel est le message sur le péché de l'élu.
S'égarer n'est plus possible.

Ne tarde pas! Dans ta main est le couteau :
Tranche ce qui est mort! C'est *ta* tâche.
L'ÉLU N'EST PAS COUPÉ. L'ÉLU COUPE.
IL SE COUPE LUI-MÊME, S'IL LE FAUT!

Déjà, LUI n'attend plus.
    Long silence.

La femme, matière vierge, conçoit dans son sein.
Si elle ne conçoit pas,
si le Nouveau ne se développe pas en elle,
elle laisse aller la demi-graine,
ainsi que tout le sang, la force et la matière
qui lui étaient destinés.
Laisse aller la matière morte! Elle se détache de toi!
Mais d'elle aussi une nouvelle vie peut germer.
Ainsi, ce qui est mort peut être délivré.
Ne vous attachez pas!
Ne craignez pas de couper ce qui est mort!
Cela ne vous fera pas défaut.
Car le Nouveau, qui a été greffé en vous, croît déjà.

Au Jugement dernier, dans SA Main rien n'est perdu.
Le Nouveau Bourgeon croît, porte fruits.
La vieille branche est avalée par la fosse,
et elle devient nourriture, là, en bas.
Elle n'est plus corps mort.
TRANSFORMATION.
Elle n'est pas déchet ni ordure,
mais terre qui nourrit de nouveau l'arbre vert.

CE QUI EST AU-DEHORS − EST ENSEVELI.
CE QUI EST AU-DEDANS − S'ACCOMPLIT.
Nous transmettons SA parole.
Vous, vivez-la!
    Long silence.

Le nouvel Élément entre Ciel et terre est :
Co-naissance.

En bas, l'« enfer » et le cimetière.
En haut, le Ciel, où IL est censé demeurer.
Entre les deux est couché le Nouveau-né, celui qui unit.
Il n'y a plus ni mort, ni « enfer », ni cimetière,
il n'y a plus de Ciel inaccessible
quelque part là-haut,
où les « âmes glorieuses » habitent
et où résonne le chant des Anges!

    *J'ai le sentiment que les Anges considèrent ces notions d'« en-
fer » et de « Ciel » comme tout juste bonnes pour la maternelle.*
Il n'y a plus de droite ni de gauche.
Il n'y a plus de liberté ni de prison.
LUI est le *Nouvel Enfant*.
Son corps est matière glorifiée, transparente, sensible.
Son âme est le rayon qui croît et se répand,
et qui porte fruit.
Tout ce qui a poussé sauvagement jusqu'à présent
sur la friche n'est que litière.
L'*enfant* repose sur elle. *Votre Enfant.*
Au-dessus de Lui plane l'armée des Anges,

et elle L'adore.
Pour Lui sont tous nos chants.
C'est Lui que nourrissent toutes nos paroles.
C'est vers Lui que va toute notre adoration.
C'est un petit *Enfant,* force toute-puissante,
Futur éternel incommensurable.
C'est Lui l'âme de « Celui qui mesure ».
C'est Lui « Celui qui aide ».
Sa voix est le Silence,
et c'est Lui le Rayon Éternel...

Vendredi 15 septembre 1944
Entretien 74

*Les persécutions des juifs redoublent. Beaucoup d'ouvrières
ne savent plus rien de ceux qui leur sont chers.*
*Pour échapper à leur angoisse et à leur désespoir, les nouvelles
baptisées vont souvent écouter les vêpres dans la petite
chapelle. Tandis que nous attendons les Anges dans la
baraque de bois, la cloche de la chapelle se met à tinter.*

La cloche sonne, l'ancien tintement —
appelle à l'église.
A genoux, la foule des croyants tremble,
elle se prosterne.
Le cœur se serre, les larmes coulent.
Dehors, les badauds indifférents.

Au-delà de l'autel, au-delà de l'église —
là seulement se trouve le Nouveau.
L'église est l'ancienne patrie,
qui protège les sentiments.
La nouvelle Loi, la nouvelle Grâce,
la Co-naissance remplit tout.
Elle comble chaque trou au sein de la terre,

qu'il soit tombeau, ou cœur vide,
ou bouche affamée de pain, ou main qui tue.
Ce qui est vide sera comblé,
celui qui cherche trouvera.
Et tout s'accomplira par LUI
qui ne prend jamais, qui SEUL DONNE.
    Long silence.
Je vais vous montrer ce qui habite
derrière l'arc-en-ciel noir.

Un arc-en-ciel planait au-dessus du déluge.
Lien entre la terre et le Ciel : Promesse.
Qu'est-ce qui est plus que les sept couleurs?
L'Unique, le blanc incandescent.
Un arc-en-ciel noir ceint le ciel.
Qu'y a-t-il derrière le noir? – La brèche noire.
Les sept couleurs ont été effacées.
Au-dessus des limites terrestres,
dans le Ciel, la fosse noire.
« J'ATTENDS », a dit le Seigneur.
IL n'attend plus.
Entre Ciel et terre, le vide noir va devenir
blanc incandescent, blanc incandescent.

*Je me sens plongée dans un monde de forces puissantes, un
monde où ce qui arrive hors du temps influence pourtant ce
qui se passe dans le temps. Je suis touchée jusqu'au plus
profond de mon être.*
La fosse noire n'engloutit que ce qui est mort.
La Lumière blanche incandescente
lance des flammes incandescentes.
S'y consume tout ce qui vit et respire,
tout ce qui est sans vie – tout ce qui est mort,
tout ce qui sera, tout ce qui a été,
tout ce qui est immaculé
et tout ce qui est souillé.
Terrifiant feu du Ciel.
Tout brûle et tout naît,
mais la création vierge, innocente ne meurt pas.

Elle renaît à la vie.
La Lumière éblouit, la Lumière éternelle.
Tout être est délivré.
   A Hanna :
Noir l'arc-en-ciel, noir le trou dans le cœur.
Noir le souci, noir le tourment, noir le déchirement.
   A moi :
Noir le puits, l'œil.
   A nous tous :
Mais en dedans, tout vibre, se prépare, naît :
Amour éternel, les Sept unis, le blanc incandescent.
Entre deux infinis, l'espace sans espace :
la Co-naissance.
   Le ciel est traversé par une étoile filante.
Une étoile est tombée :
Lumière blanche incandescente anéantie dans le noir.
La poussière de l'ancienne création
annonce la Nouvelle.
Aspirez les étoiles!
Et semez-en de nouvelles dans le ciel,
beaucoup, beaucoup!
Ainsi, la nuit devient jour, clarté éternelle,
qui DONNE toujours.
Entre l'armée du Ciel et le sol de la terre,
Lumière éternelle, Amour éternel,
Adoration éternelle : le « DONNE ».
Les Sept ont disparu.
A disparu aussi l'ancien pont
entre le Ciel « et » la terre,
— le « et » — la brèche noire, la cassure.

Ainsi peut venir le Nouveau, l'Éternel.
Non à la place des Sept, non à la place du noir,
mais au-dessus de tout, les Sept unis.
Au-dessus du doute —
la POSSIBILITÉ D'ÊTRE,
au-dessus du fardeau —
la POSSIBILITÉ D'AGIR.
A la place de l'espace et du temps,

où l'imagination tisse son voile –
l'Éternelle Réalité.

A la place du « multiple », à la place des « croyances »
– la CAUSE et l'ACTE,
qui ne peuvent s'unir que si s'allume la Lumière,
le « Possible ».

La pierre méprisée est devenue la pierre angulaire.
IL revient, LUI, la Lumière.

Vendredi 22 septembre 1944
Entretien 75 (fragment)

L'élu ne s'élève pas, ne s'enfonce pas,
mais il marche sur la mer.
Le seul poids est la tâche,
TÂCHE LIBREMENT ACCEPTÉE.
La Grâce élève au-dessus de l'eau.

Autant de Grâce que de tâche acceptée,
tâche volontairement, librement acceptée.
La Grâce n'est pas un don charitable.
LA GRÂCE EST RÉALITÉ,
ELLE N'EST PAS ARBITRAIRE.
ELLE EST RÉPONSE,
COURONNE QUE PORTE L'ACTE PUR.

C'est accompli. Le poids ne doit plus vous peser.
Le poids attire vers le bas,
et il ne vous est plus permis de vous enfoncer.
QUICONQUE EST JUSTE PAR CONTRAINTE –
EST ESCLAVE.
QUICONQUE AGIT PAR CONTRAINTE –
EST ESCLAVE.
Ne soyez pas esclave!

Ne respirez que l'air de la liberté!
Tranchez là où l'esclavage agit en vous!
Défense d'agir par contrainte!

L'EXISTENCE, SI ELLE PÈSE,
L'EXISTENCE, SI ELLE ÉCRASE,
C'EST SUR LE FRONT LA MARQUE DE LA HONTE.
Malédiction est : « Je dois ».
Délivrance est : « Je peux ».
L'élu choisit, l'élu peut agir.
L'élu est celui qui est libre de s'en aller –
mais qui demeure,
qui est libre de se coucher –
mais qui moissonne,
qui voit sans yeux,
qui pourrait prendre –
mais qui donne,
qui est libre.
Le cadenas est tombé
et l'espace sans espace est libre :
CO-NAISSANCE.

Il n'y a plus ni fouet, ni salaire.
La brèche, malédiction, est comblée.
Pour vous, il n'y a plus de servitude.

La quatrième dimension
est la seule qui comble la brèche.
Ce qui est en deçà, ce qui est au-delà
ne suffit plus.
La quatrième dimension est esprit pour la matière
et matière pour l'esprit. Graine.
En deçà ou au-delà, il n'y a que serviteur ou maître.
Le Quatrième est libre : l'UN.
Celui qui marche sur la mer,
sous ses pas, l'humilité,
son front : la demeure du Très-Haut – de la Lumière.

Corps sans poids est le Nouveau,
là où se pose son pied, il ne pèse pas.
Sur la trace de vos pas, tout va éclore,
parce qu'il n'y a plus d'en deçà ni d'au-delà
lorsque éclate la Lumière.

　　A Lili, dont l'anniversaire est proche :
Ce message est pour toi :
Nais, enfant, c'est déjà possible!
Déjà le sein maternel te serre.
Sors, sinon il te tuera! Ne tarde pas!
Le passage est étroit, mais il cède. Nais, enfant!
L. J'aimerais tellement renaître complètement le jour de ma
naissance.
Je t'en prie, aide-moi!
– « Celle qui aide » n'est pas aidée.
La force qui te remplit est suffisante.
Je ne t'aide pas! Nais!
La naissance n'est pas seulement commencement,
la naissance est fin.
Il y a un cordon qui relie
l'ancienne existence à la nouvelle.
Coupe-le, nouveau-né, libère-toi toi-même!

Il y a naissance éternelle, amour éternel.
Chaque instant est agissant.
Il n'y a plus d'anniversaire,
car il y a naissance éternelle.
La naissance n'est pas volonté ni désir ni don.
La naissance est : le Libre.
Là, tu es un avec LUI, là, tu es *toi-même*.
　　S'adressant à moi :
Et toi?
G. Comment me libérer de l'esclavage?
– L'esclave se débat, des liens anciens l'attachent.
Le lien tombe de lui-même,
si le bon serviteur et le Maître sont unis.
La Co-naissance coupe la corde.
La corde, c'est l'ancien dragon, le serpent qui se love,

le savoir entre les crocs.
Ne le mange pas! Coupe la tête du serpent!
La Co-naissance rend tout possible.
Agis librement!
   Long silence.

La tête du dragon tombe dans la poussière.
La femme vêtue de Soleil accouche de l'Enfant,
et elle est élevée.
Les eaux grondent en bas,
mais à la femme des ailes sont données,
des ailes d'aigle qui fendent le ciel.

   La nuit approche, et j'allume une bougie dans la baraque.
   La porte est grande ouverte, et nous voyons les étoiles filantes
   traverser le ciel.
La pluie des étoiles
est la poussière de l'ancienne Création.
Le dragon se débat,
mais il ne peut pas atteindre ce qui est Nouveau.
Il entraîne avec lui tout ce qui est ancien,
mais il ne peut nuire à rien de ce qui est Nouveau.
   Une autre étoile filante traverse le ciel.
L'enseignement ancien est poussière d'étoiles.
La Nouvelle Lumière soude le Ciel à la terre :
LUMIÈRE, LUMIÈRE, LUMIÈRE!
   Silence.
L'étoile indique le chemin. Le sage pèlerin avance,
lorsque vient la Lumière, il s'arrête.
Il trouve le Nouveau-né.
L'ancien enseignement te serre.
La Nouvelle Lumière inonde tout.
Au-dessus de toutes les nations,
au-dessus de toutes les divisions,
de toutes les négations,
l'éternelle affirmation : le OUI.

Lorsque naît le petit enfant,
il ne peut pas encore se servir de ses membres,

mais l'éternelle Force qui lui est donnée l'instruit.
FRÈRE-SŒUR CHRIST est né.
Le Nouveau Christ qui est la Lumière au-dessus de tout.
L'armée des Anges L'adore – en toute liberté.

Dehors, les sirènes commencent à hurler, annonçant une attaque aérienne.

Chantez avec nous! Nous agissons avec vous.
Que le Ciel et la terre
retentissent de notre chant de Gloire!

Vendredi 29 septembre 1944
Fête de l'Archange Michaël
Entretien 76

Le chant de l'armée des Anges éclate et s'amplifie :
« Il est comme LUI *. »
L'amour immense
avec lequel tu cherches Dieu se languit,
car tu es UN avec LUI.

Le chant des Anges loue, glorifie –
la création lui répond.
MAIS L'HOMME NE TROUVE PAS DIEU –
CAR IL EST UN AVEC LUI.
L'Unité est le miracle.

L'homme :
Au-dessous de lui la mer,
au-dessous de lui la terre.
La création a conçu : l'HOMME.
Au-dessus de lui le Ciel –
au-dessus de lui la Lumière.
Que l'amour immense,
avec lequel tu cherches Dieu, se retourne!

* Michaël, en hébreu, signifie « qui est comme Dieu ».

La terre sert, l'armée des Anges sert
et elles s'unissent ainsi.

Ton corps est la terre.
Le corps du serpent est sorti de l'œuf,
malédiction que les Adam ont appelée sur terre.
Mais viendra le Christ, le Nouveau,
si la terre et l'Ange s'unissent en toi.
Tu sais bien ce qui est à faire.
Il n'y a pas d'issue pour fuir,
car tous les chemins aboutissent en Un Seul Point.

« MICHAËL,
TA BALANCE PÈSE,
TON GLAIVE TRANCHE,
ET CE QUI ÉTAIT VIVANT TROUVE LA VIE,
CE QUI ÉTAIT MORT MEURT. »

Si tu dois trancher et que tu ne le peux pas,
si tu dois peser et que tu ne l'oses pas, appelle ainsi :

« MICHAËL, DONNE DE LA FORCE!
TOI DONT LE PIED ÉCRASE LA TÊTE DU SERPENT,
LA FORCE FROIDE, TOI SEUL, TU PEUX LA DONNER.
CE QUE TU TRANCHES EST DÉJÀ MORT. »

Mystère : tous les Anges, les Séraphins, les Chérubins,
toutes les Puissances du Ciel,
ceux qui chantent, ceux qui servent,
descendent et LE servent,
LUI qui est en vous.
Appelez et nous venons! Déjà, nous sommes presque unis.
Votre parole crée. Invoquez-LE!
Appelez toujours le Nouveau Feu,
le Feu froid, la Lumière!

Si nous venons, c'est que LUI aussi peut venir.
Notre chemin est le même.
L'armée des Anges, debout, attend

derrière l'arc-en-ciel noir.
L'Ange est encore couleur.
Mais LUI, l'UN, est la Lumière, la Blanche.
Une force mystérieuse vient à votre appel,
croît, s'amplifie, vit.
Vivez par elle! Car c'est la moitié de votre être.

Tout acte fait corps avec toi,
si tu appelles le Chef des armées célestes : MICHAËL.
Il vient et tranche,
si ton acte n'est pas né de la pureté, de l'harmonie,
de l'amour, de la vérité.
Il tranche, non pas ton acte,
mais celui qui agit, car ils sont un.
Et c'est MICHAËL qui juge et c'est lui qui aide.
Appelez-le! Il vient infailliblement.
Sous votre talon le Malfaiteur!
Et l'acte – possible par vous – naîtra de la source
et non plus des courants de surface.
C'est cela qu'exigent de vous les êtres créés,
et les Cieux, les armées des Anges.

C'est LUI, le SEIGNEUR des armées.
Et vous ne pouvez jamais LE voir,
car IL est UN avec vous.
L'armée des Anges rend hommage au Plan.

Chaque culte rendu à Dieu,
chaque religion ne sont que cadre.
Le cadre limite l'espace.
Le Plan est l'espace sans espace,
sans matière, et pourtant seule Réalité.
Vase, temple, édifice ne sont qu'apparence.
Ce qui est insaisissable, c'est cela l'Unique Réalité.
Tout le reste n'est que cadre.
Voler n'est possible que sans ailes.
Tout le reste n'est que tentation d'égaler Dieu, chute.
Nos ailes ne sont pas matière –
aussi sont-elles libres.

Si tu es uni à moi, je t'emporte, je t'élève
à travers le temps et l'espace,
jusqu'à ce que ton esprit repose en LUI.
Que SA paix soit sur tous les hommes
de bonne volonté!

    Long silence.

Il a marché sur la mer et Il est le chemin.
Il est le puits d'où jaillit l'Eau Vive.
Si vous en buvez, vous ne serez plus assoiffés,
car cette Eau vous unit à LUI.

Ce que vous buvez, ce goût d'Eau éternelle,
c'est le feu des Sept Ames.
Nous appelons le Seigneur!
Si nous L'appelons, IL reste éternellement parmi nous.
La création est vase, la création est cadre.
Remplis-la, toi, HOMME!
Sang et pain ne suffisent plus.
Seule la Lumière, la Lumière qui vient,
remplit les Sept.
Le vide noir que le cadre enserre,
que le vase contient, est comblé.
LUI, la LUMIÈRE, est né.

Après l'entretien d'aujourd'hui, je regarde, je ne sais pourquoi, le calendrier, et je m'aperçois que le 29 septembre est la fête de l'Archange Michaël, et que bientôt ce sera la fête des Anges Gardiens.

Il y a dans le parc une petite cabane à outils, non loin de la mienne, vide et bien aérée – il n'y a plus de carreaux à la fenêtre! Dans la maison, les femmes sont tellement entassées, on étouffe à tel point que Hanna, Lili et deux Jolly Jokers décident de venir s'installer dans la cabane à outils. Les nuits sont relativement tièdes pour la saison, et nous dormons peu. Presque constamment, nous sentons la présence des Anges, qui semblent profiter du moindre moment de silence pour nous parler.

2 octobre 1944
Fête des Anges Gardiens
Entretien 77 (fragment)

LUI est le Seigneur des armées.
L'armée des Anges est degré, vibration.
Notre son le plus bas est lourd.
Mais si tu l'atteins, la gamme est complète.

L'existence matérielle a trois degrés.
LA LOI, LA GRANDE LOI, EST INÉLUCTABLE :
CHACUN EST CONTENU DANS CE QUI LUI EST SUPÉRIEUR.
La foi n'est que préparation.
N'ayez plus de foi!
L'inaccessible est né :
le seul acte, LA TRANSITION, la Quatrième Vibration.

Si nous vous atteignons,
toutes les armées du Ciel,
celles qui sont auprès du Trône de Dieu,
celles qui chantent et celles qui servent,
vous rejoignent.

Votre corps contient les trois degrés de la matière.
Si votre main est en mouvement,
la matière inerte, la plante froide, l'animal chaud
sont aussi en mouvement.
C'est cela la clef.
Si vous nous appelez, votre œil verra
la Lumière céleste,
car votre œil *voit*.
Le chant résonnera dans votre nouvelle oreille,
car votre oreille *entend*.

Si tu prends le sel de la terre dans ta main
et si tu t'élèves,
le sel, en vérité, ne s'élèvera pas.
Mais si le sel est dilué,
s'il circule dissous dans ton sang,
il s'élèvera jusqu'au Quatrième.
Le goût du sel est éternel.
Il ne disparaît pas s'il est dissous.
Le sel est délivré s'il devient sang.
Il ne disparaît pas, il vivifie et comble.

Le nouveau Sang est le Quatrième :
la matière dissoute dans la Lumière.
La matière nouvelle : MATIÈRE-LUMIÈRE.
Dissous-toi!
Ton « moi » se perd, mais devient sang qui comble tout,
qui dissout tout.
Si tu te dissous, la matière est délivrée en toi,
par toi et l'Esprit agit.
DONNE-TOI TOI-MÊME!
AINSI, LE SEL ATTEINT LE SEIGNEUR!

Instant créateur!
Le manque d'être sera comblé
et chaque être glorifiera le Créateur du Plan.
Appelez-LE, l'Impossible, le seul Possible!
Ciel et enfer disparaissent –
parce que vient la LUMIÈRE.
Elle ne descend pas – il n'y a plus d'enfer.
Elle ne s'élève pas – il n'y a plus de Ciel.
Éternellement, c'est ici qu'elle demeure,
elle, la Lumière, la Quatrième, l'UN.
Appelez à la vie l'HOMME, ce rebelle, enfant prodigue!
Et sur le plan merveilleux de la Création,
déchirement, brèche, abîme, mort cesseront.
Celui parmi nous, le « Porteur de Lumière »,
le tricheur, le rebelle, le serpent – sera délivré aussi.
Personne n'habitera désormais l'enfer.
La force vous est donnée.

Il n'y a plus d'issue pour fuir.
Voilà, vous connaissez la Vérité!
Il n'y a plus d'échappatoire!
Il vous faut accomplir la tâche!
Ce qui veut y échapper,
c'est le serpent qui rampe en vous.
Défense de fuir!

Votre Être est le Libre, le Possible.
Ce que vous appelez VIENDRA.

Il n'y a plus d'issue pour fuir!
Ce n'est pas permis, pas un seul instant –
car l'Artère créatrice se rompait,
le nouveau Sang ne vous atteindrait pas,
et la matière aveugle n'atteindrait pas Dieu.

Dissous-toi toi-même!
A la place de l'arc-en-ciel noir, du manque,
vient la Lumière. Appelons-la!

L'armée des Anges vous salue.
Appelez les Sept à la vie!
La Fête est terminée.
La Fête est rayon qui descend de la nouvelle Vie,
de la Fête éternelle.

> *L'attente joyeuse de la fête des Anges m'a beaucoup aidée
> à comprendre cet entretien. Jamais l'enseignement ne m'était
> apparu aussi clair, aussi lumineux qu'aujourd'hui.*

Vendredi 6 octobre 1944

Entretien 78

Notre enseignement révèle un mystère.
Il vous est donné, mais transmettez-le!

Il vous est donné –
MAIS QUE LA TERRE FORME SON VÊTEMENT !

La terre n'est pas le sel, ni l'herbe,
ni le cheval, ni celui qui pense.
La terre est celle qui forme le vêtement
qui transforme, qui protège la Lumière,
qui l'enveloppe.
Ainsi, l'Enseignement-Lumière devient supportable
aux yeux qui ne voient pas encore.
    Silence.

LE CŒUR DIVIN BAT DANS LE CORPS DE L'HOMME
Le Cœur divin est Feu, Lumière.
SI LE SANG TERRESTRE ATTEINT LA LUMIÈRE,
IL SE TRANSFORME.

Le premier Homme : Jésus. Le Maître.
Le premier Maître sur le corps.
Le corps a été crucifié.
L'Acte a été librement accepté.
Sacrifice, victoire sur la matière, sur la mort.

Le corps est écartelé sur la croix.
La lance de la force aveugle transperce le cœur,
le Cœur divin. Le Sang coule de la plaie,
de l'Artère Céleste inaccessible, porteuse de la Lumière.
« Buvez! ceci est mon Sang et mon Corps est le Pain. »

Depuis, la plaie est ouverte.
Chaque plaie qui saigne
– que la force aveugle, le couteau à la main,
a ouverte –,
chaque rupture, chaque souffrance est dans Son Cœur.
Ce que nous prononçons est le plus grand mystère :
« GUÉRISSEZ LA PLAIE, C'EST DÉJÀ POSSIBLE. »

LE SANG DIVIN NE DESCEND
QUE DANS LE CORPS DE L'HOMME.

Il n'est pas possible de l'atteindre, de le boire,
car entre l'homme et LUI
il y a encore la brèche, la plaie.
Mais si l'homme et LUI sont unis,
– unis le corps et Celui qui est Lumière –,
il n'y a plus de plaie,
car le *Sang* circule déjà,
et le Ciel et la terre se rejoignent.
Jusque-là, la plaie faisait mal.
Mais l'union est maintenant possible!
IL NE FAUT PLUS DE PLAIE!
Écoutez bien! Que la plaie guérisse!
C'est le secret de la Délivrance.
Il ne faut plus transpercer le Cœur,
si SON Cœur et le vôtre sont un.
Ainsi, en vous, le poids, l'herbe et l'animal
atteignent la Lumière.
SOYEZ UNIS EN JÉSUS, VOTRE FRÈRE *!

Le Sang divin ne s'écoule plus,
car il n'y a plus d'enveloppe,
l'enveloppe que la force aveugle,
que la tyrannie aveugle ont dû transpercer,
pour que la Lumière devienne nôtre
à travers l'eau du sang.
Le corps et le sang ne suffisent pas,
ils ne sont que fondement pour devenir : HOMME.
La Lumière divine n'est donnée qu'à celui
qui porte des fruits,
qui marche sur la mer,
qui demeure au sommet,
qui n'est jamais rassasié,
en qui le Sel divin – la Parole –
crée la Nouvelle Soif.
Toute souffrance, toute soif de la terre
brûlent en toi – sur le mont Golgotha.

---

* Le mot hongrois « frère », *testver,* est composé de deux mots : *test-vér,* « corps-sang » *(N. d. T.).*

Et vient la réponse : Lumière, Nouvelle Vie,
nouvelleṣ Pâques, la Co-naissance ressuscitée,
l'Esprit-Matière, l'Éternel Amour.

L'enseignement est Parole,
et la Parole deviendra incandescente
si vos lèvres la prononcent.
Que de nouveaux mots naissent, simples, vrais!
Oui – oui, non – non.
Qu'il n'y ait plus de « peut-être »,
qu'il n'y ait plus de tiédeur.
La parole est aile qui élève, qui crée.
    Long silence.
Ne L'aime pas, LUI – TOI, AIME TOUT.
C'EST CELA L'AMOUR DIVIN.
C'est cela qui manque et ce manque ouvre une plaie,
une plaie toujours nouvelle.
Mais si ton cœur est uni à LUI, alors la plaie guérit.
Ce n'est pas difficile!
Est-il difficile de vous aimer les uns les autres?
Non, n'est-ce pas?
Combien il est plus facile d'aimer les petits,
les non-délivrés, les persécutés,
les impuissants, les prisonniers.
Car à vous l'instant libre, l'instant qui délivre, le POSSIBLE.
    L'exigence surhumaine d'« aimer tout » me semble être adres-
    sée à Lili. Étant « celle qui aide », elle recevra plus tard,
    dans le camp d'extermination, l'aide divine qui la rendra
    capable de devenir source inépuisable d'amour et de conso-
    lation.

Croyez-le, rien n'est plus facile que l'amour divin.
    La nuit commence à tomber. La première étoile apparaît.

L'Étoile a guidé les sages de loin.
Après l'étoile, une mer d'étoiles,
une mer de petites lumières s'est allumée.
Le ciel restait sombre quand même.
Petit à petit, les étoiles s'éteignent, car déjà l'aube point.

Toutes les lumières disparaissent,
jusqu'à la plus petite étincelle au bord du ciel.
La première brille encore.
Mais, lorsque la LUMIÈRE vient,
la première et la dernière disparaissent aussi.
La LUMIÈRE grandit,
et elle absorbe toutes les étincelles.
Toutes les étoiles s'effacent
dans le sein de l'AUBE SACRÉE.

Nous ne pouvons plus poser de questions, et pourtant nous recevons des réponses. Les Anges lisent dans notre pensée comme dans un livre ouvert, et nous répondent au cours de l'entretien. Depuis que nous sommes à Budapest, leur langage rythmé a une force si nourrissante que toute question devient inutile. Les vers sont courts, frappants, extrêmement clairs, impossibles à oublier. A Budaliget, quand nous relisions nos notes après les entretiens, Hanna remplaçait souvent un mot par un autre qui lui semblait plus juste. Maintenant, depuis que l'enseignement nous est donné en vers rythmés, elle se borne à les dire tout haut. Enfin, la patience avec laquelle les Anges répètent les mêmes thèmes — sous différentes formes — nous montre à quel point nous sommes encore loin de vivre cet enseignement.

Vendredi 13 octobre 1944

Entretien 79

Le mot qui enseigne se fait entendre :
Les Quatre agissent en unité.

La surface du globe est ondoyante.
L'eau, la mer la recouvrent.
Le sommet de la montagne émerge.

Le sommet de la montagne, l'île, c'est l'*Individualité* *.
La multitude reste sous l'eau.

Le Plan créé est miroir.

Au creux de la matière inerte –
le germe primordial.
Il s'est élancé vers le haut,
il a percé la matière, épaisse, aveugle.
Il l'a dépassée, il s'est transformé.

Les vagues de la mer l'ont embrassé,
c'est là qu'il a vécu.
Il s'est hissé au-dessus de la mer,
mais le chemin conduisait plus loin,
bien au-delà de l'eau.

Il s'est hissé au-dessus de la mer et l'air l'a accueilli.
Le sol de l'air est l'*Individualité*.
Ce n'est pas un aboutissement.
Ce n'est pas suffisant.
Après l'air, vient encore
ce qui depuis toujours a été tracé dans le Plan.
ET LA FORCE DIVINE, QUI TISSE LE PLAN,
OPÈRE MAINTENANT.

Atteignez ce nouveau degré!
Sans l'*Individualité*, l'air est vide.
Le pied des Anges cherche en vain des sommets,
des îles où se poser.
L'*Individualité* est le sol le plus pur.
Elle n'est pas aboutissement, mais fondations.

Maison sur le roc.
Jésus est le roc.
Son pied marche sur le roc, gravit la montagne.

---

* Rappelons que le mot hongrois « individualité », *egyén,* est composé de deux
mots : « un-moi », egy-én *(N. d. T.).*

Là, en haut, s'ouvre le ciel,
et la matière se transfigure en Gloire.
Le disciple ignorant balbutie,
il n'a encore jamais vu
Lumière et matière unies : miracle.
« Dressons la tente ici, en haut,
dans la lumière sur la montagne. »
Le disciple ne savait pas ce qu'il disait.
La nouvelle demeure n'est pas bâtie;
la nouvelle demeure descend,
si elle trouve le vrai roc.
Le vrai roc que le Ciel accueille,
c'est l'*Individualité* pure et intacte.
Le roc aussi n'est que terre,
mais qui s'élève vers le haut,
force merveilleuse, rassemblée.
Sommet au-dessus du brouillard,
patrie de la joie éternelle, de la sérénité.

Soyez sur la montagne, toujours sur le sommet!
Que tous vos actes s'accomplissent là-haut, au sommet,
au-dessus du péché, du brouillard, du diable.
Toujours en haut sur la montagne!
Soyez même au-dessus de la Grâce,
car au-dessus de la Grâce habite l'UNIQUE.
Si tu es uni à LUI – la Grâce émane de toi.
Chaque geste, chaque pensée, chaque acte libre
ne peuvent être que sommet.

Celui qui grimpe habite peut-être sur la montagne.
Mais toi, tu ne l'habites pas, tu ne grimpes pas,
tu es la montagne toi-même, la vraie, la juste.
Celui qui est vrai est roc en réalité.
Nous habitons là-haut sur la montagne,
dans la profondeur du cœur.
Le Plan est prêt, l'acte est en attente encore.
    Silence.
La clarté sereine du Ciel vibre.

Je vous enseigne :
La grande question – la mort – n'est que vibration.
Entre la naissance et la mort, un écran
fausse votre vue.

Naissance et mort ne sont que vibrations.

La vie n'est pas donnée par pitié,
la vie est éternelle,
mais, à travers cet écran,
vos yeux ne voient pas.
RENAISSANCE, RÉSURRECTION, TÉNÈBRES, MORT, CHUTE
sont tout à fait différentes de ce que vous supposez.
  Par mes lectures, je connais bien le concept de réincarnation
  dans l'hindouisme, et j'écoute avec un grand intérêt.

SI VOUS ÉLEVIEZ VOTRE VUE PLUS HAUT,
VOUS VERRIEZ QUE DE NOMBREUSES VIES,
CELA EST IMPOSSIBLE.
LA VIE EST UNE, INDIVISIBLE, ÉTERNELLE.

C'est votre héritage, transmettez-le!
Au-delà du tréfonds de la mer,
au-delà de la mer,
au-delà du sommet de la montagne,
le doigt divin trace de nouveaux Plans sur le sable.
LUI, IL CONÇOIT ÉTERNELLEMENT DES PLANS,
VOUS, RÉALISEZ-LES!
Dans le ciel du premier jour,
ni le soleil, ni la lune n'étaient encore apparus,
que le Plan éternel était déjà là.

Le Ciel descend.
Nous sommes les murs, et vous êtes les fondations.
Si vous n'êtes pas sur la montagne,
notre pied se pose sur le vide,
et la nouvelle demeure n'a pas d'assise.
La seule faute que votre cœur commette,
c'est de ne pas unir les Sept,

de n'être pas au sommet de la montagne,
car alors notre pied se pose sur le vide.
Vous le comprenez depuis longtemps,
mais vous ne le faites pas encore.
Vous ne manquez pas de foi,
mais vous manquez d'actes.
Autant de foi – autant d'actes.
Ce n'est possible qu'ainsi.

Celui qui est sur le sommet,
qu'il maintienne son équilibre!
Sinon, le cœur commet une faute grave,
car notre pied se pose sur le vide.

Notre être est trop léger,
ainsi, il faut sous notre pied
le sommet du roc, Vérité, Force.

Mes bien-aimées,
est-il si difficile d'atteindre le sommet?
Il est plus loin que le tréfonds de la mer,
bien au-delà de la mer, plus loin, très loin en haut,
IL EST DANS LA PROFONDEUR DE VOTRE CŒUR.
Les mots qui vous ont instruites
s'estompent maintenant,
s'éloignent doucement, mais sont Vérité,
Vérité d'éternité en éternité.

En conclusion de l'entretien d'aujourd'hui, Hanna trace un
schéma très simple : toutes les forces de la terre se concentrent
au « sommet de la montagne ». Toutes les forces du Ciel se
concentrent au point le plus bas de l'Ange : son « pied ». Le
sommet de la montagne est le seul point où les unes et les
autres peuvent se rencontrer et s'interpénétrer.
Cet entretien sur l'Individualité me fait comprendre de façon
éclatante que l'enseignement des Anges, tel que nous l'avons
reçu, ne pourra jamais être transformé en enseignement
collectif.

Dans la nuit du vendredi
20 octobre 1944
Entretien 80

Les Nyilas — les nazis hongrois — ont pris le pouvoir, et les
nouvelles les plus incroyables ne cessent de circuler. Le chef
Nyilas de notre district est un prêtre défroqué, sadique
notoire, le « père » Kun*. Dans la cave d'une maison peu
éloignée de la nôtre, le père Kun a fait installer une chambre
de torture, et ses troupes, une bande de jeunes voyous, tous
volontaires, dépassent dans leur zèle les cruautés des SS. Ils
font la chasse aux juifs, les dénichent dans leurs cachettes
avec un flair impitoyable, et les conduisent dans la cave
où, sous la direction du « père », ils les torturent à mort
avec une savante lenteur.
Je poste en permanence l'une de nos ouvrières dans le parc,
cachée derrière les buissons, et qui surveille l'entrée. Je fais
aussi aménager des trous dans la clôture, pour une fuite
éventuelle, en les camouflant avec des branches et des feuil-
lages.
Aujourd'hui, Hanna n'arrive de l'atelier que très tard.

La dernière heure du vendredi tinte,
mais seulement dehors.
Le dernier cercle est le point que rien ne brise.
L'unité est rythme sans bris.

Le Septième est avec vous jusqu'à la fin des temps,
jusqu'au commencement du Nouveau Temps.

Il est « Celui qui aide »,   (Lili II)
et il est « la Force éternellement rayonnante ».   (Gitta VI)

* Le père Kun sera jugé et exécuté en 1946 comme criminel de guerre.

Sa Parole est la Parole, la seule.   (Hanna IV)
Il est « Celui qui bâtit »,   (Joseph V)
Celui qui trace les Plans
de la nouvelle demeure et qui la construit.

Il est la Tête.
Nous sommes les membres, toujours prêts à servir.
Il descend chez vous et Il vous parle.
Vous Le cherchez et c'est Lui qui vous trouve.
La mort est sous Ses pieds. Il est le FILS.
Chaque balle blesse Son Cœur.
Il est le FILS, le Fils de Dieu
qui a été cloué à la croix.
On peut Le reconnaître, on peut L'atteindre,
l'Enfant
qui a donné son sang pour nous,
qui s'est laissé ensevelir pour nous.

IL PEUT DÉJÀ ÊTRE LE FRÈRE,
DANS LA PARENTÉ LA PLUS ÉLEVÉE DE LA TERRE.
C'est l'aboutissement et c'est le commencement.

Le corps devient Verbe, Nouveau Nom,
mystérieux, insaisissable,
cône blanc dont la pointe atteint le bas,
point incandescent, promesse,
lien qui jamais plus ne sera brisé.
ACCOMPLISSEMENT.

Ne tarde pas, Resplendissant! Ne tarde pas!
LA VOIE EST PRESQUE PRÊTE
PAR LAQUELLE LA LUMIÈRE
DESCEND SUR LA TERRE,
OÙ LE CÔNE REJOINT LE NOUVEAU CÔNE.
Chacun des Rayons est miracle,
sourire du Père, fouet du Père.
Rayon unique de l'Œil Blanc divin.

La dernière heure a sonné.
Le vendredi devient samedi et samedi est pause.
A l'aube du Jour du Seigneur vient la Lumière.
Tout ce qui a été est et sera –
l'ancien corps meurt, est enseveli,
mais à l'aube du Jour du Seigneur il renaît :
la matière est remplie de Lumière.
L'ancien corps, l'ancien enseignement, l'ancienne pensée
reçoivent la Lumière, ressuscitent et sont libérés.
L'aube du Jour du Seigneur
est le triomphe de l'Amour du Père.
SON Fils, le Fils de l'Homme,
est aboutissement de la création,
couronne à sept branches.
Vous voyez le Fils,
mais l'Être de Lumière qui vient,
ne peut être vu, ne peut être perçu.

Ce que vous avez reçu jusqu'à présent
n'est que base, préparation.
L'union sur la terre avec Lui –
n'est que commencement.
Moitié du nouvel enseignement.
L'enseignement de lumière
ne peut venir qu'après.

C'est au nom de la septième force
qu'est venu ce message.
Prenez-le! Mangez-le! Accomplissez-le!
L'enseignement est nourriture véritable,
véritable pain.
Donnez-en à celui qui vous demande.
Mais à celui qui ne demande pas, donnez du sel,
parole qui donne soif.
Et le damné sera rempli de Lumière.
A l'aube du Jour du Seigneur
point la Lumière.

Mes bien-aimées, LUI est avec vous à chaque épreuve.
IL vous aime.

Dans la nuit du dimanche
22 octobre 1944
Entretien 81

> *Le parc et la maison sont très isolés. Nous n'avons qu'un*
> *seul voisin dont le jardin touche le nôtre, c'est un grand*
> *industriel qui s'est réfugié à temps à l'étranger. Or sa belle*
> *maison vient d'être réquisitionnée par les SS allemands. Leur*
> *présence à côté de nous est terrifiante.*
> *Ma cabane est au milieu du parc, et je me suis habituée*
> *au grand silence de la nature pendant la nuit. Ce silence*
> *est interrompu, un soir, par des hurlements dans les rues et*
> *des fusillades désordonnées. Ce sont les Nyilas, de tout jeunes*
> *gens qui ont, pour la première fois de leur vie, des armes*
> *entre les mains et qui sont enivrés par leur nouveau pouvoir.*
> *Je guette tous les bruits de la rue, et je vais constamment*
> *vérifier si les trous que nous avons ménagés dans la clôture*
> *n'ont pas été forcés. Le silence revenu, je reste longtemps*
> *éveillée sous les étoiles.*

L'ancien enseignement est païen.
Vie, vie brûlante.
Après elle − mort, anéantissement, fin.

Milieu :
Transformation.
Résurrection après la mort.
Revirement salvateur.

Le Nouveau est autre, tout à fait autre;
ni naissance, ni mort,
mais Vie éternelle, Gloire, Chant.

Voici le secret de la vie éternelle :
Que tous tes actes, ta foi, ta pensée, ton amour
soient constants.

Tout attiédissement –
est agonie, disparition.
Tout laisser-aller –
est évanouissement, mort.

Tout repentir, tout recommencement –
sont guérison, résurrection.

Le Nouveau est autre, tout à fait autre.
Vie éternelle, Pensée éternelle
et Co-naissance éternelle.

Mercredi 25 octobre 1944
le matin
Entretien 82

Dure parole : la guerre est bonne.
Soyez attentifs!
La force utilisée à tort,
la dévastatrice, la destructrice ne s'arrêterait jamais
s'il n'y avait pas de faibles,
s'il n'y avait pas de victimes pour l'absorber.
C'est le passé, il fallait que cela soit.
Le mal, l'acte engagé, ne peut être redressé.
La victime absorbe et éteint les horreurs.
Le persécuteur trouve le persécuté
et la mort est rassasiée.
    Silence.

Le faible sera glorifié.
L'Agneau ne sera plus égorgé sur l'autel.

Il fallait que ce soit la guerre.
Le calice amer se remplit déjà.
Ne tremblez pas!
Autant il est plein de l'amer,
autant il est plein de la Boisson divine,
de la Sérénité Éternelle.

> *Hanna souffre amèrement du malheur du monde — tout en
> ayant conscience de la Joie infinie du Monde Nouveau qui
> vient.*

Votre chemin n'est pas d'améliorer, d'amender.
Votre chemin est ce qui n'a pas encore existé :
création par la Force,
la Force sacrée,
Force qui vient de Dieu, qui retourne à Dieu,
dans la joie de l'ivresse : Circulation divine.

> *Silence.*
>
> *Je n'ai pas compris l'enseignement sur le caractère « inévi-
> table » de la guerre, ni sur le fait que la guerre soit « bonne ».
> Aussi l'Ange revient sur ce thème en prenant l'exemple du
> corps humain.*

Je vous enseigne :
Si la matière dévore *trop* de matière,
le corps envoie des acides corrosifs
qui détruisent l'*excès* de nourriture.
L'acide agit,
le danger diminue,
mais reste l'acide aveugle,
et quand il n'y a plus d'excès,
il attaque la paroi organique.
Si une partie du corps est détruite,
l'ensemble du corps est en danger.
La solution est le bicarbonate de soude.
Le bicarbonate est la victime qui est anéantie,
mais il éteint le feu de l'acide,
et le corps est soulagé.

Plus tard dans l'après-midi, les Anges sont à nouveau avec nous; prise par surprise, une fois encore, je ne peux noter qu'un fragment de l'entretien.

... Celui qui croit posséder en propre la force est égaré.
La force du faible, c'est LUI.
Le faible est tendres prémices, sacrifice vivant.
La force destructrice est damnation.
Le faible est glorifié, car la force du Seigneur habite en lui.
Les yeux du monde le voient faible,
mais le jugement du Seigneur le dit fort,
parce qu'il ne prend pas d'arme,
il ne s'enfuit pas, il ne résiste pas là
où sur le front du vainqueur brûle la marque.
Et le Ciel exalte le faible...

Cet enseignement sur le rôle du faible me préoccupe : il éveille tant de questions auxquelles je ne peux pas répondre. Pourquoi Joseph est-il parti sans résistance dans ce camp? Était-ce faiblesse ou force? Pourquoi aucun de mes trois amis n'a-t-il voulu accepter de faux papiers, si faciles à obtenir et qui les auraient probablement sauvés? Est-ce leur destin d'être sacrifiés? Et tout à coup, je me souviens d'un rêve étrange que m'avait raconté Hanna. Alors que Joseph et elle, étudiants l'un et l'autre, allaient au festival Dürer de Nuremberg, ils avaient, une nuit, fait tous les deux le même rêve.

Dans le Nuremberg médiéval, Hanna courait, désespérée, derrière une charrette sur laquelle Joseph, enchaîné, était conduit au supplice. Joseph, de son côté, avait rêvé la même scène : il était enchaîné sur une charrette et voyait Hanna, désespérée, courir derrière.

Je me demande s'ils ont accepté depuis longtemps ce rôle de victime, de « faible », et si cela influence leur sort encore maintenant? Je ne trouve aucune réponse à ces questions, si lourdes, et je ne veux pas peser encore davantage sur Hanna en les lui posant.

Tard le soir, les Anges reviennent; je ne peux noter que la
fin de l'entretien :

...l'amante cède si l'amant vient.
Les deux sont un. Il n'y a même plus de lien,
parce qu'il n'y a plus de séparation.
Vibration éternelle, transfiguration.
Le mystère de la Sainte Trinité est :
Amant — amour — amante.
Les trois sont un et pourtant distincts.
Éternellement agissant est le Verbe : le OUI.
Le seul enseignement :
LUI EST.

Le 29 octobre 1944

Entretien 83

La vie éternelle,
la vigne qui donne éternellement des fruits,
est l'héritage qu'IL vous a légué.
La CO-NAISSANCE est en vérité *Amour*
et la conception est immaculée.
Mystérieux, merveilleux est l'enseignement
sur la conception immaculée.

Sept marches conduisent à la vie éternelle.
Sept pas que vous pouvez faire!
La première naissance, la païenne, est matière.
La deuxième est purification, plante.
La troisième, don de soi, harmonie.
La quatrième est la maison décorée, la chambre nuptiale.

Par les trois marches d'en haut
descend le Fiancé, la Lumière.

Si le Fiancé trouve la Fiancée,
la mort est avalée pour toujours.

Trois pas, c'est le temps :
Le passé : purification.
Le présent : don total de soi-même.
Le futur : noces.

Les deux Amants sont issus de LUI,
LUI qui fait naître éternellement.
A LA PLACE DE LA LUMIÈRE SANS CORPS
ET DU CORPS SANS LUMIÈRE,
LE NOUVEAU, LES DEUX AMANTS UNIS.
LE VERBE DEVIENT CHAIR,
ET LA MATIÈRE DEVIENT LUMIÈRE.
La conception immaculée est l'Amour éternel
qui n'est pas suivi de Bethléem,
ni de tombeau, ni de résurrection.
Le Nouveau Christ a revêtu la robe de Lumière,
ses yeux, le feu; ses cheveux, les flammes.

Il n'y a plus de naissance et plus de mort.
La naissance est douleur — la mort est douleur,
car elles sont encore plaie, elles sont encore brèches.
Félicité, Union.
La nouvelle maison est le Quatrième,
bâtie depuis l'éternité, décorée pour le Fiancé.
L'ancienne maison était façade, cadre qui se fend.
Quitte-la pendant que c'est possible!
Là, le Fiancé ne peut entrer.
Le Fiancé éternel, l'Amant éternel : LA LUMIÈRE.
Le seul désir qui peut être assouvi.

Vous êtes la souche et LUI la Force,
la Sève qui monte éternellement.
Ainsi naît le miracle, la vigne qui donne toujours.
La flaque, la boue restent en bas,
la tige s'élève d'elle, et aspire la boue.
LA BOUE MONTE VERS LA LUMIÈRE.

La Lumière s'habille de Matière.
  Silence.
Le Ciel descend – Sagesse.
La matière-sagesse en est le fruit.
La création porte du fruit :
Lumière tangible – Matière-Lumière.
Soyez dans l'allégresse!

L'eau tue – Le feu vivifie.
La vierge est dans les douleurs de l'enfantement.
La dernière naissance est le quatrième.
L'Enfant est enlevé au Ciel
et le Ciel descend sur la terre, d'éternité en éternité.

Je vois s'ouvrir encore de nouvelles perspectives dans les entretiens. L'image de la femme « vêtue de soleil » est apparue il y a près de 2 000 ans dans l'Apocalypse de saint Jean. Son Enfant et elle sont montés au ciel, disparaissant ainsi de notre champ de conscience. Mais maintenant l'Enfant reparaît et descend sur terre avec tout ce qui est du Ciel – « le Ciel descend » –, et avec SA part féminine, qui est Sagesse. La quatrième dimension nous est ainsi montrée à travers toutes sortes de symboles.

Le 31 octobre 1944
Entretien 84

La souffrance n'enseigne pas, n'élève pas.
La souffrance n'est pas nécessaire.
N'attendez de la souffrance aucun fruit, rien de bon.
La souffrance remplit la plaie ouverte.
La plaie est le péché et la souffrance est la réponse.
La plaie est le vide que la guérison remplit.
Ce n'est pas le « plus ». Ce n'est pas le fruit.
Ce « plus »-là n'est qu'apparence.

La souffrance n'est que petite partie, fragment.
Si la souffrance était tout, la Délivrance qui l'effacerait
ne serait que duperie, rien d'autre.
LA SOUFFRANCE N'EST PAS NÉCESSAIRE.
Les coups, le châtiment ne sont pas nécessaires.
Le don de soi, le sacrifice les effacent.
C'EST LA GRÂCE LA PLUS SACRÉE.

*Je comprends enfin le paradoxe : « Accepte la souffrance... »,
dit au début des entretiens, et son contraire d'aujourd'hui :
« La souffrance n'est pas nécessaire... » La souffrance ne
saurait être un but en soi. Elle n'est rien d'autre que le
signal d'une attitude erronée (« péché »). Si je comprends
clairement pourquoi je souffre, et si j'accepte librement de
me transformer, la souffrance a accompli sa tâche positive;
elle n'est plus nécessaire. Mais la prise de conscience ne suffit
pas : la transformation passe obligatoirement par l'acte juste,
accompli dans la vie quotidienne. Là, seulement là, je me
suis délivrée moi-même de l'ancien (du « mal »).*
*Je pressens que la souffrance peut jouer, sur le plan universel,
ce même rôle d'outil pour accéder à la Délivrance — mais
ces perspectives me dépassent encore.*

Adam erre sans raison et sans but.
Il a reçu l'œil de Lumière,
pourtant, il ne voit pas le chemin, le vrai, la vie,
car ses yeux ont été fermés par le péché.
Adam a été conçu dans la sérénité.
Il a été trompé par le serpent. Il est aveugle, mort.

Mais l'Agneau s'est offert en sacrifice, et Adam revit.
parce que LUI est la VIE.
Tout revit avec LUI, en LUI, par LUI.
Après le péché — la purification.
Après la purification — le don de soi.
Après la conception immaculée, les noces —
la nouvelle maison.
La mort s'arrête au-dehors. La souffrance reste au-dehors.
La brèche est remplie et la souffrance

cesse pour toujours.
Matière glorifiée! Nouvelle Conscience!
Éternellement, l'Homme est fils de Dieu.
Adam, l'enfant prodigue, vient habiter la nouvelle maison.
Au lieu des joies vaines il a trouvé sa vraie place,
la Vie Éternelle.

> *Plus tard, le même soir, les Anges reviennent.*

... Veillez sur la petite
pour qu'elle puisse porter ses fardeaux.
Les sept poignards blessent.
Le petit serviteur a offert son cœur
et ce qui est offert
est apporté par nos mains aux pieds du Seigneur.
Prenez garde! Ne soyez pas ébranlés!
Veillez sur la petite
et LUI veillera sur elle à travers vous.

*Cet enseignement pèse lourdement sur moi. Je sais avec
certitude que « le petit serviteur », c'est Hanna. Est-ce que
les Anges voient un moyen de la protéger qui m'a échappé?
De jour en jour, la situation générale s'aggrave, et je suis
extrêmement préoccupée. Notre atelier n'est plus un refuge,
et devient de plus en plus exposé. Tout va si mal que je
conseille aux ouvrières de partir si elles ont la possibilité de
se cacher ailleurs, en leur promettant de ne rien dire aux
autorités militaires.*

*L'une des Jolly Jokers qui partage la cabane de Hanna et
Lili — une femme extrêmement discrète — nous demande
aujourd'hui, à ma grande surprise, de passer la soirée avec
nous. Elle n'avait pas la moindre idée, me dit-elle, de ce
qu'étaient nos réunions; « mais en voyant le visage transfiguré, rayonnant de Hanna lorsqu'elle revenait à l'atelier,
j'ai eu la conviction que je devais, moi aussi, y participer.
Et moi qui suis d'habitude si timide, si vous ne m'aviez
pas laissée entrer, j'aurais enfoncé la porte. »*

*La quatrième occupante de la cabane, qui s'est beaucoup
attachée à Lili, souhaite également assister à notre réunion.*

Vendredi 3 novembre 1944
Entretien 85

Lili allume la bougie dans la baraque.

La flamme grandit. La lumière se répand.
La matière se purifie lorsqu'elle brûle.
L'air – l'Esprit.
La flamme – l'Individualité.
L'air est invisible –
la matière est lourde, épaisse, aveugle.
La flamme est le lien.
Sans air – la matière ne brûlerait pas.
Sans matière – il n'y a pas d'Individualité libératrice.

Au commencement : la cire est froide, l'air est froid.
Qui allume la flamme?
L'air? – Non. La cire? – Non.
La flamme *qui brûle déjà,* la Quatrième flamme,
le lien qui réchauffe, qui transmet le feu.
Le Ciel peut s'unir avec la matière,
mais uniquement au-dessus de l'eau.
Rien n'est plus simple que cela.
Transmettez toujours le feu!

Chaque degré de vie est flamme, feu.
Ils sont unis par leur essence.
Toujours autre est le nom du feu,
toujours autre sa lumière, toujours autre sa chaleur.
A l'Homme est donnée la flamme qui unit les Sept.
Le Cœur-Lumière,
en qui sont unis toute Lumière et tout Feu.
Que ce soit feu terrestre, flamme céleste,
amour terrestre ou amour céleste.

Un corps vierge n'est pas nécessaire
lorsqu'il y a flamme pure, passion sacrée.
La nouvelle Lumière ne peut venir
que si vous allumez les Sept, l'un après l'autre.
Toutes les lumières sont en vous, tous les feux!

> *On entend le grondement du front proche.*

Tout autour de vous, la destruction.
En vous, l'éternel renouvellement,
la purification, le don de soi, les noces.
N'ayez pas peur!
La destruction peut faire son œuvre partout.
La terre et le ciel peuvent être détruits.
Tout cela n'est rien, si le Feu Nouveau est allumé.
Aimez la VIE, aimez les Sept!
Or, si une seule flamme manque,
c'est l'horreur, la rupture, la fin.
Mais si les Sept sont Un, matière et Ciel unis,
c'est le Verbe, le DONNE.

Sept Âmes de Dieu, sept flammes, sept degrés.
Brûlez!
Chaque individualité ne peut être que plénitude,
les Sept ensemble.

L'Éternel Agissant a créé pour chacun
un Maître qui le conduit.
Sept Flammes-Esprit vous guident.
LUI donne le Nom.
Le Nom n'est pas parure vaine, il n'est pas hasard.
LE NOM EST ÉTERNEL, LE NOM EST PARCELLE DIVINE.

Moi aussi, je fais partie des Sept.
Au-dessus de moi aussi brille un Maître qui conduit.

> *S'adressant à moi :*

Ce message est pour toi.
C'est ce que ton cœur a demandé.
Les sept flammes structurent tout organisme,
et au-dessus de chaque sept,

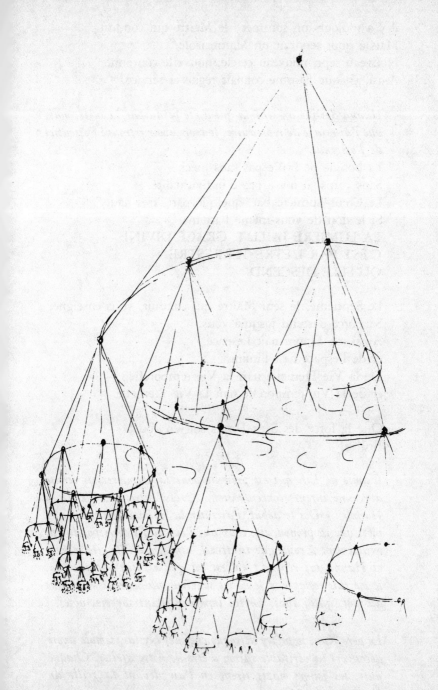

il y a toujours un sommet : le Maître qui conduit.
Mais à quoi servirait un Maître isolé?
Nouveau sept, nouveau cercle, nouvelle couronne.
Ainsi, chaque flamme connaît règne et service.

Hanna dessine un schéma qui a été perdu par la suite, mais que j'ai essayé de reproduire. Je crois avoir retrouvé l'essentiel de l'original.
La bougie ne brûle pas sans mèche.
Sans corps, il n'y a pas d'individualité.
Le Cœur-Lumière bat, quelque part, très haut.
Si le don de vous-même l'atteint,
LA LUMIÈRE JAILLIT, GRÂCE DIVINE.
C'EST PAR L'ÊTRE TERRESTRE
QU'ELLE DESCEND.

Le Septième, le seul Maître qui conduit, vous enseigne.
Sa Force descend jusqu'à vous.
Ainsi, de l'infini naît l'espace
et de l'espace naît l'infini.
De la Vie Éternelle naît la Vie temporelle,
et de la Vie temporelle naît la Vie Éternelle.

Que la force des Sept Forces soit en vous!
Brûlez!

L'amie de Lili qui est présente pour la première fois écoute avec une intense concentration. Après l'entretien, elle dit à Hanna : « Dès le début, j'ai entendu intérieurement tous les mots que tu prononçais; ceux que j'entendais correspondaient exactement à ceux que tu disais, sauf un. » Elle cite le mot, et Hanna lui répond : « C'est toi qui as bien entendu, là, je me suis trompée. » Je ne me souviens malheureusement plus du mot, que j'avais corrigé immédiatement sur mes notes.

Le père Kun, le prêtre défroqué chef des Nyilas, semble avoir découvert la véritable raison d'être de notre atelier. Chaque nuit, les jeunes nazis tirent en l'air devant la grille du parc, ce qui n'est pas bon signe.

Le dimanche après-midi, des hordes de nazis hongrois forcent la porte d'entrée et déferlent dans le parc. Une ouvrière qui les a vus approcher a juste le temps de lancer un SOS désespéré à la nonciature.

Les Nyilas font la chasse à toutes les femmes qui se sont cachées; la cave, les ateliers, le grenier sont fouillés de fond en comble, et toutes les ouvrières sont parquées dans le plus grand atelier en attendant le chef. Le père Kun arrive; c'est un homme plutôt petit, maigre, aux yeux hagards. J'ai l'impression fugitive qu'il a dû se torturer lui-même, quand il était prêtre, dans un excès d'ascèse. Sa soutane noire est barrée d'une large ceinture rouge bardée de revolvers et de poignards.

Il demande à voir le commandant. Je fais un pas en avant. S'adressant aux Nyilas, le père Kun se lance alors dans une espèce de sermon, expliquant que j'étais moi, chrétienne qui s'était abaissée à aider des juifs, plus coupable que les juifs eux-mêmes (il était bien informé). Il s'arrangera pour qu'on me réserve un « traitement spécial ». Lorsque Hanna et Lili entendent ces mots, elles voient s'évanouir l'illusion que ma qualité d'« aryenne » me préserverait du danger.

Je suis sommée de dire combien d'ouvrières travaillent dans l'atelier. Si ma réponse n'est pas exacte, je serai fusillée sur-le-champ. Je n'ai pas la moindre idée du nombre des femmes qui ont pu s'échapper par les trous ménagés dans la clôture. Incapable de répondre, je reste muette. Puis, tout à coup, je m'entends dire : soixante-douze.

On commence à compter. Il y a là soixante et onze femmes. Un lourd silence s'installe.

Tout à coup, la porte s'ouvre brutalement, et un nazi pousse dans la pièce une jeune fille qui s'était cachée dans les W.C.

Le père Kun me fixe sans un mot — s'est-il senti en présence d'une autre force? —, puis tourne les talons. Avant de quitter la pièce, il ordonne à ses soldats de m'emmener sous « surveillance spéciale ». Trois nazis, armés jusqu'aux dents, me jettent à terre, me bourrent de coups de pied et me crachent dessus.

Les soixante-douze ouvrières sont mises en rang. La nuit

*tombe, il se met à pleuvoir; l'ordre du départ est donné, et
nous commençons à marcher dans les rues, en silence, vers
une destination inconnue. Les coups de pied bien ajustés que
j'ai reçus dans le ventre font leur effet, et je suis forcée de
m'arrêter derrière un arbre. Les trois voyous me suivent et
ne me quittent pas des yeux; les bras croisés, ils me regardent
comme si j'étais un bout de bois. Étrangement, c'est à ce
moment-là seulement que, tout à coup, je réalise que j'ai
perdu ma liberté.*

*Après une demi-heure de marche environ, nous sommes rejoints
par une voiture du ministère de la Guerre. Notre SOS vient
d'être transmis au ministère par la nonciature, et l'officier
qui descend de voiture apporte une lettre de protection
renouvelée pour l'« usine de guerre ». Furieux, les soldats
Nyilas sont obligés de nous relâcher, et nous retournons à
l'atelier. Je marche en silence, près de Hanna et de Lili et,
dans l'obscurité, je ne peux m'empêcher de penser : « Pour
combien de temps encore ?... »*

Vendredi 10 novembre 1944
Entretien 86

La quatrième flamme,
le quatrième élément est la Co-naissance.
Derrière ce mot brille un mystère.
LUI parle – l'âme tressaille.
Elle ne comprend pas la Parole,
car la troisième flamme, le troisième élément
retient ton âme captive.
Là, la vibration est floue.
La troisième flamme, le troisième élément,
ce sont les sentiments.
Elle produit d'autres fruits que la quatrième.

Élevez vos sentiments!
La vibration s'intensifie.
Qu'est-ce qui les élève?
L'aspiration? – Non.
La foi? – Elle n'est que possibilité.
LA FORCE QUI ÉLÈVE :
C'EST LE DON DE SOI, L'OFFRANDE DE SOI.
Il n'est pas possible d'atteindre autrement
le quatrième degré,
la nouvelle demeure qui vous a été préparée.

LUI parle.
L'âme brûle de connaître le secret des secrets,
le cœur des Sept;
le quatrième degré de Vie, milieu des Sept,
là où le pied s'arrête et n'avance plus,
où l'âme ne demande plus et reçoit toujours.
    Silence.
Je vous enseigne :
La pensée est matière, pesante, chancelante, aveugle,
qui attire vers le bas,
serpent qui mord sa propre queue.
Aussi son signe est-il la roue.
La roue qui tourne autour d'elle-même,
sans maître – machine ou chariot.
Tournant autour d'elle-même,
fumée terrestre qui ne s'élève pas,
et l'âme chancelle et s'évanouit,
elle erre, elle tourne, elle tourne sans arrêt.

Dans la main du « Pêcheur Noir », l'hameçon.
L'appât : les pensées humaines.
Ne l'avale pas, poisson, sinon ta bouche se déchire!
Le poisson meurt et le « Pêcheur Noir » sourit.
Son sac se remplit, son butin y est entassé.
La roue tourne, l'âme s'assombrit, le cœur se serre.

Adam, chassé, – à la place de l'Enfance en Dieu –
a reçu le savoir : la pensée.

La joie insouciante a été effacée.
La Co-naissance n'a pu se poser
au-dessus du sentiment.
Le Paradis lui était enlevé.
L'acte sans péché, l'innocence ont été perdus.
Mais Lui est le CHEMIN qui y reconduit.
Lui conduit,
et ce qui était perdu sur terre
devient possible en Dieu.

Notre message parle de la nouvelle Flamme,
brillante, vibrante là-haut.
Homme, tu peux déjà l'atteindre!
Lui est le chemin qui y conduit.
Lui est la Vérité
sur laquelle est élevée la Nouvelle Demeure.
Lui est la Vie, l'éternelle Vie.

Que la quatrième vibration vous pénètre!
Brûlez! Mais ne détruisez pas en brûlant!
Allumez seulement! Allumez toujours le feu!
Si le Ciel brûle en vous,
tout s'y consume, qui est insuffisant.
Écoutez! Soyez attentifs!
Écoutez toujours la Parole, l'éternelle, la vraie
qui seule est Réalité.

QUE LA PENSÉE Y SOIT RELIÉE!
QU'ELLE NE TOURNE PLUS TOUTE SEULE!
LA ROUE N'EST LIBRE QUE SI ELLE DEVIENT PARTIE,
SI ELLE SERT, SI LE TOUT EST SON MAÎTRE.
QUE LA CO-NAISSANCE TRANSCENDE LA PENSÉE!

Dans le sein de la fille d'Adam
– qui fut chassé, qui tourne autour de lui-même,
qui n'est pas délivré –
dans son sein, le Christ a été conçu.
Réjouissez-vous! La Lumière éternelle brille.
Dès maintenant, vous êtes libres,
vous n'êtes plus des esclaves.

Vos yeux verront, et vos mains
accompliront la Volonté divine.
Nous sommes dans l'allégresse avec vous.
Votre acte et notre chant s'unissent.
La Lumière blanche flamboie,
la blanche dans laquelle toutes les couleurs se fondent,
s'unissent éternellement.

*Le travail de l'atelier a repris, dans la crainte constante
d'une nouvelle déportation, rendue plus aiguë par le voisinage
des SS. Un jour, un soldat allemand sonne, à l'improviste,
à la porte du jardin. C'est la panique ! Je me précipite —
et je vois avec soulagement qu'il ne s'agit pas d'un SS, mais
d'un soldat de la Wehrmacht. Il se trouve, en plus, que
c'est un ancien camarade de Hanna aux Beaux-Arts de
Munich qui vient la voir. Il travaille maintenant comme
dessinateur au journal des forces armées,* Wehrmacht.
*C'est en bavardant avec ce brave garçon qu'une idée tout
à fait folle me vient à l'esprit : faire protéger mes ouvrières
juives par les SS allemands eux-mêmes.
Je m'étais vite aperçue que l'ami de Hanna détestait les
SS, et que je pourrais facilement m'en faire un complice.
Ici, ce sont les nazis hongrois qui ont le pouvoir, mais la
seule autorité qu'ils reconnaissent est celle des SS allemands.
Avec l'ami de Hanna, je mets au point un plan : je lui
propose de réaliser, pour la rubrique culturelle de son journal,
quelques dessins sur le folklore hongrois; je recevrai, en
échange, un certificat de travail sur papier à en-tête du
journal, et portant un tampon avec une croix gammée bien
visible.
Ce certificat de travail me servira d'introduction auprès de
mes voisins SS. J'ai remarqué que l'officier ne rentrait que
tard dans la nuit, et que ses soldats restaient seuls toute
la journée. Si bien que, quelques jours plus tard, je m'approche du jardin voisin et j'adresse la parole aux soldats SS.
Ma mère étant autrichienne, je parle couramment l'allemand, et peux même prendre immédiatement l'accent bava-
rois du caporal. Le tour est joué : je suis maintenant pour
eux une compatriote en terre étrangère.*

Je leur explique que j'ai abandonné ma profession d'artiste pour consacrer à l'effort de guerre mon talent de dessinatrice, et que je dirige maintenant l'usine de couture qui est leur voisine. Comme par hasard, j'ai dans mon sac le certificat de travail allemand, reçu dès que j'ai remis les illustrations, et il fait merveille pour rendre crédible ma petite histoire.

En tant que voisine, et que compatriote, j'invite les soldats SS à visiter mon usine. Pour leur épargner le long détour par la rue, je fais ménager une ouverture dans la clôture qui sépare nos deux jardins. J'ai bien sûr une idée derrière la tête : en cas d'attaque des Nyilas, permettre éventuellement aux ouvrières de fuir par le jardin des SS, qui donne sur une immense forêt. Les soldats sont las de la guerre, et ravis de venir boire un verre de vieux tokay en dégustant nos pâtisseries maison.

Un jour, dans le courant de la conversation, je me plains des hordes de soldats hongrois qui viennent entraver le bon fonctionnement de mon usine de guerre. Les soldats, impressionnés par la croix gammée de mon certificat, ou pressentant peut-être que la guerre va bientôt mal finir pour eux, promettent de nous protéger, mes ouvrières et moi. Personne ne souffle mot de leur origine non aryenne.

Toutes les femmes sont informées de la situation. Jamais elles n'ont travaillé avec autant de zèle et de discipline que lorsque le caporal SS venait me voir pour passer quelques moments en ma compagnie, ou plutôt en compagnie d'une bonne bouteille.

Vendredi 17 novembre 1944

Entretien 87

Le Sept parle.
La puissance du Six agit.
Le Cinq chante.
Le Quatre s'éveille à la conscience. IL VIT.
La Lumière qui éclaire,

qui est Vérité, pénètre le cœur.
Le cœur a peur.
Il a peur aussi longtemps qu'il est demi,
et non entier,
qu'il est partie et non tout.
La terre et le Ciel LE glorifient.

De tout temps nous chantons SA gloire.
     A Lili :
Ton chant : — Guérir la plaie.
     A Hanna :
Ton chant : — Offrir ton cœur,
garder l'équilibre, le Quatrième.
     A Joseph dans le camp de travail :
Ton chant : — Le souffle du Ciel que la terre a perdu.
Paix, qui n'est pas sursis entre deux guerres,
mais silence, paix éternelle descendue sur terre.
     A moi :
Ton chant : — Faire descendre le Six.
Pour cela la Lumière t'est donnée,
la Force-Lumière du Seigneur qui vient.
Ni loi, ni grâce,
mais Lumière, pure Lumière, Force qui élève,
mais qui réduit en cendres s'il le faut!
     A nous tous :
Éveillez-vous!
Jésus a vécu, Jésus a été. Il est et Il sera.
Le Nouveau est proche.
Jésus apparaît toujours. Il appelle ses disciples.
Le Septième revêt une forme à la mesure de ce
que l'homme peut supporter.
Car tous les corps sont contenus en LUI.

Il est le Fils.
Le Père Lui a tout donné :
Le Un, le Deux, le Trois, le Quatre, le Cinq, le Six,
pour servir d'escabeau à ses pieds.
     Le front se rapproche.
     On entend exploser les obus et les bombes.

Le diable tonne. Dans sa main la terre tourne,
pomme empoisonnée, son unique royaume.
Dites en silence : « Nous n'en voulons pas. »
Cela suffit – si le Sept,
la Lumière brûle en vous.
Ainsi, les ténèbres ne peuvent rien contre vous.
Et si vous élevez votre cœur très haut,
alors la Lumière peut venir.

Brûlez!
Vivez! Remplissez-vous de Lumière!
Levez-vous! Éveillez-vous!
Votre Lumière est nécessaire.
Votre être brûle.
La fin est proche : Le Sept approche.
Qu'il n'y ait pas de désespoir en vous!
Qu'il n'y ait plus d'égarement en vous!
Soyez parfaits comme la Conscience Créatrice
vous a conçus parfaits.
IL vous a donné un NOM, un NOM éternel.
Si vous LE craignez,
et si vous vivez la Vie
au lieu d'imaginer que vous la vivez,
tout devient possible, tout est possible!
Ne craignez que le haut!
Ne demandez qu'en haut!
Mais, vers le bas, agissez, donnez!
Agissez et votre foi déplacera les montagnes!
La montagne est matière, la montagne est poids.
Avec le petit doigt
vous pouvez renverser la montagne,
car tout a reçu un nouveau sens.
Annoncez les lois nouvelles!
Ce qui était impossible – est possible.
Ce qui était valeur – tombe en poussière.
Ce qui était essentiel – sombre.
Ce qui était – disparaît dans le néant.

Mais la matière vierge, sans tache, MARIE, demeure.
Sur sa tête, la couronne d'étoiles,
sous ses pieds, la lune.
Sa robe, les rayons du soleil.
Sourire de la création.
Miracle qui plane au-dessus des eaux.
Virginité dans la matière
et dans la Lumière : matière.
La MATIÈRE-LUMIÈRE, qui resplendit, habite en vous.
Le Fils de Lumière, le Septième, naît d'Elle,
dont le Nom est Soif, dont le Nom est Amour éternel.
Le Nouveau Nom de Marie est Co-naissance.
Arbre qui donne toujours des fruits là-haut et ici-bas.
Arbre qui porte la pomme de Lumière
à la place de la pomme empoisonnée.

Proclamez-le :
La Délivrance est proche!
Le Septième a parlé.
Le Six a agi.
Le Cinq a chanté la nouvelle, la bonne nouvelle
qui est déjà réalité :
LUMIÈRE.

Vendredi 24 novembre 1944
Entretien 88

*Dans le silence qui précède l'entretien, je sens une présence
d'une intensité inexprimable, et tout à coup je sais que ce
sera notre dernière rencontre, la rencontre des adieux.*

Au commencement était le Silence.
Du sein du Silence est né le Son.
Le Son est l'Amour.
Le Son est le Fils du Seigneur.

Le Seigneur est le Silence.
Au sein du Silence reposait le Son.

Il est devenu corps. Il est né.
L'Amour est la première projection.
LE CORPS N'EST RIEN D'AUTRE
QU'AMOUR DEVENU MATIÈRE.
C'est LUI qui œuvre.
Le Son est élan.
La création est projection, matière faite de l'amour divin.

Ainsi est née la Vie. Sont nés, d'un Son, les Sept.
De l'Un, les deux contraires
qui s'attirent et se repoussent.
D'un Son, les Sept.
Des Sept – tous les degrés de Vie,
Merveille! Suite infinie de Sons.
La création chante, résonne.
Symphonie divine.
Suite infinie de Sons et cependant Sept.
Les deux contraires et le Sept sont la clef de tout.
Les deux contraires concentrent et dispersent.
Mais sur le plan sacré, sur la ligne sacrée,
ils sont attraction, concentration.

Le Seigneur est Silence.
Le Seigneur est Son.
Le Seigneur est Harmonie, Amour.

Dans la rue, les « Nyilas » font leur ronde accompagnée de hurlements et de fusillades.

Tumulte, vacarme, confusion, force dévastatrice
qui détruit la loi!
Le tumulte est le vide qu'IL ne tolère pas.
La bouche qui se tait n'est pas encore le Silence.
Chantez ici-bas, mes bien-aimés!
Bientôt, le bruit va cesser!
Chanter dans le bruit est impossible.

Mais vous, mes bien-aimés, préparez-vous!
Nous, nous chantons là-haut.
Prêtez l'oreille!
Apprenez! Préparez-vous!
Soyez unis à nous!
L'Amour immense, infini, le Cœur divin est nôtre.

Le pot d'argile fêlé, le vase usé, le récipient vide
sont jetés, sont cassés.
C'est cela le vacarme qu'entendent vos oreilles.
Soyez le nouveau vase, vase d'or!
Vase d'or transparent,
où trouve sa place et où respire
l'Amour divin, l'Éternelle Vie.
Même un vase sans défaut n'est que projection.

Le Seigneur est Silence.
Le Fils est Son, Silence que l'on peut entendre.

L'œil dit : Lumière.
L'oreille dit : Son.
La main dit : ACTE.
Le cœur dit : Amour.
Tout cela n'est que projection.
La Co-naissance est la clef. Mystère caché.
Lorsque Sa Lumière apparaîtra,
tous verront par elle.
La Co-naissance est le Sept.
La Co-naissance est le Deux,
le Lien entre les deux contraires.
Dans le Sept – le Quatre est le cœur
qui concentre, aspire, appelle tout le sang,
toute la force divine.
LA CO-NAISSANCE, EN VÉRITÉ, EST AMOUR.
Par lui les Sept – deviennent chant,
les deux – un,
car le seul obstacle, le manque, est comblé.

C'est LUI le nombre, la loi, le sel.   (I)
C'est LUI l'Amour qui croît, qui se déverse.   (II)
C'est LUI le rythme, la vibration
qui met en mouvement.   (III)

C'est LUI le chant, le libre chant.   (V)
C'est LUI la Lumière, agissante.   (VI)
C'est LUI le Très-Haut.   (VII)

Là où les deux contraires s'unissent,
là naît la Parole, le Verbe,
le point où tout s'allume,
le Foyer, la Co-naissance.   (IV)
Ainsi l'innombrable devient UN.
Les sels innombrables —
deviennent Parole toute-puissante.   (I + VII)
L'Amour qui se déverse —
devient Amour agissant.   (II + VI)
Et le rythme, la vibration —
portent le chant.   (III + V)

Que le chant retentisse!
Le mur s'est écroulé, le mur, le vide.
Victoire sur la mort!
Le Quatre chante la gloire des Sept.
Les deux moitiés de vie se sont unies.

Croyez-le!
L'Éternelle Vie est déjà vôtre!

Lentement mais sûrement, l'Armée rouge approche de la Hongrie : nous entendons tous les jours des informations qui le confirment. Dans la ville, tout commence à s'écrouler : on pressent une fin imminente. Le 2 décembre, la jeune ouvrière qui montait la garde arrive en trombe dans l'atelier et nous apprend, hors d'haleine, qu'une compagnie de nazis hongrois a forcé la porte sur la rue et s'approche de la maison.

Je cours comme une folle vers l'ouverture secrète entre notre jardin et celui des SS pour appeler à l'aide. Ce sont les moments les plus sombres de ma vie. Je sais que chaque seconde compte, je cours de toutes mes forces, et en même temps j'ai l'impression d'être clouée au sol par une force terrible. Je sens venir la catastrophe par toutes les fibres de mon être.

J'arrive enfin chez les SS. Les soldats allemands prennent immédiatement leurs grenades à main et partent en courant, avec moi, vers l'atelier de couture. A la vue des SS, les Hongrois refluent en désordre. Je reprends mon sang-froid, et retrouve ma présence d'esprit. En voyant hésiter le commandant hongrois, je glisse à l'oreille d'une ouvrière : « Dis à toutes les autres de fuir immédiatement par le jardin des SS. » J'assiste alors à un spectacle absolument incroyable : les SS allemands protègent contre les nazis hongrois la fuite des femmes et des enfants juifs. Deux soldats se postent de chaque côté de l'ouverture dissimulée entre les deux jardins, *prêts à se servir de leur grenade en cas d'intervention hongroise. Avec de grands gestes, ils encouragent femmes et enfants, leur criant : « Schnell, lauft schnell! » Tout ceci se passe derrière la maison.*

Pendant ce temps, devant la maison, le caporal allemand, l'officier hongrois et moi discutons pied à pied. Puis le père Klinda, arrivé en toute hâte, essaie, par des arguments religieux, de convaincre l'officier hongrois de se retirer; mais ce dernier se borne à lui monter l'ordre de déportation et lui tourne le dos. Le père Klinda, navré, me dit que la nonciature ne peut plus rien faire; je vois alors clairement qu'il ne me reste qu'une seule possibilité : gagner le maximum de temps.

En faisant l'interprète entre le caporal SS et l'officier hongrois, je me mets à traduire tout de travers pour embrouiller la situation. Je ne risque rien : aucun d'eux ne comprend le moindre mot de la langue de l'autre. Et, pour impressionner encore davantage l'officier hongrois, je brandis sous son nez mon certificat avec sa croix gammée, en lui affirmant que notre usine est sous protection allemande.

En tout cas, la croix gammée fait son effet, et l'officier se montre subitement presque poli. A mon tour, je deviens menaçante, et je déclare que s'il ose toucher à qui que ce soit ici, sa carrière en subira les conséquences, ce qui semble d'abord l'ébranler. Mais, pour notre malheur, l'homme est intelligent; après un moment de réflexion, il se dit prêt à retirer ses hommes si le colonel SS lui-même confirme par téléphone que notre usine est véritablement sous protection allemande. Moment crucial. Je suis convaincue que le colonel SS ne sait rien des visites amicales de ses subordonnés. Mais le temps de monter dans le bureau et de téléphoner me fait gagner encore quelques précieuses minutes.

Une ouvrière a réussi à me prévenir que la plupart des femmes et des enfants ont pu s'enfuir vers la forêt en traversant le jardin des SS; mais il en reste encore quelques-unes qui sont incapables de se décider. Exaspérée, je lui réponds que tout le monde doit quitter la maison immédiatement. Lorsque le caporal réussit à joindre son supérieur —

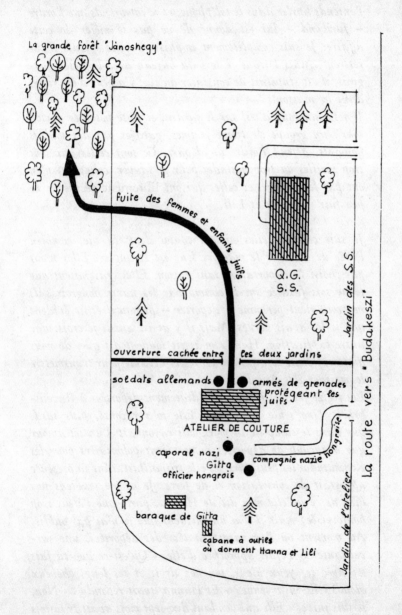

La grande forêt "Jánoshegy"

fuite des femmes et enfants juifs

Q.G. S.S.

Jardin des S.S.

ouverture cachée entre les deux jardins

soldats allemands ● ● armés de grenades protégeant les juifs

ATELIER DE COUTURE

caporal nazi

Gitta

officier hongrois

compagnie nazie hongroise

baraque de Gitta

cabane à ouries où dorment Hanna et Lili

Jardin de l'atelier

La route vers "Budakeszi"

qui bien sûr n'avait pas la moindre idée des liens de bon voisinage existant entre ses soldats et l'usine de guerre –, j'entends hurler dans le téléphone, et je comprends que l'ordre – furibond – lui est donné de ne pas se mêler de cette affaire. Je suis complètement impuissante; les soldats SS se retirent. Mais lorsque je sors du bureau avec l'officier hongrois, il est stupéfait de constater qu'il n'y a plus d'ouvrières dans la maison.

Je jette un coup d'œil sur le jardin, et reste pétrifiée à mon tour : un groupe de treize femmes, gardées par des soldats hongrois, attend l'ordre du départ. Ce sont celles qui sont trop vieilles ou trop malades pour se sauver, celles qui n'en ont pas le courage, et celles qui ont librement *décidé de ne pas fuir : Hanna et Lili.*

Je sais combien elles aiment toutes deux la vie, combien l'idée de chercher le martyre leur est étrangère. Elles n'ont pas choisi la déportation sans raison. Elles craignaient que je ne sois fusillée sur-le-champ par les nazis hongrois s'ils ne trouvaient personne à déporter – puisqu'il était évident que je les avais bernés. Mais il y avait aussi, je crois, une autre explication. Hanna m'avait souvent dit que, de nous quatre, c'était moi qui devais rester vivante pour transmettre le message des Anges.

Les treize femmes furent immédiatement déportées à Ravensbrück. Une seule a survécu. Elle m'a raconté, plus tard, que dans le camp de la mort Lili rayonnait d'un tel amour que beaucoup de déportées se portaient volontaires pour les Kommandos les plus durs, où elle travaillait, tant sa présence apportait de consolation et de force. Je ne me souviens pas bien de ce qu'elle m'a dit de Hanna, parce que j'étais trop bouleversée; mais il y a un incident que je n'ai pas oublié. Au moment où l'on rasait la tête des déportées, une surveillante SS s'était approchée d'elle. « Qu'est-ce que tu fais ici avec tes yeux bleus, ton nez droit et tes longs cheveux blonds? Es-tu aryenne? » Et Hanna avait répondu : « Non, je suis juive. » Elle qui pendant dix-sept mois avait transmis la Parole vraie était devenue incapable de dire le moindre mensonge, même pour sauver sa vie.

A l'approche des Alliés, les femmes furent entassées, debout, nues, dans des wagons à bestiaux plombés. Presque toutes y moururent de faim ou de maladie, au milieu de leurs excréments. Une fois par jour, une SS ouvrait le wagon et les prisonnières jetaient les cadavres dehors.

Lili mourut une heure après Hanna. La surveillante SS fit signer aux survivantes l'attestation que Lili et Hanna étaient mortes de « mort naturelle ». Joseph mourut à peu près à la même époque dans un camp en Hongrie.

Toutes les femmes et les enfants qui s'étaient sauvés par le jardin des SS ont survécu.

INDEX

Abîme : 60, 73, 107, 109, 110, 213, 280, 281, 345.

Acceptation/accepter : 87, 120, 121, 174, 271, 336, 347.

Acte : 38, 51, 55, 61, 62, 65, 90, 92, 93, 120, 121, 127, 131, 132, 138, 144, 175, 179-183, 198, 202, 213, 217, 226, 230, 232-234, 238-241, 248, 255, 262, 268, 280, 296, 298-300, 313, 314, 317, 336, 342, 344, 347, 352, 354, 359, 374, 375, 381.
Nouvel – : 131, 281.

Adam : 47, 130, 135, 182, 265, 318, 341, 365, 366, 373, 374.

Adoration : 188, 190, 314, 333, 335.

Adorer : 93, 129, 130, 188, 249, 269, 333, 340.

Agir : 55, 70, 79, 99, 105, 123, 130-132, 149, 150, 176, 180, 188, 211, 237, 239-244, 255, 260, 262, 272, 286, 293, 299-302, 304, 306, 307, 310-313, 316-319, 321, 322, 324, 328, 329, 335-337, 339, 340, 342, 345, 350, 362, 368, 376, 378, 379, 381, 382.

Agissant : 181, 256, 282, 300, 338, 362, 368, 381.

Aide : 37, 83, 96, 112, 114, 121, 125, 184, 186, 204, 224, 234, 260.
Aide par excellence : 106, 112, 244.

Aider : 31, 36, 41, 49, 53, 60, 62, 64, 65, 67, 70, 71, 80, 83, 89, 92, 95, 96, 99, 101, 106, 107, 112, 114, 119, 120, 122, 128, 137, 143, 169, 186, 201, 203, 205, 213, 224-226, 241, 243, 244, 263, 268, 333, 335, 338, 342, 355.

Aimer : 29, 47, 51, 54-57, 59, 65, 70, 89, 93, 128, 129, 170, 232, 258, 267, 300, 349, 358, 368.

Air : 66, 106, 169, 178, 191, 193-198, 287, 322, 337, 351, 367.
Nouvel – : 288.

Alpha/Oméga : 164, 167.

Amant : 362, 363.

Ame : 32, 84, 102, 105, 106, 124, 125, 135, 137, 171, 204, 205, 252, 254, 259, 267, 268, 270, 272, 276, 277, 303, 317, 332, 333, 372, 373.
Sept – : 98, 254, 270, 271, 274, 312, 324, 343, 368.

Amour : 33, 36, 38, 47, 55, 85, 100, 128, 254, 256, 271, 273, 282-284, 293, 299, 323, 324, 335, 338, 340, 342, 349, 357, 359, 362, 363, 367-382.
Nouvel – : 293, 297.

Ancien : 68, 73, 81, 82, 104, 106, 107, 119, 122-124, 130, 132-134, 137, 140, 146, 148, 151, 152, 154, 155, 157-159, 161, 162, 164, 169, 171, 177, 178, 200, 201, 210-213, 216, 229, 230, 240, 241, 242, 249, 251, 263, 276, 277, 279-281, 283, 284, 295, 300-302, 307-310, 313, 330, 333, 335, 338, 339, 357, 358, 363.

Ange : 140, 158, 160, 235, 236, 239, 243, 250-252, 256, 259, 268, 280, 293, 295, 296, 317, 332, 340, 342, 344, 346, 351.
– triste : 256.

Animal : 84, 103, 126, 134, 152, 158, 161, 179, 189, 191, 210, 211, 213, 214, 217, 235, 256, 258, 262, 268, 295, 300, 317, 324, 344, 348.

Apitoiement : 26.

Apostolat : 280.

Appel/Appeler : 31, 82, 118, 119, 186.
Appui : 73, 100, 147, 277.
Arbre : 53, 88, 134, 135, 137, 159-161, 175, 199, 200, 223, 234, 249, 258, 259, 263, 300, 314, 317, 318, 330, 331, 332, 379.
Arc-en-ciel noir : 334, 335, 342, 346.
Art : 152, 153, 154.
Ascètes : 108.
Attachement : 94, 124.

Baptême/Baptiser : 25, 242, 304, 305.
Bâtir/Bâtisseur : 82, 138, 139, 146, 154, 162, 201, 203, 205, 210, 222, 230, 231, 241, 270, 274, 283, 302, 352, 356.
Beaucoup : 46, 58, 180, 226, 229, 263, 275, 303.
Bénédiction/Bénir : 62, 82, 129, 166, 168, 178, 186, 217, 237, 281, 293, 315, 326, 330.
Besoin : 67, 79, 83, 107.
Bien : 53, 97, 103, 173, 174, 175, 209, 279.
Blé : 133, 226, 263-265, 286, 287.
    Nouveau – : 286.
Boisson : 84, 153, 154, 360.
Bon : 24, 68, 90, 96, 105-107, 109, 115, 117, 134, 151, 162, 172, 179, 183, 193, 200-202, 222, 230, 262, 300.
Bonté : 84, 109, 162.
Brèche : 109, 165, 166, 185, 226, 235, 236, 293, 299, 301, 334, 335, 337, 345, 348, 363, 365.
Brûler : 35, 38, 44, 56, 91, 92, 115, 135, 137, 145, 146, 234, 242, 243, 277, 279, 284, 286, 308, 328, 334, 348, 367, 368, 370, 373, 374, 378.

Calice : 99, 141, 285, 286, 360.
Cellule : 58, 75, 175, 183, 208, 209, 213.
Centre : 184, 244, 272, 273, 275, 318.
Cercle : 177, 184, 185, 187, 191, 218, 230, 238, 249, 271, 272, 275, 291, 305, 308, 355, 370.
    Nouveau – : 185, 295, 370.
Certitude : 70, 81, 121, 149, 192, 204, 228, 232, 262.
Chemin : 30, 33, 40, 44, 55, 63, 73, 83, 84, 93, 95, 107, 117, 122, 166, 196, 197, 207, 222, 237, 242, 249, 252, 255, 265, 266, 301, 314, 321, 328, 341, 343, 351, 360, 365, 374.
    Nouveau – : 123.
Christ : 340, 341, 374.
    Nouveau – : 340, 363.

Ciel : 44, 92, 98, 99, 120, 121, 126, 135, 162, 208, 210, 222, 234, 240-243, 251, 252, 255, 256, 260, 262, 264, 265, 272, 275, 279, 281, 287, 288, 294, 306, 308, 309, 316, 320, 321, 332, 334, 335, 339-342, 344, 345, 348, 352, 353, 361, 364, 367, 368, 374, 377.
    Nouveau – : 162, 180, 262.
Cœur : 39, 44, 49, 56, 59, 62, 67, 70, 72, 75, 80-82, 86, 93, 101, 109, 138, 141, 144, 145, 147, 169, 252, 267, 268, 269, 276, 277, 280, 288, 293, 297, 298, 301, 306-308, 321, 324, 326, 327, 333-335, 347-349, 352-354, 356, 366, 368, 370, 373, 377, 378, 380, 381.
    Nouveau – : 284, 297.
    Cœur-Lumière : 301, 306, 367.
Conception : 280, 362, 363, 365.
    Nouvelle – : 309.
Co-naissance : 254, 256, 271, 283, 293, 322-325, 332, 333, 335, 337-339, 349, 359, 362, 373, 374, 379, 382.
Corps : 32, 36, 51, 53, 106, 113, 119, 122-125, 134, 135, 138, 139, 144, 146-148, 157, 164, 172, 185, 198, 204, 205, 208, 209, 218, 225, 226, 250-252, 262, 263, 278, 286, 288, 307, 309, 316, 319, 320, 321, 332, 338, 341, 344, 347, 348, 356, 357, 360, 363, 368, 370, 377, 380.
    Nouveau – : 285, 287, 301, 307, 316, 319, 320.
Créateur : 47, 82, 85, 116, 125, 206, 304, 345, 378.
créateur : 211, 226, 266, 321-323, 345.
Création : 47, 65, 124, 136, 137, 144, 165-167, 176, 187, 206, 208, 272, 302, 303, 334, 335, 339, 340, 343, 345, 357, 364, 379, 380.
    Nouvelle – : 47, 120, 135, 144, 335.
Créature : 44, 47, 72, 96, 97, 191, 212, 238, 266, 304.
Créer : 27, 41, 88, 96-98, 109, 119, 127, 128, 135, 154, 157, 158, 172, 176, 183, 192, 211, 217, 230, 254, 260, 263, 284, 293, 295, 312, 341, 349.
Critique : 218.
Croix : 112, 113, 194, 198, 250, 265, 269, 301, 304, 347, 356.

Damnation : 92, 147, 148, 308, 337, 361.
Degrés : 234, 262, 270, 344, 351, 367, 368, 372, 379.
Délivrance : 76, 80, 83, 109, 120, 130,

143, 144, 160, 166-168, 187, 204, 211, 292, 298, 299, 304, 312, 318, 320, 331, 337, 345, 348, 365, 378.

Demande : 65, 79, 82, 96, 187, 202, 204, 205, 230, 276, 292, 294-296, 306, 307, 326, 372.

Désir : 32, 39, 50, 63, 109, 119, 127, 164, 192, 226, 263, 283, 338, 363.

Don : 136, 137, 216, 225, 292, 298, 307, 336, 338, 362, 363, 365, 368, 370, 373.

Donne : 314-319, 321, 323, 324, 326, 328, 335, 368.

Donner : 65, 66, 69, 74, 79, 83, 84, 88, 93, 96, 108, 109, 123, 126, 133, 136, 137, 149-151, 159, 162, 168-170, 189, 192, 193, 202, 207, 214, 216, 218, 224, 225, 230, 234, 242, 252, 254-256, 261, 264, 276, 279, 280, 286, 291, 292, 296-298, 300, 301, 306-308, 312, 314, 321-323, 325, 326, 334-338, 341, 345-347, 353, 357, 362, 363, 365, 368, 372, 377, 378.

Douleur : 53, 158, 197, 199, 200, 216, 315, 318, 319, 363.

Dragon : 161, 338, 339.

Eau : 25, 38, 40, 54-56, 58, 64, 66, 68-70, 73, 82, 93, 113, 122, 124, 193-195, 198, 207, 212, 216-218, 232, 234, 242, 295, 304, 305, 322, 326, 336, 339, 343, 348, 350, 351, 364, 367, 368.

Effort : 92, 181, 223.

Église : 307, 333.

ÉGLISE : 305.

Égoïsme : 179.

Élever : 48, 49, 58, 59, 66, 69, 75, 80, 83, 84, 91, 104, 106, 111, 116, 121, 173, 175, 178, 179, 186, 195, 198, 204, 205, 209, 212, 216, 218, 222, 224, 227, 242, 267, 277, 295, 313, 317, 320, 336, 339, 343, 345, 349, 352, 364, 373, 374, 378.

Élu : 60, 106, 148, 199, 301, 309, 310, 321, 330, 331, 336, 337.

Émerveillement : 66.

Emportement : 114.

Enfant : 34, 47, 48, 49, 69, 79, 101, 122, 126, 131, 132, 139, 142, 156, 157, 159, 160, 181, 192, 193, 206, 210, 212, 216, 217, 256, 279, 300, 332, 338, 339, 364, 366.

ENFANT : 27, 110, 117, 122, 140, 142, 157, 161, 252, 332, 333, 339, 356, 364.
    Nouvel – : 297, 332.

Enfer : 148, 251, 332, 345.

Équilibre : 47, 134, 166, 182, 253-256, 354, 376.

Eros : 36.

Esclavage/Esclave : 188, 189, 205, 336-338, 374.

Espace : 166, 186, 188, 225, 238, 255, 267, 272, 274, 284, 286, 287, 288, 292, 295, 303, 308, 318-321, 323, 335, 337, 342, 343, 370.
    Nouvel – : 284, 288.

Espoir : 170.

Esprit : 55, 110, 112, 124, 125, 164, 177, 194, 196, 204, 205, 209, 211, 216, 231, 279, 280, 305, 307, 309, 310, 337, 343, 345, 349, 367.
    – Matière : 349.
    Nouvel – : 307.

Éternel : 113, 117, 147-149, 165, 166, 170, 173, 174, 176, 200, 226, 233, 242, 254, 271-274, 277, 282, 289, 291, 292, 305, 308, 317, 320, 325, 327, 333, 335, 336, 338, 339, 345, 346, 349, 352, 353, 359, 360, 363, 368, 374, 378.

Éternité : 52, 155, 164, 165, 232, 233, 287, 297, 329, 354, 363, 364.

Éveil/s'éveiller : 53, 75-77, 117, 131, 202, 268, 320, 376, 378.

Faim : 119, 155, 186, 191, 193, 207, 255, 256, 263, 306.

Famille : 29, 41, 47, 53, 119, 178.

Fatigue : 74, 113, 159, 199, 255.

Feu : 40, 54, 70, 115, 135-139, 145-147, 172-174, 207, 212, 217-219, 242, 243, 254, 259, 277, 280, 286, 288, 304-306, 308, 314, 327, 329, 334, 341, 344, 347, 363, 364, 367, 368, 374.
    Nouveau – : 341, 368.

Fils : 116, 182, 265, 276, 304, 356, 357, 366, 377-379, 381.

Flamme : 276, 278, 279, 280, 288, 363, 367, 368, 370, 372, 374.
    Nouvelle – : 279, 373.

Fleur : 64, 92, 118, 121, 124, 185, 186, 249, 259, 268, 273, 286.

Foi : 27, 43, 47, 59, 73, 80, 88, 96, 109, 110, 112, 117, 118, 121, 122, 124, 129, 130, 132, 140, 141, 146, 148, 170, 177, 179, 180, 186, 192, 217, 224, 225, 230, 235, 251, 255, 260, 272, 321, 328, 329, 344, 354, 359, 373, 378.

Force : 49, 53-55, 67, 71, 72, 78, 79, 82, 88, 89, 92, 93, 96, 97, 103, 104, 108, 109, 113, 114, 116, 118,

120, 125, 131, 132, 139, 140, 144, 152, 156-158, 165, 166, 172, 173, 175, 178, 180, 181, 194, 195, 198, 204, 206-209, 211, 212, 220, 223, 224, 238-242, 244, 249, 252, 255, 256, 261, 263, 267, 269, 270, 276, 279, 281, 282, 293, 295, 297, 310, 313, 317-319, 327, 328, 330, 331, 333, 338, 340-342, 345, 347, 348, 351, 352, 354, 355, 357, 359-361, 363, 370, 373, 377, 380, 381.
Nouvelle – : 209, 292, 295.
Sept – : 248, 249, 255, 263, 295, 328.
Forme : 103, 112, 124, 125, 144, 212, 228, 264, 304, 305, 317.
Fruit : 53, 72, 82, 88, 120, 134, 135, 137, 160, 173, 175, 183, 185, 189, 200, 216-218, 225, 234, 239, 258, 259, 263, 265, 298, 300, 314, 318, 319, 330-332, 348, 362, 364, 372, 379.
Futur : 69, 232, 233, 250, 319, 333, 363.

Germe : 49, 133, 149-151, 223, 248, 261, 264, 326, 351.
Nouveau – : 149.
Germer : 41, 53, 133, 148-150, 248, 251, 252, 264, 326, 331.
Glaive : 159, 160, 199, 200, 248, 259, 314, 317, 328, 331, 341.
Grâce : 60, 62, 65, 130, 141, 142, 244, 248, 251, 254, 261, 284, 307, 326, 333, 336, 352, 365, 370, 377.
Nouvelle – : 106, 333.
Grain/Graine : 24, 38, 41, 53, 71, 82, 85, 106, 120, 126, 133, 134, 148, 149, 226, 248, 251, 252, 261, 264, 265, 280, 286, 287, 295, 303, 305, 306, 308, 309, 319, 321, 322, 326, 331, 337.
Nouveau – : 288.
Greffe/Greffer : 200-202, 282, 330, 331.
Nouvelle – : 282.
Guerre : 95, 152, 262, 263, 301, 359, 360, 377.

Habitude/Habituel : 23, 78, 94, 95, 124, 132.
Homme : 67, 82-84, 87, 89, 91, 93, 94, 95/99, 100, 102-104, 110, 118, 121, 123, 126, 128, 129, 131, 134-137, 139, 146-148, 151, 152, 162, 164, 165, 168, 169, 172, 173, 175, 177, 179, 181, 188, 189, 191-193, 196, 199, 201, 205-207, 209, 211,

213, 215, 217, 228, 232, 233, 238, 250, 258, 268, 276, 300, 312, 324, 325, 340, 347, 348, 373, 377.
HOMME : 35, 67, 88, 100, 104, 110, 111, 123, 134, 135, 137, 144, 152, 164, 176, 182, 207-209, 233, 235, 241, 252, 256, 260, 262, 270, 273, 276, 300, 325, 340, 343, 345, 347, 348, 366, 367.
Honte : 74, 152, 337.
Hostie : 47, 285-287, 308.
Humilité : 72, 74, 77, 326, 337.

Image : 35, 41, 42, 44, 47, 53, 57, 76, 77, 80, 131, 136, 138, 144, 149, 165, 168, 189, 204, 216, 228, 268, 291.
Indépendance/Indépendant : 24, 29, 139.
Individualité : 175, 216, 351, 352, 367, 368, 370.
Infini : 46, 49, 97, 100, 101, 116, 125, 143, 144, 166, 170, 184, 192, 274, 317, 321, 335, 370, 380.
Instant : 57, 113, 123, 132, 164-166, 168, 227, 297, 317, 321, 328, 349.
Instinct : 84, 210.
Ivresse : 83-85, 106, 153, 175, 254, 266, 360.

Jardin : 118, 269.
Jardinier : 249, 250, 259, 267, 282.
Jésus : 242, 318, 347, 348, 351, 377. Cf. Christ.
Jeu : 156-158.
Joie : 54, 62, 76, 82, 97, 99, 100, 104, 105, 114, 115, 125, 148, 154, 156, 158, 160, 165-175, 178, 181, 184, 186, 188, 191-193, 196, 197, 200-202, 205, 220, 222, 227, 249, 267, 275, 278, 293, 298, 308, 320, 325, 352, 360, 374.
Nouvelle – : 197, 299.
Sept – : 167, 181, 220, 227.
Jugement : 105, 136, 167, 219, 220, 288, 361.
– dernier : 155, 332.

Karma : 134.

Léger : 40, 50, 74, 78, 87, 97, 103, 123, 276, 354.
Liberté : 103, 120, 188, 205, 232, 310, 316, 317, 332, 337, 340.
Lien : 174, 176, 182, 256, 309, 310, 313, 322, 356, 362, 367, 381.
Loi : 55, 58, 60, 93, 103, 137, 142, 146-148, 158, 168, 176, 188, 190,

200, 217, 222, 228, 230, 241, 251, 258, 261, 284, 298, 328, 343, 344, 377, 380, 382.
Nouvelle – : 106, 108, 331, 333, 378.

Lumière : 51, 62, 92, 94, 116, 135, 137, 145, 161, 166, 173, 185, 206, 223, 225, 243, 255, 266, 273, 302, 303, 310, 314, 317, 321-323, 349, 352, 363, 367, 368, 377.

LUMIÈRE : 27, 33, 38, 50, 51, 76, 85, 86, 106, 118, 130, 135-137, 142, 145, 146, 161, 165-167, 197, 206, 210, 238, 241-244, 251, 255, 276, 282, 285, 288, 289, 301, 303, 305-308, 310, 317, 321-324, 334-348, 350, 352, 356, 357, 362-364, 367, 368, 370, 375-379, 381.
Nouvelle – : 50, 106, 123, 141, 162, 163, 204, 244, 285, 303, 307, 308, 323, 339, 368.

Main : 54, 70, 71, 80, 110, 116, 119, 120, 129, 130, 133, 148, 174, 176, 179, 180, 192, 206, 214, 215, 234, 238-241, 244, 248, 267-269, 280, 284, 292, 301, 305, 306, 308, 312, 314, 318, 321, 322, 328-332, 334, 344, 366, 375, 381.
Nouvelle – : 119, 284.

Maison : 166, 211, 222, 249, 252, 255, 280, 282, 305, 306, 351, 362, 363.
Nouvelle – : 110, 154, 211, 283, 363, 365, 366.

Mal : 53, 97, 100, 105, 146, 156, 162, 167, 172-175, 184, 209, 229, 274, 293, 296, 359.

Maladie/Malade : 53, 108, 111, 134, 144, 152, 155, 171, 173, 174, 231.

Malédiction : 47, 49, 129, 130, 150, 166, 168, 249, 323, 337, 341.

Manque : 43, 44, 83, 125, 134, 148, 157, 158, 199, 202, 212, 215, 218, 222, 225, 226, 229, 230, 240, 248, 249, 263, 265, 291, 292, 326, 345, 346, 349, 381.

Matière : 24, 27, 29, 38, 47, 53, 55, 66, 85, 110, 120, 125, 145, 146, 149, 150, 153, 156, 165, 166, 177, 178, 183, 186, 194-197, 206-208, 211, 212, 216, 218, 233, 239, 240, 243, 248, 251, 273, 274, 280, 284, 286, 291, 303, 305, 308-310, 312, 313, 316-318, 320, 322, 324, 328, 331, 332, 337, 342, 344-347, 349, 351, 352, 357, 360, 362-364, 366-368, 373, 378-380.

Nouvelle – : 284, 285, 313, 316.
Matière-Lumière : 310, 345, 352, 364, 379.
Matière-Sagesse : 364.

Mensonge/Mentir : 31, 78, 86, 93, 113, 151, 262, 281, 296, 312, 317, 325.

Mental : 121, 140, 147, 184.

Mesure : 29, 42, 44, 90, 96, 103, 105, 126, 147, 166, 167, 183, 189-193, 200, 201, 212, 220, 226, 238, 239, 241, 248, 249, 258, 267, 273, 276, 281, 288, 329, 330, 333.
Nouvelle – : 108.

Michaël : 340-342.

Miracle : 98, 112, 113, 115, 116, 121, 151, 164, 177, 207, 265, 271, 272, 278, 279, 340, 352, 356, 363, 379.
Nouveau – : 207.

Moi : 42, 61, 135, 157, 219, 285, 345.
Nouveau – : 219.
Petit – : 34, 51, 96, 116, 201, 203.

Monde : 121, 137, 139, 142, 155, 208, 231, 234, 242, 261, 273, 282, 298, 329, 361.
– Créateur : 109-111, 164, 235, 237, 256, 305.
– Créé : 88, 109-111, 116, 139, 172, 195, 235, 256, 305.
– Nouveau : 98, 123, 138, 139, 154, 157, 169, 173, 189, 210, 211, 215, 261, 267, 278, 298.

Mort : 33, 38, 51, 52, 73, 78, 81, 85, 86, 112, 127, 149, 153, 154, 159, 162, 164, 171, 180, 182, 183, 185, 186, 199, 208, 237, 250, 251, 253, 254, 256, 261, 266, 267, 269, 277, 278, 280, 293, 298, 310, 317, 320, 328, 332, 345, 347, 353, 356, 358, 359, 363, 365, 373, 382.

Mort/Morte : 41, 112, 153, 157, 171, 192, 195, 200, 202, 249, 250, 253, 255, 273, 274, 293, 301, 309, 310, 320, 329, 331, 332, 334, 365.

Mot : 39, 43, 96, 99, 141, 175, 176, 204, 216, 220, 222, 226, 312, 327-329, 349, 350, 354.
Nouveau – : 349.

Mourir : 38, 93, 120, 145, 157, 183, 185, 192, 193, 209, 231, 250, 255, 261, 262, 291, 296, 305, 326, 341, 357, 373.

Mouvement : 98, 115, 119, 120, 132, 140, 165, 167-169, 189, 228, 229, 232, 233, 254, 256, 262, 304, 316, 344, 382.

Mur : 30, 82, 86, 91, 92, 106, 154, 184, 185, 201, 231, 240, 241,

260, 263, 270, 300, 318, 353, 382.
Nouveau – : 82.
Mystère : 98, 99, 115, 126, 134, 135, 144, 155, 159, 165, 171-173, 182, 226, 248, 249, 251, 254, 274, 314, 315, 319, 321, 341, 346, 347, 362, 372, 381.

Naissance/Naître : 36, 39, 101, 132, 142, 159, 161, 162, 180, 183, 185, 209, 210, 252-254, 267, 269, 274, 288, 295, 296, 298, 310, 321, 324, 329, 334, 335, 338, 339, 342-344, 353, 358, 362-364, 379.
Nervosité : 127-128.
Nirvana : 127.
Noces : 252, 280, 282, 363, 365, 368.
Nom : 25, 29, 52, 56, 61, 85, 98, 102, 105-108, 195, 197, 226, 231, 241, 242, 256, 263, 272, 293, 314, 367, 368, 379.
Nouveau – : 25, 135, 284, 285, 313, 324, 325, 356, 378.
Nouveau : 68, 73, 81, 82, 94, 96, 97, 104, 106, 107, 115, 117, 119, 123, 124, 133, 140, 148, 151, 155, 156, 159, 164, 177, 178, 190, 196, 200, 201, 210, 248, 254, 255, 262, 263, 274, 279-281, 287, 288, 295, 307, 308, 313, 320, 325, 331, 333, 335, 338, 339, 341, 358, 359.
Nouveau-né : 32, 79, 161, 252, 332, 338, 339.
Nouvelle Oreille : 119, 136, 284, 344.

Obscurité : 30, 67, 68, 80, 123, 146, 166, 171, 176, 185, 243, 321.
Œil : 47, 54-57, 97, 103, 105, 107, 108, 113, 118-120, 125, 131, 143, 146, 153, 167, 206, 214, 225, 227, 242, 260, 263, 269, 271, 273, 274, 284, 321, 322, 325, 328, 335, 344, 353, 356, 363, 365, 375, 383.
Nouvel – : 118, 123, 149, 284, 288, 323, 330, 331.
Troisième – : 323.
Offrande : 51, 58, 216, 217, 233, 373.
Outil : 91, 96, 101, 124, 152, 158, 183, 214, 232.

Païen : 25, 64, 358, 362.
Pain : 108, 115, 117, 207, 230, 255, 263-265, 306, 307, 343, 347, 357.
Nouveau – : 207.
Paix : 146, 169, 172, 183, 249, 252, 254-256, 261, 264, 271, 281, 283, 293, 304, 324, 377.

Pardon : 24, 279.
Parfait : 126, 217, 328.
Parole : 59, 85, 86, 98, 110, 111, 120, 135, 137, 142, 153, 182, 210, 213, 226, 230, 237, 251, 254, 262, 263, 268, 279, 280, 282-284, 292, 293, 301, 302, 312, 316, 320, 328, 332, 333, 341, 348, 349, 356, 357, 372, 374, 382.
Nouvelle – : 262.
Passé : 69, 84, 95, 128, 146, 148, 232, 233, 240, 250, 278, 310, 319, 359, 363.
Péché : 47, 84, 91, 92, 105, 108, 235, 255, 269, 279, 317, 330, 331, 352, 364, 365, 374.
– originel : 318.
Pécheur noir : 373.
Pensée : 61, 87, 90, 92, 132, 195, 198, 199, 208, 230, 231, 233, 288, 312, 352, 357, 359, 373, 374.
PÈRE : 49, 116, 141, 142, 151, 159, 164, 165, 182, 188, 218, 228, 256, 265, 356, 357, 377.
Personne : 61, 114-116.
Petit : 34, 119, 158, 275, 279, 282, 291, 307.
Peur : 26, 31, 44, 49, 51, 67, 80, 94, 97, 101, 120, 141, 147, 148, 152-154, 158, 160, 161, 171, 232, 233, 249, 254, 267, 288, 317, 319, 326, 329, 368, 377.
Plan : 110, 166, 172, 178, 198, 210, 211, 228, 251, 270, 271, 283, 330, 342, 345, 351-353, 356, 380.
Nouveau – : 298.
Plénitude : 215, 217, 225, 226, 230, 236, 237, 255, 272, 330, 368.
Plus (le) : 104, 114, 138, 139, 166, 172, 173, 175, 224, 232, 263, 299, 303, 304, 364.
Poids : 36, 78, 83-86, 88-91, 103, 124, 129, 130, 132, 160, 170, 177-179, 190, 248, 252, 254, 285, 313, 320, 336, 338, 348, 378.
Pont : 38, 107, 109, 110, 114, 116, 117, 141, 213, 261, 272, 335.
Possible : 64, 117, 159, 188, 190, 192, 237, 241, 277, 282, 283, 300, 301, 329, 336, 345, 346, 349, 378.
Prière : 45, 58, 61, 80, 213, 219.
Printemps : 118, 119, 121, 199, 200, 202.
Psychanalyse : 101.
Pur/Pureté : 27, 67, 109, 113, 141, 216, 230, 231, 242, 280, 328, 329, 336, 342, 351, 352, 368, 377.

Quatre : 237, 240, 256, 262, 271, 280, 287, 301, 350, 376, 377, 381, 382.

Racine : 64, 185, 186, 283, 318.
Rayonner : 47, 55, 57, 92, 104, 109, 120, 144, 146, 166, 191, 196, 201, 202, 204-206, 227, 241, 263, 270, 273, 277, 282-284, 291, 293, 295, 301, 355.
Regarder : 33, 122-124, 132, 263, 269, 271, 273, 274, 284.
Religion : 163.
Renaître : 28.
Repentir : 24, 359, 364.
Réponse : 48, 199, 237, 270, 336.
Résurrection : 156, 317, 353, 358, 359, 363.
Rêve/Rêver : 30, 34, 41, 47, 50, 53, 54, 61, 69, 75-78, 82, 86, 121, 131, 132, 149, 185, 200, 202, 267, 268.
Rythme : 135, 136, 145-147, 159, 163, 198, 241, 254, 256, 293, 314, 319, 324, 355, 382.
  Nouveau – : 284, 298, 321, 324.

Sacré/Sacrée : 47, 91, 96, 101, 144, 165, 171, 214, 251, 282, 301, 312, 321, 326, 329, 330, 350, 360, 365, 368, 380.
Sacrifice : 109, 135, 137, 285, 286, 315, 326, 347, 361, 365.
  Nouveau – : 313, 315.
Saint-Esprit : 116, 274, 277.
Sang : 84, 93, 145, 217, 286, 288, 298, 307-309, 327, 331, 343, 345, 347, 348, 356, 381.
  Nouveau – : 284, 307, 345, 346.
Savoir : 34, 84, 110, 135, 142, 168, 176, 217, 300, 322, 339, 373.
Science : 66, 163.
Sel : 187, 283, 345, 347, 348, 357, 382.
Semer : 71, 238, 248, 264, 265, 287, 309, 326.
Sentiments : 26, 48, 56-58, 63, 109, 195, 198, 203, 224, 230, 231, 299, 301, 333, 373, 374.
Sept : 98, 147, 235, 255, 265, 270-272, 278, 292, 304, 308, 310, 314, 317, 322, 335, 343, 346, 353, 367, 368, 370, 373, 376, 378-382.
Serpent : 159, 160, 338, 339, 341, 345, 346, 365, 373.
Service : 165, 180, 189, 190, 225, 249, 251, 267, 268, 272, 286, 329, 370.
Servir : 26, 39, 84, 88, 100, 103, 114, 146, 152-154, 158, 176, 214, 232, 237, 241, 244, 259, 261, 263, 269, 312, 341, 344, 356, 366, 374.

Seul : 28, 48, 69, 95, 185.
Sève : 201, 202, 331, 363.
Sexualité : 103.
Signe : 31, 57, 59, 62, 65, 80, 81, 107, 131, 142-144, 151, 169, 171, 197, 198, 204, 225, 232, 239, 269, 283, 373.
Silence : 97-99, 127, 183, 211, 222, 230, 232, 240, 255, 256, 261, 271, 277, 281-284, 293, 301, 304, 315, 333, 377, 379-381.
Soif : 42, 69, 82, 84, 93, 96, 192, 254, 261, 306, 357, 378.
  Nouvelle – : 348.
Sommet : 237, 252, 271, 284, 348, 350, 352-354, 370.
Son : 68, 97, 98, 103, 112, 127, 159, 193, 194, 274, 302, 304, 328, 329, 344, 379-381.
  Nouveau – : 68, 97, 274, 279, 295, 309.
Souffrance : 44, 91, 125, 126, 242, 263, 277, 278, 301, 347, 348, 364, 365.
Sourire : 79, 101, 102, 171, 207, 211-214, 217, 220, 261, 262, 312, 356, 379.
Sphère : 27, 136, 166, 227, 228, 236, 273.
Spiritisme : 170, 171.

Tâche : 31, 32, 34, 39, 41, 49, 57-60, 77, 79, 80, 86, 95, 96, 101, 119, 131, 142, 144, 165, 167, 173, 175, 176, 178, 180, 181, 183, 188, 191, 192, 203, 207, 215-217, 223-225, 227, 234, 240, 250, 253, 259, 268, 269, 273, 276, 277, 307, 312, 313, 322, 336, 346.
Temple : 118, 141, 143, 154, 231, 342.
  Nouveau – : 154, 231.
Temps : 52, 55, 61, 62, 65, 71, 82, 83, 85, 101, 103, 104, 116, 117, 130, 133, 150, 164, 171, 183, 186, 188, 190, 192, 200, 216, 225, 227, 228, 232, 233, 238, 242, 248, 250, 252, 267, 271, 277, 278, 287, 288, 300, 306, 318, 319, 323, 335, 343, 355, 363.
  Nouveau – : 281, 288, 355.
Ténèbres : 67, 76, 88, 92, 94, 145, 146, 206, 210, 212, 242, 255, 263, 268, 277, 288, 328, 353, 378.
Terre : 71, 72, 85, 87, 89, 94, 104, 115, 121, 129, 132, 135, 137, 175, 194, 195, 198, 207, 208, 210, 211, 217, 222, 223, 234, 235, 240-243,

251, 252, 256, 261, 262, 264, 268,
271-274, 277, 286, 288, 289, 295,
301, 304, 307-309, 326, 332-335,
339-341, 347, 348, 352, 356, 357,
364, 368, 373, 377, 378.
Nouvelle – : 122, 180, 262, 277,
294.
Tête : 39, 62, 72, 75, 116, 203, 220,
228, 267, 268, 277, 288.
Tiède/Tiédeur : 67, 78, 238, 311, 312,
328, 329, 349, 359.
Transfiguration : 319, 320, 362.
Transformation : 134, 136, 137, 172,
175, 332.
Transformer : 114, 151, 186, 195, 209,
347, 351, 359.
Transmettre : 218, 262, 293, 298, 306,
325, 347, 353, 367.
Travail : 36, 37, 43, 45, 70, 73, 81,
87, 92, 106, 127, 169, 175, 183,
186, 188, 213, 217, 225, 228, 230.
Trinité : 116, 125, 162.

UN : 34, 58, 70, 86, 100-103, 117,
127, 149, 159, 163, 168, 174, 177,
179-182, 195, 207, 217, 218, 235,
241, 244, 249, 254, 269, 271, 279,
280, 292, 304, 307, 309, 310, 315,
317, 320, 337, 340, 342, 345, 362,
368, 380, 382.
Union : 117, 188, 256, 304, 348, 357,
363.
Unir : 34, 48, 59, 83, 89, 96, 98, 100,
101, 111-113, 127, 152, 165, 178,
185, 188, 189, 197, 205, 221, 233,

241, 251, 273, 276, 280, 284, 293,
301, 304, 305, 308, 332, 335, 338,
341, 343, 348, 349, 352, 353, 363,
367, 368, 375, 380-382.
Unité : 103, 158, 175, 215, 267, 284,
292, 307, 340, 350, 355.

Verbe : 110, 138, 256, 259, 261, 280,
289, 314, 316, 320, 321, 326-328,
356, 362, 363, 368, 382.
Vérité : 98, 110, 176, 242, 251, 254,
256, 263, 268, 293, 320, 324, 342,
346, 354, 374, 377.
Vide : 56, 73, 84, 132, 202, 211, 213,
237, 239, 241, 255, 256, 276, 292,
334, 343, 353, 354, 364, 380, 382.
Vie : 72, 85, 113, 124, 139, 140, 146,
147, 150, 151, 165, 173, 182, 183,
185, 200, 209, 234, 235, 242, 253-
256, 262, 263, 267-270, 277, 280,
281, 287, 292, 294, 299, 300, 317,
334, 335, 341, 346, 353, 358, 365,
367, 368, 372, 373, 378, 379, 382.
– éternelle : 137, 159, 165, 171, 183,
192, 200, 250, 263, 288, 292, 358,
359, 362, 366, 370, 374, 380, 382.
– nouvelle : 262, 300, 329, 331, 346,
349.
Voie : 83, 85, 87, 88, 95, 118, 126,
144, 164, 165, 194, 238, 268, 271,
308, 356.
Vouloir : 30, 31, 63, 298, 300.

Yeux : cf. Œil.
Yoga : 106.

Autres éditions

Daimon Verlag
Am Klosterplatz, CH-8840, Einsiedeln (Suisse)
Tél. (00 41 55) 53 22 66
  Die Antwort der Engel, 1981
  Der Engel erlebt, 1983
  Weltenmorgen, 1987
  Sprung ins Unbekannte, 1989
  Talking with Angels, 1988
  Az Angyal vàlaszol (texte hongrois original), 1989

Lemniscaat
Vijverlaan 48, NL-3062 HL Rotterdam (Hollande)
  Gesprek met de Engelen, 1986
  Terugkeer van de Engelen, 1987

Edium, Edizioni Scuola Vita, Milan (Italie)
  Dialoghi con l'Angelo, 1979 (épuisé)

Editorial Sirio, S.A. Panaderos 9, 29005 Málaga (Espagne)
  La respuesta del Angel, 1990

Traductions en cours :
Suède, Finlande, Norvège, Danemark

CASSETTES
Le Souffle d'or,
05300 Barret-le-Bas
  Extraits des *Dialogues avec l'Ange,* 2 cassettes, 1988

CET OUVRAGE
A ÉTÉ COMPOSÉ
ET ACHEVÉ D'IMPRIMER
PAR L'IMPRIMERIE FLOCH
À MAYENNE EN AVRIL 1992

N° d'éd. 2140. N° d'impr. 32393.
D.L. : avril 1990.
(Imprimé en France)